원불교 길도훈 교무가 밝히는

단전주선

丹田住禪

여는 글

　어린 시절, 강원도 산골에서 약속을 잘 지키고 착하게 지내다 보니 주위에서는 수학 공식처럼 사는 아이로 불렸다. 하지만 내적으로는 힘들었다. 한두 살 더해 가며 그렇게 살라는 성현들의 말 따라 사는 것이 혹시 꼭두각시의 삶은 아닌지 의문이 생겼다. 그 시대의 철학서들을 찾아 읽었지만 세상살이의 길은 여전히 자욱한 안개에 가린 것 같아서 가슴이 답답했다.

　인생의 안개를 걷을 수만 있어도 인생살이는 나름대로 의미 있을 것만 같았다. 목숨처럼 여기던 그림 그리는 것마저 내려놓고 수행길을 선택했다. 성현들의 말을 들어서가 아닌 직접 보고 느끼며 알고 싶었기 때문이다. 또 앎을 위한 수행으로는 온전할 수 없을 것 같아서 삶과 더불어 수행하는 데를 찾은 곳이 원불교다.

　교무원불교 성직자로 출가하여서도 관심은 온통 진리와 수행에 있었다. 그런데 원불교의 일상에서는 선 시간이 많지 않았다. 새벽좌선 1시간 남짓할 정도였다. 잘못 왔나 싶었지만 삶 속에서 수행할 수 있는 것이 더 매력적으로 보여, 모자란 수행은 삶에서 채우기로 마음먹었다.

　우선, 진리인식은 교리와 성리연마로 대체를 잡아 가고, 수행은 좌선坐禪·행선行禪걷는 명상·무시선無時禪언제 어디서나 하는 선에 초점을 두었다. 하지만 마음 깊은 곳에 자리한 것은 깨달음의 정수로 여기는 좌선이었다.

　좌선은 잠자기 전에 1시간을 더 하고 그 사이에는 단전에 마음과 기운을 머물기를 언제 어느 때든 하기로 했다. 그리고 일상에서 수행에 까닭화두으로 깨어 있고자 했고 그 점검은 마음일기의 근간이 되고 있는 정기일기감각감상, 심신작용 처리건로 했다. 이 모든 것을 해 가면 뭔가 될 것 같아서 우선 10년간을 해 보기로 하고 마음먹은 즉시 실행에 옮겼다.

　총론만 있던 원불교 좌선법을 여러 스승님께 여쭈며 세밀한 부분까지 하나하나 터득해 갔다. 지도 스승인 법타원김이현 교무은 별도의 시간을 내어 교리공부를 가르쳐 주며 "나만 스승으로 여기면 안 된다." 하고 당시 대산김대거 교무종법사에게 보내 수행의 기틀을 닦을 수 있게 했다. 그 외에도 간사 시절에는 전산김주원 교무으로부터 좌선과 『정전대의』를 독선생으로 배울 수 있는 은혜를 입었고, 학부 시절에는 교산이성택 교무으로부터 사회적 관점으로 『정전』을 배웠다. 이 밖에도 여러 어른께 배울 수 있었다.

좌선을 하고 정기일기 적는 것을 하루도 빠뜨리지 않고 10년을 하고 나서는 여유를 갖고 하는 쪽으로 바꿨다. 그동안 수행하며 생기는 입정人定과 신통의 자취 등으로 어른들의 조심 어린 걱정을 듣기도 했지만 정법 문하에서의 일이라 나 자신은 크게 염려하지 않았다.

교무로서 임지를 받기 전, 신통에 관한 20가지 정도를 글로 적어서 필자의 스승인 법타원을 찾아갔다. "제가 본 것입니다." 훑어본 후 "수고했다. 그런데 이 가운데 무엇이 제일 중요하냐?" "무심적적無心寂寂입니다." "그럼 됐다. 항상 그 마음이 되냐?" "아닙니다. 안 됩니다." "이제부터는 늘 그 마음을 지니도록 해라!" "네."

신통을 놓으니 놓아지는데 일상에서 무심적적한 마음이 마음먹은 것처럼 잘되지 않았다. 그래도 그 마음을 놓지 않으려고 했지만 임지의 당면 과제로 인해 우선순위에서 자꾸만 밀려나서 아쉬웠다. 주어진 여건 속에서 수행으로 자신을 지탱해 가고, 자신의 눈을 거울로 틈틈이 보며 수행자의 눈빛이 살아 있는지 살피며 위안을 삼았다.

어차피 임지의 일이란 교화인지라 가는 곳마다 교리 강좌를 열어서 가르쳤지만, 세상에는 수행하고 싶은데 길을 몰라서 헤매는 사람이 의외로 많음을 알게 되었다. 하루속히 수행길을 정리할 필요가 느껴졌다.

일각에서 선을 가르친다고 하면서 방법을 위한 방법만 강조하다 보니 선을 배우는 사람들이 수행의 본질적 방향을 찾지 못하고 심지어 병을 얻게 되는 경우도 있었다. 또한 수행을 어느 정도 했어도 깊이와 경지를 더해 가는 방법을 몰라서 도중에 수행심이 사그라져 가는 경우가 있어서 안타까웠다.

필자는 다행히 스승님들의 가르침으로 선의 흐름을 밟아 올 수 있는 은혜를 입어 왔다. 이 혜택을 보편적이고 체계적인 방법으로 정리하여 초심자들이 쉽고 효율적으로 선에 접근할 수 있도록 도와서 갚아야 한다는 생각이 마음 깊은 곳에서 떠나지 않았다.

처음으로 교재를 만든 것은 원불교 교정원 교화부에서 단계적인 선의 방법을 정리해 제출할 것을 요청받았을 때이다. 보완하여 별도로 책을 내라는 제의도 함께 받았지만 초심자와 심화된 수행자에게 그다지 도움이 되지 못할 것 같아 사양했다. 긴 시간을 준비해서라도 실지로 도움이 될 수 있는 책을 쓰고 싶었다. 10년에 이르러 정리한 것을 필사본 「비운 만큼 아름다운 세상」으로 제본하여 원불교대학원대학생에게 「선과 성리」 지도를 할 때 교본으로 사용하였다. 그리고 부임지에서 일반인을 위한 선방을 열어서 지도해 왔다.

하지만 마음 깊은 곳에서는 충족치 못한 아쉬움이 늘 남아 있었다. 행선과 무시선을 마음껏 해 가며 정립하고 싶었다. 행선과 무시선을 해 왔지만 마음에 흡족하지 못한 뭔가가 늘 아쉬움으로 자리했기 때문이다. 그래서 요직이나 교수의 길에 대한 제의를 뒤로하고 떼쓰듯 선택한 곳이 한적하고 소박한 시골의 아주 작은 교당이었다. 이것마저 복이 없었는지 교중의 명에 따라서 그곳에 짐도 풀지 못하고 자립이 어려운 큰 기관으로 옮겨야 했다.

그곳이 삼동연수원이다. 자립을 이내 세우고 행선과 무시선을 하나하나 해 보며 꿈에 그리던 것을 정립해 갈 수 있었다. 필자 자신의 수행에 한 매듭을 지은 곳이자 때이기도 하다. 이제는 죽어도 여한이 없다는 마음이 들었다. 이로부터 그동안 추어 잡았던 삶의 고삐를 풀어 제치고 정전공부와 선과 성리에 대한 지도를 지금껏 해 오고 있다.

선방을 열고 선과 성리를 15년 남짓 지도해 오다 보니 선에 재미를 붙여 가는 사람과 선정에 드는 사람도 여럿이 생겨났다. 이런 사람들이 자연스럽게 필자가 쓴 글들에 관심을 갖게 되었고, 원고를 접하자 출판을 권유했다. 그때까지 필사본은 개인적인 경로로만 유통되었지만, 때로는 선에 관심이 있는 연구자들의 논문에 인거되기도 하였고, 종단 외 수행자들의 관심을 끌기도 하였다. 필사본을 뒤늦게 접한 정원규 교수철학박사, 서울대 사회교육과가 필사본을 진작 읽었더라면 가르침에서 놓친 부분을 일일이 묻지 않고서도 어느 정도 해낼 수 있었겠다며 출간을 서둘렀다.

이 책에서는 선에 관심이 있는 사람들이 특정한 재능이 없어도 하려는 마음만 있으면 누구나 쉽게 할 수 있고, 효율적으로 좌선의 경지에 이를 수 있도록 하기 위해 심혈을 기울였다. 특히 궁극적인 목적에 따른 단계별 목표로 나누어 정리하였기에, 방법을 위한 방법으로 헤매는 일 없이 체계적으로 선의 과정을 밟아 가도록 했다. 이대로 정성스럽게 하면 초심자로서는 건강하게 좌선의 맛을 느껴 가고, 이미 수행을 해 온 사람들은 경지를 더해 갈 것이라 여긴다.

그러나 수행은 결국 자기의 몫이다. 보편성에 초점을 둔 좌선의 방법이라고 하지만 정성껏 밟아가는데도 진전이 없다면 선지자와 상의하는 것이 바람직하다. 선지자의 지도를 받아 자신의 감각이나 특성을 고려하여 접근해 가는 것이 선의 깊은 경지에 이르는 데 더 효율적이다.

좌선의 참다운 경지의 궁극은 인격으로 나타난다. 그 인격에서 풍긴 기운은 항상 맑으면서도 담뿍하고, 심법心法은 어느 순간에도 대의에 따른 깊이가 있다. 선이 삶 속에서 심법으로 이어져야 하는 만큼 많은 정성이 필요하고 시일도 오래 걸린다. 그러므로 여유를 갖고 제대로 차근차근 하는 것이 매우 중요하다.

인간이 삶과 수행의 이유를 자신에게 끊임없이 던지는 것은 사회적 동물로서의 삶에 대한 회의라 여긴다. 수행자라면 괜찮을 정도의 삶이 아닌 궁극적인 진리에 의한 삶을 언제나 꿈꾼다.
진리와 영혼의 세상에 대한 인식으로 삶을 조명하여 한순간이라도 진리의 의미로 살고자 하는 데 이 글이 길동무가 되었으면 하는 바람이다.

다음 생에 인간으로 와서 수행하는 날, 내 자신이 볼 마음으로 이 글을 쓴다.

원기 99년2014년 3월 삼동연수원에서

훈산 길 도 훈

* 「선과 성리」 모임에서 수행해 오며 책을 발간하기까지 애써 주신 김도훈, 여환호, 김원주, 박대송, 여전상, 최영신, 정원규, 소병식, 김세명, 강동완, 김태령님과 법의 모임에서 꾸준히 힘써 주시고 함께하신 모든 분께 감사드립니다.

차례

입 문

좌선의 기초 단계로 영혼의 휴식을 넘어서 좌선의 깊은 경지로 향하는 데 필요한 터 닦기 과정이다. 이 과정을 잘 밟으면 선에 재미가 붙어 평생 동안 선으로 인격의 바탕을 닦아 갈 수 있다. 때로는 일시에 깊은 경지에 이르러 진리의 모습을 발견하기도 한다. 그렇다고 해도 익은 것은 아니다. 다만 선이 진리를 향한 길이란 것을 확신하게 된다. 여래를 향한 터 닦기의 수행길이다.

수행의 이유

세상의 많은 사람들이 살기 위해서 먹고, 먹기 위해서 일해야 하는 고단한 삶의 굴레에서 벗어나지 못하고 있다. 그러나 상대적으로 생활에 여유가 있는 사람들은 단순히 먹고, 입고, 자는 걱정에서 벗어나 '어떻게 인간답게 살 것인가'에 초점을 맞춘다. 그중에서 문화에 관심이 있는 사람들은 여행, 패션, 요리, 건축, 레포츠 등에 눈길을 돌리고, 더 마음을 널리 쓰는 사람들은 어려운 이웃을 돌보거나 환경보호 활동을 하는 데에 힘을 쏟기도 한다.

단순히 문화 활동을 즐기는 것과 공익에 힘쓰는 것이 겉으로 보기에는 큰 차이가 있는 것 같지만, 영혼의 관점에서 보면 모두 인간의 세속적인 범주를 크게 벗어나지 못한 행위들일 수도 있다. 사회적으로 성공한 정치인이나 경제인들도 실제로 마음 쓰는 방향을 보면 자기애의

확장에 지나지 않는 경우가 많다. 진리를 추구한다는 학자나 공익을 위해 활동한다고 하는 사람들도 자신과 욕심의 굴레를 벗어나지 못한 채 그런 일들을 하고 있다면, 결국 명예심의 노예 노릇에서 벗어나지 못하는 셈이다.

세상 사람들의 인지가 열려 갈수록 자기의 욕심을 넘어 삶의 테두리가 넓어지고, 형식을 배격하고 합리성을 추구하게 되며, 명분보다는 실질을 중시하는 방향으로 사회가 변해 간다. 이러한 변화는 과거부터 계속되어 왔지만 앞으로는 더 빨라질 것이다. 그리고 이러한 변화가 일정한 수준에 이르면 사회제도나 문화, 국제관계 등이 달라짐은 물론이고 삶을 바라보는 관점도 달라진다. 즉 인간을 단지 물질적 관점에서 육신으로만 바라보는 것이 아니라, 영적인 존재로 바라보는 것이 보편적 입장으로 변화한다.

인간을 바라볼 때, 육신에 따른 물질의 관점으로 볼 게 아니라 영적인 관점에서 삶을 바라보는 것이 오히려 보편적이게 된다. 인간을 영적인 관점에서 바라본다고 하면 우리의 일상적 삶과는 뭔가 동떨어진 이야기를 하는 것처럼 비쳐질 수도 있다. 그러나 영적인 관점이라고 하여 별다른 것은 아니다. 영혼은 특별한 게 아니라 우리의 마음에서 육신을 떼어 놓은 것일 뿐이다. 그러므로 영혼의 관점이란 것도 자신의 마음만 잘 들여다보면 어렵지 않게 알 수 있는 일반적 관점의 범주 안에 있다. 물론 각자의 근기와 특성에 따라 영혼에 대한 인식의 정도에서는 차이가 있을 수 있으나 영혼의 관점 자체는 관심만 있으면 누구나 쉽게 접하고 생각할 수 있는 관점이다.

인간의 삶에서 이러한 영혼, 즉 마음이 얼마나 중요한 것인지는 새삼 강조할 필요가 없을 것이다. 똑같은 시간이라도 사랑하는 사람과 함께 하면 순간처럼 느껴지지만, 미워하는 사람과 함께 있다면 실제보다 훨씬 길게 느껴진다. 물질이나 육신은 우리의 마음에 지대한 영향을 미치기도 하지만, 어디까지나 우리 마음이 느낄 수 있는 테두리에 지나지 않는다. 그러므로 사람들의 인지가 열리면 마음은 언제나 주체이고, 육신이나 물질은 마음의 작용에 불과하다는 것을 안다.

사람들의 인지가 더 열리면, 영혼의 관점에서 인간의 몸은 마치 의복과 같다는 것을 보편적으로 알게 된다. 옷이 낡으면 갈아입으면 되는 것처럼, 죽음이란 곧 마음의 옷을 벗는 정도라 두려움의 대상이 아니다. 늙고 병들어 죽더라도 새 몸을 받으면 되기 때문에 목숨을 억지로 연명하려고 하지 않는다. 이때는 오래 사는 것이 목적이 아니라 어떻게 사느냐가 문제다. 그것도 잘 먹고 잘 쓰고 사느냐가 아니라 내 영혼에 어떤 의미가 있느냐가 중요하다.

육신이 죽어 사라져도 영혼은 죽지 않는다. 영혼은 우주와 더불어 태어남도 소멸함도 없이 존재한다. 불교에서는 영혼이 존재하는 곳을 천상, 인간, 수라, 아귀, 축생, 지옥의 여섯 곳으로 구분했지만, 이것도 크게 분류한 것에 지나지 않는다. 축생이라 해도 반드시 동물이라고 보기 어려운 생물들도 있으며, 영혼의 경우도 마음의 힘이 부족해서 이곳저곳을 떠도는 경우도 있으니 영혼이 사는 곳과 살아가는 모습을 여섯 가지로만 나누기에는 부족하다.

천상의 세계만 하여도 수준은 천양지차다. 그저 맑고 고상한 뜻으로 존재하는 영혼이 있는가 하면, 지고한 영혼으로 우주의 운행에 관여하기도 한다. 원불교에서는 천상영혼의 분류를 법계와 그 이하로 나눈다. 법계는 항마위* 이상이라야 갈 수 있지만 그 가운데에도 많은 차이가 있다. 영혼마다 각각 지니고 있는 파장이 다르다. 파장은 영혼의 능력을 가늠하는 잣대가 되기도 하는데, 수준 높은 파장을 지닌 영혼들이 모여 있는 곳에 가기 위해서는 영혼들이 지니고 있는 파장 이상의 수준이 되어야만 한다. 그렇지 못하면 그곳에 가 보고 싶어도 도저히 갈 수 없다.

인간 세상에서 아무리 지위가 높고 돈이 많았더라도 영혼의 수준이 높지 않으면 영혼의 세상에서는 가고 오는 것조차 자유롭지 못하다. 천상영혼들이야 도와주고 이끌어 주는 관계라 그래도 나쁘지는 않지만, 만약 수라나 아귀들의 무리에 들어서 못된 영혼들과 관계가 형성되면 땅속보다도 더 암울할 수 있다. 영혼들은 육신과 무기가 없어서 힘이 약하면 항거할 방법도 없다. 이처럼 힘의 강약에 따라서 지배의 구조가 강력하다. 그래서 철든 사람에게 이 세상에서 해야 할 가장 중요한 것을 묻는다면 권력이나 돈보다도 수행이라고 답할 수밖에 없다.

그런데 인간 세상에서 수행을 하려면 무엇보다 인간 세상의 특성을 알아야 한다. 인간은 동물로서의 생존·번식 본능이 강하고 사회를 경쟁이란 구도로 발전시키는데 그 모든 것이 착심으로부터 비롯되어 나

---

*항마위降魔位 : 자성에 반조하여 탐진치재색명리를 조복받고 시기, 질투가 떨어진 단계로 수행에 철저하여 자신 제도를 마치고 남의 스승이 될 수 있는 성인에 입문.

타난다. 착심은 생각보다 강하게 윤회로 치닫게 하는데 그 바탕은 욕심을 채우려는 동물적인 반응이다. 자연의 법칙이 빈 곳을 채우는 것처럼 착심으로 균형을 잃은 인간의 마음은 자신이 모자란다고 느끼는 데로 끌려간다. 천상의 존재도 모자람에 대한 갈구가 있지만 인간과는 달리 착심이 아닌 지혜의 차원에서 접근한다.

천상영혼이 바라본 인간 세상의 인지는 아직 미개하여 이곳에서 살아가려면 많은 고생을 감수할 각오가 필요하다. 하지만 시간과 공간이 있고 육신이 있어서 영혼으로 존재할 때보다 몇 배나 더 밀도 있게 수행할 수 있다. 또한 인간의 정서에서 느껴지는 투박함은 그 나름대로의 매력으로 흡입력을 지닌다.

천상영혼은 이 세상의 삶 속에서 맑고 고상한 마음의 인간으로서 수행을 한다. 과거에는 인간의 인지가 어두워서 더불어 함께하기가 어려웠다. 다만 할 수 있는 것은 사회를 등지고 깊은 산속으로 들어가 인간의 몸으로 수행할 수 있는 이점에만 의지했다. 그러나 지금의 세상은 인지가 어느 정도 열렸기 때문에 수행자도 사회 속에서 다른 사람들과 함께 더 실질적이면서도 폭이 크고 깊으며 밀도가 있는 수행을 할 수 있게 되었다.

인지가 어두운 과거에는 삶에서 봉착한 어려움을 모두 전생의 소산으로 여겨, 달게 받고 참회를 하는 수행법이 많이 권장되었다. 조금 발전된 오늘날에는 합리적으로 최선을 다한 나머지만 전생의 소산으로 삼는다. 하지만 무의식에 깔아含藏識 있는 전생의 소산을 여전히 감내하는 것이고, 그 외의 관심은 내생을 위한 복전福田 준비에서 벗어나지 못한다. 숙명론과 기복적인 사고를 벗어나지 못하면 아무리 노력해도 수행에 제약이 따른다. 의식은 무의식을 기반으로 하게 되는 연유다. 인지가 발달된 견지에서는 한 인간의 삶에서 생기는 모든 일과 모든 것을 수행의 자료로 여겨 자신의 영혼을 일깨운다. 나의 삶에서 마음이 접하는 모든 경계에 합리적인 사고로 최선을 다해 보지만 어찌할 수 없는 전생의 소산일지라도 나의 부족함을 일깨우는 공부의 기회로 삼는다. 그것도 나의 지혜가 부족하여 비롯된 일임을 알기 때문이다.

수행자는 자기 영혼을 사랑하는 만큼 수행에 깨어 있다. 남을 도와주어도 복을 지으려는 차원이 아닌 자기 영혼이 풍요로워짐을 사랑하기 때문에 한다. 그러니 상相이 있을 수가 없다. 누군가가 나를 아프게 할 때도 되갚고 싶은 마음을 참는 것이 아니라 그 아픔을 이해하기에 그것을 돌려주고 싶지 않은 것이다. 착심에 의한 반응을 참는 것이 아니라 나의 영혼을 위해서 해야 할 것을 할 따름이다.

수행자는 자기의 영혼이 진리와 같이 안정되고 지혜로우며 정성스럽기를 원한다. 또 진리가 만물을 실어 주고 품어 주듯이 풍요롭기를 바란다. 이것이 진리의 모습이자 진리를 인격화한 지고至高한 영혼의 모습이라 자기의 영혼을 그렇게 가꾸고 싶어 한다.

진리의 속성을 공·원·정空·圓·正*으로 내면화하고 사은四恩** 보은報恩으로 풍요롭고자 함을 후래 학자들이 전무후무한 완전한 수행법이라 한 것은 그것이 진리의 인격화이자 진리의 모습인 까닭이다.

소태산***은 진리인식을 심어 주려다 보니 해석에 치우친 감이 있어 제자들이 내면화하지 못할까 염려되어 좌선 또는 염불을 열심히 하라고 당부했다.

좌선은 영혼의 깊이를 다져 가는 데 아주 중요한 수행법이다. 그래서 예로부터 수행의 골수라고도 한다. 그런데 좌선의 의미와 방법에 대해 설명하기 전에 반드시 유념해야 할 것이 있다. 그것은 좌선으로써 의식이 깊어질 때 터져 나오는 깨달음이 진리인식의 크기와 깊이에 비례한다는 사실이다. 따라서 수행자는 좌선과 더불어 교리연마도 게을리하지 말아야 하고, 이와 함께 생활 속에서 실천을 통해 진리를 구체화하는 작업도 병행해야 한다.

---

*공원정空圓正 : 진리의 속성으로서 공은 비움. 원은 밝음. 정은 바름이다.

**사은四恩 : 진리가 현실에 나타난 은혜의 네 가지 관점. 즉, 천지은, 부모은, 동포은, 법률은이다.

***소태산少太山(1891~1943) : 원불교 박중빈 교조의 호다. 제자들은 보통 소태산 대종사라고 부른다. 전남 영광에서 태어나 인생에 의문을 품고 수행하다가 26세에 스스로 깨쳤다. 연원을 불교로 정하고 인류가 진리의 인격을 얻고 삶에서 은혜로 나타내는, 살아 있는 수행을 염원했다.

좌선의 목적

사람이 삶의 의미를 생각하지 않는다면 동물의 삶과 다를 바 없다. 태어난 대로 그저 생존 욕구에 따라 살다 보면 어느새 자라 결혼을 하고 자식을 낳아 기른다. 자식이 성년이 되어 허리를 펴고 삶을 되돌아볼 때면 덧없는 인생 속에 머리가 희끗해지고 죽음의 그림자가 드리운다. 삶의 의미를 마음으로 새겨 가며 사는 사람도 이 수준을 넘어서는 경우가 극히 드물다. 최신 교육을 받고 합리적으로 살려고 노력해도 머리로 받아들여진 보편적 지식의 범주를 여간해서는 넘지 못한다.

설령 진리에 관한 책을 보든, 선지식의 말을 듣고 나름대로 생각을 궁굴린다 해도, 논리 구조에 의존하는 지식 체계에 근거해서는 마음을 닦아 가는 과정에서 한계를 느낄 수밖에 없다. 선을 통해 깊은 내면의 세계로 회귀하지 않고서는 영혼의 관점에 따른 삶의 의미를 이해하고 실행하기 어렵다.

좌선의 목적은 비움

선의 목적은 마음의 자유를 얻는 것이다. 마음의 자유를 얻기 위해서는 먼저 마음을 비워야 하는데, 좌선이 바로 이처럼 마음을 비우는 것을 목적하는 수행법이다. 마음을 비우지 않고서는 마음이 자유로울 수 없기 때문에 좌선은 모든 다른 선의 바탕이 된다. 비우지 못한 마음속에는 관념과 욕심이 자리하여, 모든 것을 관념과 욕심의 패턴으로 재단하고 평가한다. 이것을 해결하지 못하면 마음의 자유는커녕 비움조차 어렵다.

관념으로 굳은 생각은 틀이 좁아서 자기 생각 밖의 이야기나 새로운 의견을 받아들이지 못한다. 자기 생각의 틀 안에서만 수용하다가 다르다 싶으면 그것은 틀렸다고 여긴다. 또한 욕심은 자기에게 이익이 되지 않는다면 그것이 아무리 옳고 널리 이롭게 하는 것일지라도 외면하게 만든다. 욕심은 자기의 이익을 위해서는 수단과 방법을 가리지 않는 염치없는 속성을 지니고 있다. 관념과 욕심에 따른 습관이 굳어지면 마음과 몸은 의식 없이 관성적으로 익숙한 길로만 가려고 한다. 마음이 욕심과 관념에 깨어 있기만 해도 훨씬 빈 마음이 되기 쉬운데, 이 또한 수행 없이는 쉽지 않다.

관념을 걷어 내면 수행길이 보여

욕심과 관념에 따른 모든 번뇌를 한꺼번에 비우는 것은 쉽지 않다.

궁극적으로는 모두 벗어던져야 하겠지만, 우선 관념에 따른 찌꺼기만 잘 걸러 내도 욕심과 그에 따른 습관은 어느 정도 가벼워질 수 있다. 이러한 작업은 지식의 고정된 틀이라는 밑바닥에 눌어붙은 미혹과 착심을 땀에 저린 수행으로 녹여 내는 길이며, 온 세상을 감싸 안을 수 있는 포용심을 길러 내는 과정이다.

그러나 많은 수행자가 관념을 벗어 버리는 첫 고비를 넘지 못한다. 보이지 않는 세계에 대한 갈증이 큰 만큼이나 두려움도 크기 때문이다. 거기에 덧붙여 수행하는 과정에서 보고 듣게 되는 것들이 다시 관념의 찌꺼기가 되어 사고를 더욱 경직되게 만든다. 그렇게 되면 수행하는 자리에 있어도 깨어 있지 못하고 평가의 기준만 한껏 올린 삼류 평론가에 지나지 않게 된다.

삶의 찌꺼기, 선의 습관으로 사라져

전생부터 알게 모르게 살갗 깊은 곳에 훈습薰習된 것 위에, 삶의 찌꺼기가 어느덧 자신의 살붙이가 되어 버린 것이 자신의 근본지혜般若를 누른다. 살붙이가 된 관념을 없애자니 살을 도려내는 아픔과 두려움을 감내해야 하고 무의식에 갈무리된 업장마저 녹이자니 골수를 녹이는 것 같은 고뇌에 찬 몸부림의 수행이 있어야만 한다. 내면 깊은 곳에 있는 찌든 삶의 찌꺼기를 훑어 내야 내면에 잉태된 근본지혜가 터져 나오기 때문이다.

찌든 습관 하나를 고치려 해도 죽기로써 해야 하는데 무의식마저 훑어 내려고 하니 어렵고 힘들 수밖에 없다. 수많은 세월 동안 습관들인 것을 짧은 시간에 없애려니 힘든 것은 당연하다. 어둠은 밝음을 드리우면 저절로 사라진다. 마찬가지로 선의 습관을 들여 가다 보면 삶의 찌꺼기는 차츰 사라져 간다. 좋아하는 것에 습관을 들이는 것은 어렵지 않다. 하지만 담박한 좌선을 좋아하기란 쉽지 않다. 담박하기 때문에 여기에서 힘을 얻으면 모든 일에서도 그 마음을 드리울 수 있다. 이왕 마음의 힘을 얻으려면 좌선을 좋아할 수 있는 길을 찾아서 하는 것이 효율적이고 지혜로운 모습이다.

선의 과정을 따라 꾸준하게 하다 보면 내면에 깊은 진리와 삶의 의미가 속살처럼 내비쳐져 마음 밖으로 드러난다. 마치 애벌레가 나비가 되듯, 선정에 들어 번뇌와 망상을 녹여 내어 한가로움을 바탕으로 한 근본지혜가 솟아 삶의 여유로움을 누릴 수 있다.

내면의 진리는 아픔을 머금고 자리 잡아

좌선은 선정에 이르렀다고 끝난 것이 아니다. 내면의 진리는 수많은 일 속에서 아픔을 겪으며 제자리를 잡아 간다. 이것을 통칭하여 선이라고 부른다. 선을 하는 우리는 자신의 내면과 수많은 대화를 나누고 관념의 자아를 부숴 가는 여행자다. 깊이 있는 삶을 살기 위해서 수많은 수행자가 택하는 길이 선이며, 이 선은 마음에 자유의 날개를 달아 준다.

좌선은 선 가운데 마음의 씨앗에 어리어 있는 그 모든 것을 찾아서 활용할 수 있도록 닦고 길러 가는 근원적 방법이다. 태교처럼 가장 근원적인 길이고 공들인 것에 비해 공덕 또한 가장 크고 많다.

좌선을 함으로써 얻게 되는 표면적인 것은 비움과 근본지혜 그리고 마음의 힘이다. 건강은 좌선을 함으로써 덤으로 좋아지며 삶에서 아주 중요하다.

■ 깊은 비움

좌선은 마음 고요함으로부터 출발한다. 마음이 고요히 가라앉아 표면의식부터 무의식에 이르기까지 선명하게 드러난다. 의식을 깊이 이해하고 비워 가는 것은 마음 사용의 지혜와 힘의 원천이 된다. 그러나 좌선은 좀 더 깊은 비움을 이루는 데 매력적이다. 마음을 전일하게 지니다가 자신과 주변의 모든 것을 잊고 절대 비움에 존재함은 그 무엇에도 비유할 수 없다. 이 비움의 깊이는 수행의 정도에 따라 많은 차이가 있는데 그것은 또한 의식의 바탕이 되어 준다.

비움은 멍함과 다르다. 비웠으되 영롱함이 있다. 살아 있는 자의 비움이기 때문이다. 살아 있는 자에게는 기본적으로 열정이 있는데 소태산은 '하고자 하는 마음'이라고 하였다. 그 열정이 비움을 바탕으로 하지 않으면 욕망이 되어 재색명리財色名利에 끌려다니지만, 비우면 그 열정이 재색명리마저 은혜로 승화시킨다.

■ 근본지혜의 발현

살아 있는 마음은 비우면 밝아져 온다. 욕심에 의한 것만 아니라 지식마저도 관념이 되면 자신을 어둡게 한다. 하지만 마음을 비우면 모든 대상이 선명하게 느껴진다. 사물과 사람 그리고 이치에 대해서도 마찬가지다. 진리인식이 깊고 풍부해도 비움에 바탕하지 않으면 고급 지식에 지나지 않을 수 있다. 그것이 깊이 있는 비움에 바탕하여 발현되면 지혜가 되어서 우주의 근원과 지엽 그리고 우주가 조화롭게 운행되어지는 것까지 모두 저절로 알게 된다. 이러한 지혜는 지식처럼 기억하고 분석하여 만들어지는 것이 아니라 비움에서 자연스럽게 우러나온다.

■ 마음의 힘을 기르는 것

'해탈'과 '자유'는 같은 뜻으로 쓰이기도 하지만 달리 쓰일 때는 자유가 상위 개념이다. 이 밖에도 유사 개념으로 '포기'가 있다.

강가에서 헤엄치지 못하는 사람이 "에라, 모르겠다!"며 강물에 죽기 살기로 뛰어드는 것이 포기에서 비롯된 마음이라고 한다면 강물의 흐름을 타고 노니는 것은 해탈의 마음이다. 그러나 자유는 강물의 흐름을 타고 노니는 것을 넘어서 물살을 거슬러 오를 수 있는 것처럼 마음의 힘을 지녔다.

즉 해탈에 힘과 지혜가 더해져야 자유를 얻을 수 있다. 좌선에서 깊은 비움에 이르려면 전일한 마음—心이 있어야 한다. 이 전일함이 마음의 체력이자 추진력이고, 좋고 싫은 생각을 비우는 것이 마음의 제동력이다. 그리고 꾸준히 하는 데에서 마음의 지구력이 생긴다.

이러한 마음의 힘은 소소한 일상에서 생활하는 데에도 요긴하게 쓰인다. 자동차가 클수록 브레이크와 추진력 또한 커야 사고가 나지 않고 원활하게 운행할 수 있다. 마찬가지로 많이 배우고 많은 역량으로 일을 하려면 마음의 브레이크와 힘인 제동력을 갖추기 위해 수행도 그만큼 더 해야 한다.

운동선수가 기술만 좋아서는 경기를 잘 할 수 없다. 기술을 받쳐 줄 정도의 체력과 스피드가 있어야만 경기에서 제 실력을 발휘할 수 있다. 이와 마찬가지로 수행자도 지혜만 있다고 다 되는 것이 아니다. 지혜를 활용할 수 있는 마음의 체력이 필요하다. 특히 나이가 많아지고 지위가 높아질수록 역경이 적어져서 마음의 면역성이 떨어질 수 있다. 마음의 면역성이 떨어지면 오랫동안 수행을 한 사람도 작은 일에 쉽게 삐칠 뿐 아니라 오래 간다.

마음의 체력과 면역력을 높여 주는 것이 전일한 마음이다. 수행자는 이 마음을 죽는 날까지 놓아서는 안 된다. 전일한 마음을 지니게 하는 수행 방법으로는 좌선 외에도 염불과 기도가 있다. 그리고 일반적으로는 운동, 독서, 예술 활동 등이 있는데 자신이 좋아하는 것으로 하면 더욱 효과적이다.

■ 좌선은 건강까지 아우른다

마음을 비우면 몸에서 불필요한 긴장을 해소하고 몸 에너지의 허브
인 단전에 기운이 뭉친다. 따라서 면역력과 기운이 솟고 수화水火의 기
운이 골라 맞아서 건강해져 간다. 좌선을 하지 않았을 때보다 건강하
게 된다는 의미이지 좌선만 하면 일체 병을 앓지 않고 있던 병도 모두
낫는 것으로 여겨서는 안 된다.

영혼이 육신에 깃들다 보니 세상 사람들과 자연이 함께 어우러진 사
회에서 마음이라는 이름으로 세밀하고 힘 있는 수행을 할 수 있다. 사
람으로서 수행하려면 인간으로 사용할 수 있는 모든 것에 깨어난 마음
으로 지극하게 해 봐야 한다. 제대로 수행을 하면 영적으로 얻을 수 있
는 모든 것을 얻고 인간의 삶이 여행으로 다가온다. 그것이 몸이 내 영
혼에게 주는 큰 혜택이다.

법타원*은 "건강 하나 챙기지 못해서 무슨 수행을 하겠나?"라고 하며
"항마까지는 건강하지 않아도 할 수 있지만 여래출가위 포함가 되려면 몸
이 건강해야 할 수 있다."고 하였다. 출가와 여래는 은혜로 창출해 내는
가치로 판단을 하는데, 과정과 결과에서 모두 심법心法이 배어나야 한
다. 그것은 인격의 예술이고 작품이다. 세상에 드리우는 보은報恩과 은
혜 창출의 묘미는 건강이 아우를 때에나 가능하다.

좌선으로써 마음의 힘을 기르고 마음을 비우며 근본지혜를 밝히려

---

*법타원法陀圓(1930~2013) : 김이현출가위의 법호, 전북 소성면 흑암리 출생. 중앙 수위단원 역임.

함은 마음을 알고 길러서 마음을 마음대로 사용하기 위해서다. 그 사용함의 마당은 인간 세상이고 그 과제는 은혜로운 세상이다. 하지만 영혼을 인간의 몸에 담아 마음으로 사용하는 것이라 건강을 도외시할 수 없다. 사람으로서 닦아 가는 수행의 또 다른 매력이라 할 수 있다.

좌선이란 건강과 편안함을 넘어서서 마음의 자유를 얻기까지 머리로 알아 가는 길이 아니라 살아가는 삶 자체이고, 이해하는 것이 아니라 안에서부터 발현시키는 것이다. 또한 채워 가는 것이 아니라 비워 가는 것이고, 인위적인 만듦이 아니라 잉태해서 낳는 자연스러움이다.

좌선의 유래

선이란 인도에서 나온 말로 'Dhyana'인데, 이를 한자 음역어로는 '선나'禪那라고 하였고, 뜻에 따른 의역意譯으로는 생각을 닦는다는 뜻의 '사유수'思惟修와 생각을 고요히 한다는 '정려'靜慮이다. 인도 산스크리트어 'samadhi'를 음역하면 '삼매'三昧이고 의역으로는 '오롯한 마음'을 일컫는다.

과거 불교가 수천 년 동안 선의 방법과 형태를 달리하며 내려오고 있으나 오늘날 동아시아에 내려오는 선의 맥은 크게 두 가지로 분류된다. 하나는 묵묵히 앉아서 생각을 멈추고 마음을 관하는 묵조선默照禪굉지 정각선사 주창이고, 또 하나는 화두話頭를 들고 몰두하는 간화선看話禪대혜 종고선사 주창이다. 묵조선은 불교의 조동종曹洞宗 계통으로서 일본에서 널리 하고, 간화선은 임제종臨濟宗 계통으로서 한국에서 널리 행한다.

본성에 합일하든지 화두를 들어 진리를 깨닫든지 궁극에 이르러서는 다 같다. 그런데 사람의 특성도 각각 다르기에 일방에 치우치기보다는 마음을 일으키는 경로를 따라 선을 하는 것이 부작용을 줄이고 능률을 올릴 수 있다.

원불교는 도가의 단전호흡을 수용하여 묵조에 의한 단전주선을 좌선의 바탕으로 삼고, 정신이 맑을 때 잠시 의두*·성리**화두를 마음에 걸고 궁구하고 연마하는 것으로 선의 방법을 삼는다.

그러나 소태산의 대각이 단전주선丹田住禪만으로 이루어진 게 아니다.
어려서부터 '장차 이 일을 어찌할꼬?'라는 화두로 선정에 들었다. 그 화두는 모든 사람의 행복에서 출발하였지만 그 근원엔 진리가 담겼다. 웬만하면 도인의 견해와 책으로는 그 의문을 해결할 수 없었다. 그뿐만 아니라 삶 속에서 함께한 화두였기에 깨달은 즉시 수행을 마친 결과까지 가져왔다. 깨달음은 그 사람이 담고 있는 진리인식에 비례하기 마련이다.

원불교 좌선법은 소태산의 깨달음이 있은 후에 그동안의 수행 과정을 되짚고 다듬어서 정돈된 군더더기 없는 최고의 법이다. 반면 초심자로부터 해 온 방법이 아니었기에 각론만으로는 부족하다. 사정이 이렇다 보니 역사를 더해 가며 좌선으로 수행해 가는 수많은 제

---

*의두疑頭 : 진리를 깨치기 위해 갖는 큰 의심을 말한다. 연구의 깊은 경지를 밟는 공부인에게 일과 이치 간의 명확한 분석을 얻도록 하는 것.

**성리性理 : 우주 만유의 본래 이치와 우리의 자성 원리를 해결하여 알고자 하는 것.

자에 의해 계속 정리되고 여러 가지 방법으로 각론이 붙을 수밖에 없다. 그런데 사람마다 특성이 다르기에 방법도 다양해지다 보면 자칫 진리 수행의 본질과는 멀어지는 방향으로 흐를 수 있다. 수행의 관점에서 긴 미래와 다양함을 염두에 두고 보면 총론은 간결한게 더 낫다.

「좌선법」에서 미처 밝히지 않은 좌선의 방법들이 구전을 통해서 전해져 오다 보니 때로는 도움이 되기도 하지만 때로는 방법을 위한 방법으로 변질되어 나타나기도 하고 오히려 수행을 방해하거나 병을 부른다. 그렇다고 초심자로부터 수행 과정에 있는 사람이 간결함만을 고집하다가는 이 또한 선을 흉내 내는 수준에서 넘어설 수 없다. 자신이 선정에 드는 데 무엇이 필요한지를 꼭 선지자에 물어서 실효성 있게 해야 한다.

또한 좌선 중에 의두·성리 연마를 할 때는 평소의 연마와 다르다. 평소에는 교전에 담긴 내용과 불조佛祖의 화두를 배우고 해석하며 생각을 궁굴리지만, 여기까지는 초심자의 공부법에 속한다. 제대로 하려면 교리 전체와 자기의 삶을 한데로 묶은 화두를 든다. 나아가 이 화두를 삶 속으로 가져와서 연마하고 대조하며 실행해 갈 때 화두가 깊어지고 넓어진다. 이때부터는 화두가 머리에 있는 것이 아니라 가슴속으로 품게 된다. 좌선 말미의 연마 시간에는 항상 마음 주머니에 담아 두었던 것을 잠시 꺼내 보는 정도가 좋다.
이 화두가 자기가 지닌 진리인식의 결정체다. 좌선 중 의두·성리 연마 시간에 화두가 열릴 수도 있지만 일상에서 어떤 계기로 열릴 수도 있다. 때로는 선정에 들었다가 깨달음으로 터져 나올 수도 있는데 그 깨달음의 기반이 되는 것은 자신의 진리인식이다. 깨달음은 진리인식의 깊이와 크기에 비례한다. 이렇게 열린 화두는 힘이 있어서 진리와 일대사—大事가 마음속에서 내면화되어 이후부터는 모든 삶의 대의가 한생각을 넘지 아니하고 저절로 알아져 간다.

원불교 『정전』 좌선법 원문

좌 선 법坐禪法

좌선의 요지

대범, 좌선이라 함은 마음에 있어 망념을 쉬고 진성眞性을 나타내는 공부이며, 몸에 있어 화기火氣를 내리게 하고 수기水氣를 오르게 하는 방법이니, 망념이 쉰즉 수기가 오르고 수기가 오른즉 망념이 쉬어서 몸과 마음이 한결같으며 정신과 기운이 상쾌하리라.

그러나 만일 망념이 쉬지 아니한즉 불 기운이 항상 위로 올라서 온몸의 수기를 태우고 정신의 광명을 덮을지니, 사람의 몸 운전하는 것이 마치 저 기계와 같아서 수화의 기운이 아니고는 도저히 한 손가락도 움직이지 못할 것인바, 사람의 육근六根 기관이 모두 머리에 있으므로 볼 때나 들을 때나 생각할 때에 그 육근을 운전해 쓰면 온몸의 화기가 자연히 머리로 집중되어 온몸의 수기를 조리고 태우는 것이 마치 저 등불을 켜면 기름이 닳는 것과 같나니라. 그러므로 우리가 노심초사를 하여 무엇을 오래 생각한다든지, 또는 안력을 써서 무엇을 세밀히 본다든지, 또는 소리를 높여 무슨 말을 힘써 한다든지 하면 반드시 얼굴이 붉어지고 입 속에 침이 마르나니 이것이 곧 화기가 위로 오르는 현상이라, 부득이 당연한 일에 육근의 기관을 운용하는 것도 오히려 존절히 하거늘 하물며 쓸데없는 망념을 끓여 두뇌의 등불을 주야로 계속하리요. 그러므로 좌선은 이 모든 망념을 제거하고 진여眞如의 본성을 나타내며, 일체의 화기를 내리게 하고 청정한 수기를 불어 내기 위한 공부니라.

좌선의 방법

좌선의 방법은 극히 간단하고 편이便易하여 아무라도 행할 수 있나니,
1) 좌복을 펴고 반좌盤坐로 편안히 앉은 후에 머리와 허리를 곧게 하여 앉은 자세를 바르게 하라.
2) 전신의 힘을 단전에 툭 부리어 일념의 주착住着도 없이 다만 단전에 기운 주해 있는 것만 대중 잡되, 방심이 되면 그 기운이 풀어지나니 곧 다시 챙겨서 기운 주하기를 잊지 말라.
3) 호흡을 고르게 하되 들이쉬는 숨은 조금 길고 강하게 하며, 내쉬는 숨은 조금 짧고 약하게 하라.
4) 눈은 항상 뜨는 것이 수마睡魔를 제거하는 데 필요하나 정신 기운

이 상쾌하여 눈을 감아도 수마의 침노를 받을 염려가 없는 때에는 혹 감고도 하여 보라.

5) 입은 항상 다물지며 공부를 오래 하여 수승화강水昇火降이 잘되면 맑고 윤활한 침이 혀 줄기와 이 사이로부터 계속하여 나올지니, 그 침을 입에 가득히 모아 가끔 삼켜 내리라.

6) 정신은 항상 적적寂寂한 가운데 성성惺惺 함을 가지고 성성한 가운데 적적함을 가질지니, 만일 혼침昏沈에 기울어지거든 새로운 정신을 차리고 망상에 흐르거든 정념으로 돌이켜서 무위자연無爲自然의 본래면목 자리에 그쳐 있으라.

7) 처음으로 좌선을 하는 사람은 흔히 다리가 아프고 망상이 침노하는 데에 괴로워하나니, 다리가 아프면 잠깐 바꾸어 놓는 것도 좋으며, 망념이 침노하면 다만 망념인 줄만 알아 두면 망념이 스스로 없어지나니 절대로 그것을 성가시게 여기지 말며 낙망하지 말라.

8) 처음으로 좌선을 하면 얼굴과 몸이 개미 기어다니는 것과 같이 가려워지는 수가 혹 있나니, 이것은 혈맥이 관통되는 증거라 삼가 긁고 만지지 말라.

9) 좌선을 하는 가운데 절대로 이상한 기틀과 신기한 자취를 구하지 말며, 혹 그러한 경계가 나타난다 할지라도 그것을 다 요망한 일로 생각하여 조금도 마음에 걸지 말고 심상히 간과하라.

이상과 같이, 오래오래 계속하면 필경 물아物我의 구분을 잊고 시간과 처소를 잊고 오직 원적무별圓寂無別한 진경眞境에 그쳐서 다시없는 심락心樂을 누리게 되리라.

좌선의 공덕

좌선을 오래 하여 그 힘을 얻고 보면 아래와 같은 열 가지 이익이
있나니,

1) 경거망동하는 일이 차차 없어지는 것이요,

2) 육근 동작에 순서를 얻는 것이요,

3) 병고가 감소되고 얼굴이 윤활하여지는 것이요,

4) 기억력이 좋아지는 것이요,

5) 인내력이 생겨나는 것이요,

6) 착심이 없어지는 것이요,

7) 사심이 정심으로 변하는 것이요,

8) 자성의 혜광慧光이 나타나는 것이요,

9) 극락을 수용하는 것이요,

10) 생사에 자유를 얻는 것이니라.

단전주丹田住의 필요

대범, 좌선이라 함은 마음을 일경一境에 주하여 모든 생각을 제거함이
예로부터의 통례이니, 그러므로 각각 그 주장과 방편을 따라 그 주住하
는 법이 실로 많으나, 마음을 머리나 외경에 주한즉 생각이 동하고 기운
이 올라 안정이 잘되지 아니하고, 마음을 단전에 주한즉 생각이 잘 동

하지 아니하고 기운도 잘 내리게 되어 안정을 쉽게 얻나니라.

또한, 이 단전주는 좌선에만 긴요할 뿐 아니라 위생상으로도 극히 긴요한 법이라, 마음을 단전에 주하고 옥지玉池에서 나는 물을 많이 삼켜 내리면 수화水火가 잘 조화되어 몸에 병고가 감소되고 얼굴이 윤활해지며 원기가 충실해지고 심단心丹이 되어 능히 수명을 안보하나니, 이 법은 선정禪定상으로나 위생상으로나 실로 일거양득하는 법이니라.

간화선看話禪을 주장하는 측에서는 혹 이 단전주법을 무기無記의 사선死禪에 빠진다 하여 비난을 하기도 하나 간화선은 사람에 따라 임시의 방편은 될지언정 일반적으로 시키기는 어려운 일이니, 만일 화두話頭만 오래 계속하면 기운이 올라 병을 얻기가 쉽고 또한 화두에 근본적으로 의심이 걸리지 않는 사람은 선에 취미를 잘 얻지 못하나니라. 그러므로 우리는 좌선하는 시간과 의두를 연마하는 시간을 각각 정하고, 선을 할 때에는 선을 하고 연구를 할 때에는 연구를 하여 정定과 혜慧를 쌍전시키나니, 이와 같이 하면 공적空寂에 빠지지도 아니하고 분별에 떨어지지도 아니하여 능히 동정 없는 진여성眞如性을 체득할 수 있나니라.

* 가급적 『정전』 「좌선법」 원문을 반영하였으나 이해를 돕기 위해 몇몇 단어는 순화하거나 한 자로 병기하였음.

좌선을 어떻게 할 것인가

　수행자의 대부분이 좌선과 동기화되는 용어를 찾으라면 깨달음을 떠올린다. 좌선을 통해 비움 깊은 곳에 머물다 진리의 깨달음을 낳는 것은 수행자 모두가 지극히 바라는 것이다. 그러나 깨달음을 전제로 한 좌선은 결연하고 숭고하지만 깊은 경지로 가는 데에는 오히려 걸림돌로 작용한다. 좌선을 하고자 하는 마음에 깨달음이 들어 있으면 좋지만 깨달음만 바라봐서는 안 된다. 깨달음에 이르는 길을 순서에 따라 매듭을 지어 정해 두는 것이 우선적으로 해야 할 일이다. 그렇지 않으면 깨달음에 대한 막연한 생각만으로 치닫다가 오히려 깨달음과는 반대로 가거나 병마저 얻을 수 있다.

　순서를 정할 때에는 거꾸로 보는 것이 효과적이다. 목적을 먼저 분명히 하고 출발해야 다른 길로 벗어나지 않는다. 또 과정적으로는, 큰 목적에 따른 개별 목적을 설정하고 그에 도달할 수 있도록 해 주는 구체

적인 방법을 확인해야 한다. 그래야 단계에 따른 성취감도 느끼며 자신
감도 생겨서 수행을 꾸준히 이어갈 수 있기 때문이다.

이와 반대로 목적이 분명하지 않으면 자칫 방법을 위한 방법만을 사
용할 수도 있다. 그렇게 되면 무엇을 할지 몰라 허송세월만 하다가 심
신이 지쳐 수행을 멀리하게 될 수도 있다. 수행을 할 때에는 반드시 큰
목적에 따른 작은 목적이 필요하고, 그에 따라 적절한 방법이 제시
되어서 그 방법대로만 하면 작고 큰 목적에 도달할 수 있어야 한다.

좌선의 큰 목적이 깨달음이라면, 수행자가 깨달아야 하는 이유는 깨
달아야만 왜 마음의 자유를 얻어야 하는지를 알게 되기 때문이다. 이
러한 깨달음은 선지자들이 언어로 전한 것 이상의 내용을 함축한다.
그러므로 성현의 말씀을 언어로 접하고 이를 수용했다 하더라도, 스스
로 깨닫지 못하면 언제나 불안과 미혹의 그림자가 드리울 수 있다. 그
러나 깨달음에 이르면 진리의 본질을 알고 진리의 언어를 사용하기에
더 이상 불안해하거나 미혹되지 않고 진리적으로 의미 있는 삶을 살
수 있게 된다.

깨달음에 이르는 첫 번째 과정은 선정을 통해 마음을 깊이 비우는
것이다. 마음을 비우지 않고서는 깨달음에 이르거나 마음의 자유를 얻
을 수 없다. 마음을 깊게 비우기 위해서는 우선 마음을 전일하게 해야
한다. 이와 관련하여 종파에 따라 다양한 수행 방법들이 제시되고 있
는데, 소태산은 단전주丹田住 선법을 제시해 주었다. 단전주선은 단전
에 마음과 기운이 전일하여 숙성되면 저절로 마음이 비워지는 이치를
기반했다.

단전에서 마음과 기운이 전일해지려면 단전에서 마음이 살아야 한다. 그리고 단전에서 마음이 살 수 있으려면 단전에 마음이 살 만한 오두막집이 지어져야 한다. 그 오두막집은 기운으로 지어진 것으로 둥그스름하게 느껴진다.

이를 가능하게 하기 위해서는 먼저 단전이 무엇이고 어디에 있으며, 단전에 기운을 어떻게 모으는지를 알아야 한다.

단전은 배꼽 가운데를 중심으로 자신의 네 손가락을 모은 굵기의 폭만큼 아래, 또는 검지세 마디 길이만큼 아래에 위치한다. 그러나 사람마다 손가락의 굵기와 길이가 다른 경우가 있다. 이럴 때는 배꼽 아래에 배가 접히는 선을 찾아보면 된다. 그곳이 바로 단전이다. 단전의 깊이는 처음에는 아랫배 표면 가까이에 있으나 숙련될수록 점점 깊어지다가 몸 가운데에서 느낀다.

이곳은 몸 기운의 중심이라 단전 중 으뜸이라는 의미로 왕단王丹이라고도 부른다. 그런데 단전 위치가 아주 정밀할 필요는 없다. 위치를 잡는 데까지 해 본다는 정성이면 충분하다. 단전 위치는 사람마다 약간씩 다를 수 있지만 그 다름이 선정에 드는 데 큰 영향을 주지 않는다.

단전에 기운을 깃들이는 효율적인 자세는 앉아서보다는 서서가 낫고 서서보다는 누워서가 낫다. 누워서 단전을 짚어 가며 깃들이는 것이 정확하고 쉽다. 누워서 단전을 체크하게 된 유래는 대신* 종법사 시

---

*대산大山(1914~1998) : 김대거여래위의 법호. 전북 진안에서 출생. 3대 종법사인물 역임.

절에서부터다. 신도안^{충남 계룡시}이란 곳에서 제자들을 눕게 한 후 단전을 짚어 주며 제대로 호흡하는 법을 일러 주었다.

누워서 단전자리를 잡다가도 졸음이 올 정도가 되면 그때는 짬짬이 앉아서 하는 것이 바람직하다. 누워서는 이완이 많이 되어 잠들기 쉽기 때문이다. 반면, 좌선은 긴장과 이완에 균형이 잡혀야 평온한 마음으로 오래할 수 있다. 선이 잘되어 입에서 맑은 침이 고일 때를 보면 긴장과 이완이 적정할 때다. 결국에는 앉아서 하는 자세로 길들여 가야 한다.

무리하면 탈 난다

원불교 교법의 산실이자 교역자를 양성하는 곳인 익산 총부와 영산 성지에서는 『정전』의 「좌선법」 외에 몇몇 선지자의 경험 지식으로 좌선을 지도하고 있다. 그런데 이 같은 지도법이 수행자가 좌선에 흥미를 갖게 하거나 실효를 거두고 있는가 하면, 몇몇 사람을 제외하고는 그렇지 못한 것이 현실이다. 이것은 과거에 불가^{佛家}나 도가_{道家}의 선사_{禪師}들이 선법을 전수해 온 것과 크게 다를 바 없다.

좌선을 배우기 시작한 지 얼마 안 되는 초심자가 어려움을 느끼고 흥미를 잃게 되는 것은 처음부터 몸을 고르는 게 좋다며 무리한 자세를 제시하고 흡장호단_{吸長呼短}의 호흡_{呼吸}을 주문할 때다. 이것이 안 되면 선을 하지 못할 것처럼 강조를 하거나, 분위기를 조성하면 초심자는 좌선이란 마냥 어렵고 힘든 수행법으로 인식하고 만다.

좌선을 하는 데 결가부좌結跏趺坐나 반가부좌半跏趺坐 그리고 요골수립腰骨竪立*과 부동不動의 자세가 좋다고 하여 주문을 하게 되면, 숙달되지 않은 초심자로서는 다리에 심한 고통을 느끼게 된다. 게다가 다리가 굵은 사람일수록 고통은 더욱 크다. 또한 초심자가 자신의 체형과 체질을 고려하지 않고 무조건 요골수립을 하면 허리, 배, 어깨에 고통을 심하게 느낀다.

살이 찌거나 마른 사람, 근육이 발달된 사람이나 살이 어느 정도 있는 사람 그리고 건강 체질인 사람이냐 허약 체질인 사람이냐에 따라서 선을 하는 자세가 달라야 한다. 획일적인 방법으로 선을 하면 다행스럽게 잘되는 사람이 있을지 몰라도 대부분의 사람들이 선의 부작용으로 고통을 받는다.

좌선을 배우는 사람이 좌선 시간 동안에는 전혀 움직이지 않는 것이 선을 잘하는 것으로만 알아서도 안 되고, 지도자가 또한 그런 방법으로 지도해서도 안 된다. 선에 익숙하지 않은 초심자는 다리나 허리, 어깨 등이 아플 수 있다. 무조건 참아야 하는 것으로 선을 강조하다 보면 '좌선은 아파도 참아야 하는 고통의 시간'으로 인식하게 만들어 결국에는 선에 대한 흥미를 아주 저버리게 만든다. 이러한 좌선법은 인고忍苦의 수련으로써 참을성이 키워질 수는 있어도 좌선의 주된 목적과는 한참 동떨어지는 결과를 초래한다.

물론 사람에 따라서는 특별하게 잘 소화하는 사람도 있다. 그러나 몇

---

*요골수립腰骨竪立 : 허리를 곧게 세우는 것.

몇 사람만을 위한 지도가 아니라면 일반적으로 바람직하다고는 볼 수 없다.

좌선의 방법 3조를 살펴보면 "호흡을 고르게 하되 들이쉬는 숨은 조금 길고 강하게 하며, 내쉬는 숨은 조금 짧고 약하게 하라."고 하였다. 여기서 볼 때 초심자는 먼저 호흡을 고르게 하라는 데 주목해야 한다. 호흡이 고르지 않은 상태에서 들이쉬는 숨이 길고 내쉬는 숨이 짧은 흡장호단吸長呼短을 하면 호흡이 거칠고 힘들게 된다. 초심자가 이때 이런 현상을 무시하고 억지로 계속하게 되면 기체氣滯*나, 상기上氣** 등으로 큰 불편을 겪을 수 있다.

또 한 가지 주의할 것은 호흡의 장단이다. 여기서 장단의 차이는 '조금'이란 말로 아주 유연성 있고 상대적인 표현을 사용했다. 이 표현은 사람의 특성과 상황을 고려한 의미로 유형적이고 단계적인 공부를 하라는 의미이다. 이 의미를 간과한 상태에서 초심자가 흡장호단의 호흡을 하는 것은 위험하다. 만약 무리하게 흡장호단을 계속하다 보면 기氣가 머리 위로 오르는 등 여러 가지 병증이 나타날 염려가 있다. 선으로 생긴 병은 병원에서도 고치기 어려운 만큼 반드시 선지자의 고견을 들어 가며 순서 있게 해야 한다.

좌선을 처음으로 시작하는 사람은 자세나 호흡보다 선의 목적을 먼

*기체氣滯 : 체내의 기氣 운행이 순조롭지 못하여 어느 한곳에 정체되어 막히는 병리 현상.
**상기上氣 : 기가 머리로 올라서 두통이 일어나는 현상.

저 반조할 필요가 있다. 그렇게 되면 선을 하는 자신이 자세를 잡고 호흡을 할 때마다 선의 목적인 마음의 자유를 향해 가고 있는지 살피게 된다. 그러면 자연스럽게 형식보다 내용을 중요하게 여기게 될 뿐 아니라 단전주丹田住 방법에 의한 심단心丹*의 요체도 자연스럽게 이해한다. 선의 목적에 부합한 방법으로 수행하는 것이 중요하지만 마음의 변화를 고려하여 자세나 호흡을 조절하는 세심함도 필요하다.

좌선 전에 마음 고르는 법

수행법 가운데 마음의 안정을 얻는 방법으로 내정정內定靜과 외정정外定靜이 있다. 내정정은 외정정의 근본이 되고 외정정은 내정정의 근본이 된다.

좌선이란 일 없을 때, 즉 한가할 때 마음의 안정을 얻는 방법으로 내정정의 수양법이다. 그런데 내정정의 근본은 외정정이므로 내정정을 하고자 할 때에 외정정의 법을 알아야 하듯, 좌선의 방법에 접근하기 전에 외정정을 하는 방법으로 다가서야 한다.

"외정정은 동動하는 경계를 당할 때에 반드시 대의를 세우고 취사를 먼저 하여 망녕되고 번거한 일을 짓지 아니 하는 것이다."라고 『대종경』 수행품 19장에서 밝히고 있는데, 미숙한 초심자로서는 대의를 세우기도 어려울 뿐만 아니라 망령되고 번거로운 일을 하기 일쑤다. 그

---

*심단心丹 : 단전에 마음의 기운이 뭉치는 것.

러므로 이러한 사람들은 그 산란해진 마음부터 편안하게 할 필요가 있다.

그 해결 방안이 원불교의 염불법念佛法이다. "염불법은 지정한 주문 한 귀句를 연하여 부르게 함이니 이는 천지만엽으로 흩어진 정신을 주문 한 귀에 집중하되 천념만념을 오직 일념一念으로 만들기 위함*이다." 라고 정의하고 있다. 내정정의 방법 가운데 하나인 좌선법에 이르기 위해서는 염불로써 산란해진 마음을 편안하게 하는 것이 우선시된다.

또 한 가지는 음악을 이용하는 방법이다. 정산鼎山**은 "풍류로써 세상을 건지리라."라고 설파하였다. 풍류는 사람의 정情을 다스릴 뿐 아니라 궁극에 이르는 데 디딤돌 역할을 한다. 좌선은 지知·정情·의意 중에서 정情의 경향을 띤다. 명상음악은 좌선 전에 마음을 고르게 하는 데 아주 요긴하다.

실제로 오늘날 많은 선방에서 선을 하는 데에 음악을 사용하여 큰 도움을 얻고 있다. 명상 단체인 '명상나라'에서 조사한 바에 따르면 응답자의 80%가 음악이 선에 영향을 미친다고 답했다.

그러나 마음을 평온하게 하는 음악은 사람마다 약간 다르다. 어릴 적부터 평온함을 느끼게 하거나 민족적인 정서가 배어난 평온한 음악이라면 그 사람에게는 더없이 좋은 명상음악이 된다. 좌선법은 그 민족 고유의 정서를 바탕으로 세워져야 실효성이 있다.

---

* 「정전」 정기훈련법 중 염불.

**정산鼎山(1900~1962) : 송규여래위의 법호. 경북 성주군 초전면 소성동에서 출생. 소태산의 수제자로서 2대 종법인물을 이어받음.

본질적 의미에서의 좌선 방법

소태산은 수승화강水昇火降의 이치에 대해 "물의 성질은 아래로 내리는 동시에 그 기운이 서늘하고 맑으며, 불의 성질은 위로 오르는 동시에 그 기운이 덥고 탁하나니 사람이 만일 번거한 생각을 일어내어 기운이 오르면 머리가 덥고 정신이 탁하여 진액津液이 마르는 것은 불기운이 오르고 물기운이 내리는 연고요, 만일 생각이 잠자고 기운이 평순하면 머리가 서늘하고 정신이 명랑하여 맑은 침이 입 속에 도나니 이는 물기운이 오르고 불기운이 내리는 연고이니라."* 라고 하였다.

좌선은 마음에 있어서는 식망현진息妄顯眞**이고 몸에 있어서는 수승화강水昇火降***이 방법의 표준이 된다. 마음에 있어서 식망현진이 잘되면 몸에 있어 수승화강이 잘되고, 몸에 있어 수승화강이 잘되면 마음에 있어 식망현진이 잘된다. 그러나 본말本末을 따지자면 마음이 본本이고 몸이 말末이다.

좌선의 방법을 크게 조신調身몸 고르기, 조식調息호흡 고르기, 조심調心마음 고르기으로 나누어 볼 수 있는데, 심心을 뒤로 하고 신身과 식息을 강조한다고 한다면 근본을 잃고 끝을 다스리는 것과 다르지 않다. 즉 본과 말이 전도顚倒된 상태다. 너무 엄격한 조신과 조식에 의한 조심은 좌선을 어렵

---

* 『대종경』 수행품 15장.
**식망현진息妄顯眞 : 마음에 있어서 망념을 쉬고 진성眞性을 나타냄.
***수승화강水昇火降 : 몸에 있어 물기운水氣이 오르고, 불기운火氣이 내려 균형을 이룸.

고 힘들게 여기도록 한다. 선에 특별한 재능이 있는 몇몇의 사람들은 인내심을 갖고 수행을 하여 목적한 바를 이룰 수 있을지 모르나 대부분의 사람들은 그 경계를 넘기가 무척 어렵다.

이상에서 볼 때 좌선은 앉는 자세가 주主가 되는 것이 아니라, 마음가짐을 중심으로 삼아야 한다. 그러나 앉는 자세가 마음에 거슬릴 정도로 불편해서는 안 된다.

『정전』좌선의 방법 1조에 보면 "반좌盤坐로 편안히 앉은 후"라고 되어 있다. '반盤'자는 '쟁반'을 뜻으로 안정된 자세를 일컫고 편안하게 앉으라는 것에는 긴장과 이완이 균형에 맞는 가운데 편안함을 잃지 말란 의미가 담겨 있다. 원기 70년1985년 제1차 교리실천강좌가 열린 자리였다. 훈타원양도신 교무은 초창 당시의 원로 훈련인이 함께한 자리에서, "당시에 소태산께서는 좌선을 할 때 '편안하게 하라.'고 했다."는 말을 전하였다.

좌선의 방법 2조에서 "편안한 자세에서 전신의 힘을 단전에 툭 부리어, 일념의 주착도 없이 다만 단전에 기운 주住해 있는 것만 대중 잡으라." 한 것은 좌선의 방법 가운데 핵심이다. 이 방법에 기초하여 생각과 감정의 기운을 단전에 내려놓고 오직 단전 기운을 챙기고 마음이 살면 기운이 스스로 고르게 되어 몸의 균형도 저절로 이루어진다. 게다가 자세도 바르고 편하게 골라 맞아 간다. 이에 대산은 "십 분의 좌선이 두 시간의 요가보다 낫다."고 설파하였는데 이 역시 같은 맥락이다.

마음에 있어 식망현진을 기준으로 삼고 공을 쌓으면 수마睡魔를 조복받는 것은 물론, 몸에 있어서의 수승화강도 저절로 된다. 건강에도 좋고 이상한 기틀에 의한 유혹을 지나 원적무별圓寂無別*한 진경眞鏡에 이르게 되어 결국에는 다시없는 심락心樂을 누릴 수 있다.

좌선법의 그루터기

조신調身

■ 좌선복옷

옷은 가볍고 편안해야 하며 몸을 조이지 않는 것이 좋다. 특히 단전 외의 부분이 조이게 되면 단전주호흡 및 마음을 단전에 머물게 하는 데 방해가 된다. 부득이 허리에 고무줄이나 끈 등으로 죄는 옷을 입었을 경우 단전 위치에 맞춘다. 하지만 이것도 단전이 튼실해지기까지만 허용된다. 선정에 들 때는 단전에 압박을 느끼는 것이 오히려 방해가 되기 때문이다.

겨울에는 한기를 느끼지 못할 정도의 옷과 무릎이 시리지 않게 해 줄 정도의 무릎 덮개가 필요하다. 겨울에 춥다고 지나치게 두꺼운 옷을 입게 되면 따뜻하여 졸음이 오기도 하고 어깨를 누르게 되어 자세 및 호흡을 헝클어지게 할 수도 있다. 너무 따뜻한 것은 기운을 흩어지게

---

*원적무별圓寂無別 : 분별없이 고요하고 상쾌한 마음. 혹은 마음의 근본.

하는 성질을 갖고 있으니 각별히 조심해야 한다. 흔히 망토처럼 된 좌선복을 어깨 위로 둘러쓰는데 이것은 좋지 않다. 오히려 다리를 덮고 윗옷을 춥지 않게 입는 것이 선을 하는 데 도움이 된다.

■ **좌복** 방석(넓은 의미에서는 의자, 소파 등도 포함된다. 각자의 특성과 건강에 따라 유용한 것을 선택하는 게 바람직하다.)

좌복은 평좌로 앉을 때 무릎 밖으로 약간 나올 정도의 크기가 좋으며 전체적으로 평탄하고 고른 것이 좋다. 좌복 위에 오래 앉아 있어도 바닥에 뼈와 살이 배겨서 통증이 느껴지지 않을 정도의 두께가 적당하다. 너무 두터우면 몸이 잘 안착되지 않아 마치 공중에 있는 것처럼 불안할 수도 있으니 적당한 두께를 넘지 않아야 한다.

때에 따라서는 방석 뒤를 괴어서 앉으면 더욱 편안하다. 특히 좌선을 처음으로 하는 사람과 다리가 짧고 굵은 사람은 방석을 엉덩이에 괴면 좋다. 사람에 따라서는 좌선 중에 힘이 풀려서 뒤로 넘어지는 경우도 있는데 방석 뒤를 괴고 앉으면 이를 방지하는 효과도 있다. 그러나 평평한 자리에서 좌선을 하는 것이 심하게 불편하지 않으면 익숙하도록 하는 것이 바람직하다. 익숙하면 뒤로 넘어질 염려가 없을 뿐 아니라 어느 곳에서도 선을 할 수 있는 적응력을 키워 가기 위해서다.

선을 한 지 한두 해 정도는 방석 뒤를 높여서 하는 것이 다리가 덜 아프고 단전주호흡을 하는 데 편안하다. 이렇게 하여 단전에 기운이 견고하게 쌓여 웬만한 일로 흩어지지 않을 정도가 되면 평평한 방석에서 선하는 게 단전 기운을 어림잡는 데 좋다.

앉을 때 다리의 모양에 따라 결가부좌結跏趺坐, 반가부좌半跏趺坐, 평좌平坐, 궤좌跪坐 등으로 구분하여 부른다.

결가부좌, 한쪽 발을 다른 쪽 허벅지의 안쪽 위에 올리고, 다른 발을 같은 방법으로 반대쪽 허벅지에 올려서 그 양쪽 발이 양쪽 허벅지 위로 올라와 하늘을 향하게 한다.

반가부좌, 한쪽 다리를 몸 중심의 안쪽으로 당길 수 있는 데까지 바짝 당기고 다른 다리를 그 위에 얹는다.

평좌, 한쪽 다리를 몸 중심의 안쪽으로 당길 수 있는 데까지 바짝 당기고 다른 발을 그 앞에 두어 두 발이 바닥에 닿게 한다.

궤좌는 무릎을 꿇고 앉는 형태다. 엄지발가락이 맞닿는 정도가 좋다.

원불교는 위의 좌법 가운데 특별히 하나를 교법으로 정하지는 않았다. 다만 반좌盤坐로 하라고 했다. 반좌란 쟁반같이 반듯하고 편안하여 오래 앉을 수 있는 자세이다. 의자에 앉든 벽에 기대어 다리를 펴고 앉든 어느 자세든지 자기에게 편안하고 오래 앉을 수 있으면 된다.

교단 초기에는 선을 반가부좌로 하는 경우가 지배적이었으나 결가부좌를 하기도 했다. 대산은 가능하면 결가부좌로 하는 것이 좋다고 하였다. 돈망頓忘*의 경지에 이르렀을 경우, 긴 시간 동안 몸의 균형을

---

*돈망頓忘 : 성품자리에 스르르 들어서 시공과 자신을 잊는 것.

유지할 수 있는 가장 좋은 자세이기 때문이다. 연습을 하여 숙련된 사람은 이 자세를 길들이는 것도 괜찮으나 무릎에 과도한 힘이 가해지므로 건강에는 염려스런 부분도 있다.

초심자가 좌선을 하면서 다리가 아플 때는 다리를 잠깐 바꿔도 괜찮다. 반면, 좌선에 익숙하여 한두 시간을 앉아 있어도 편안한 사람은 하루씩 다리를 바꿔서 한다. 한 자세로 오랫동안 선을 하게 되면 체형이 비틀어져서 건강을 해치게 되므로 다리를 위아래로 번갈아 몸의 균형을 맞추는 것을 잊어서는 안 된다.

■ 손 모양

엄지손가락을 나머지 손가락으로 감싸 안듯이 가볍게 쥐어 무릎 위에 얹어 놓는다. 이렇게 하면 엄지손가락의 기운과 함께 나머지 손가락의 기운을 보존할 수가 있다. 그렇다고 너무 꽉 쥘 필요는 없다. 좌선을 시작하기 전에 유념하여 손을 가볍게 쥐었다가 시작할 때 자연스럽게 힘을 풀면 적당한 모양이 된다. 간혹 뜨거워져서 답답할 때는 손을 펴도 무방하다.

그러나 원불교는 단전주선을 하기 때문에 수인법手印法손 모양이나 손 동작에 큰 의미를 두지 않는다.

■ 손과 팔의 위치

손의 위치는 선을 하는 데 거추장스럽지 않을 정도로 편안하면 된다.

허리를 펴고 자세를 반듯하게 한 상태에서 손을 무릎 언저리에 툭 놓는다. 무릎의 약간 위에 닿든지 안쪽에 닿든지 상관없다.

초심자가 팔에 힘을 주고 쭉 뻗는 경우가 있는데, 이럴 경우에는 어깨에 힘이 들어가서 어깨가 아플 수 있다. 편안하게 오래 하려면 팔에 힘주지 않아야 한다.

손을 양 무릎 언저리에 가지런히 놓는다. 또는 양 무릎 위에서 손바닥 하나는 땅을 향하고 다른 손은 하늘을 향하게 두어도 괜찮다. 그러나 초심자들은 양손을 모은 손날이 단전에 닿을 정도로 두는 것이 단전에 기운을 불어넣는 데 도움이 된다. 양손이 아닌 한 손만 단전에 손날을 대고 다른 손은 무릎 언저리에 두는 것도 좋다. 수행은 자기가 하는 것이다. 이리저리 해 보고 자신에게 잘 맞으면 된다. 다만 단전에 마음이 머무는 데 도움이 되어야 한다.

■ 눈가짐

눈을 응시한 채 자연스럽게 커튼 내리듯이 눈꺼풀에 힘을 빼면 반개半開 혹은 감기게 되는데 대부분 눈이 감기는 형태다. 이때 눈을 감는다고 해도 눈에서 빛을 감지하기 때문에 완전하게 눈이 감기는 것은 아니다. 그러나 초심자는 의도적으로 눈을 반쯤 뜨는 것이 좋다. 눈을 감으면 망념生覺이 많아지거나 졸리기 때문이다.

눈을 반개했을 경우 턱을 당긴 듯하고 목을 반듯하게 하면 대략 바닥의 1~1.5m 정도 앞에 시선이 닿는다. 이때 마음을 시선이 아닌 단전에 두면 시선으로 사물을 받아들이지 않아서 의식조차 되지 않는다. 단전에 마음과 의식이 있으니 보아도 보는 것이 아니다.

눈을 반개하면 처음에는 사물이 받아들여지고 그 다음에는 빛이 받아들여지고 조금 더 진척이 되면 단전을 보게 된다. 여기에서 더욱 정진精進하면 마음을 보는 것을 넘어서서 자성自性*을 볼 수도 있다. 그리고 자성의 혜광慧光이 발하고 천지와 더불어 하나가 된다.

눈을 반개하고 사물을 보는 것부터 시작하여 단전을 볼 정도만 되어도 졸음이나 잡념에 대한 염려는 사라진다. 단전에 마음이 머무는 상태에서의 눈은 감든지 뜨든지 별 차이가 없다.

초심자가 눈을 감을 경우에는 졸음뿐 아니라 잡념이 많아진다. 또한 일부의 사람들에게 낯선 곳에서의 어둠은 두려움을 동반하는데 두려움을 갖고 선을 하는 것은 영혼에 매우 부정적인 영향을 미친다. 초심자는 선을 하는 데 있어서 반드시 눈을 반개하는 것이 좋다. 그러나 졸음이 올 염려가 없다면 눈을 감고 선을 해도 괜찮다. 단전에 마음이 전일全一해지면서 깊은 경지에 이르는 데 도움이 되기도 한다.

■ 입과 혀의 모양

좌선을 하기에 앞서 입을 다물고 혀끝을 올려서 앞니와 입천장 사이에 댄다. 그리고 좌선을 하면서는 잊으면 적당한 모습이 된다. 입을 벌

---

*자성自性 : 마음의 근원으로서 성품의 다른 표현.

리면 기운이 나가고 어금니에 힘을 주어 항상 맞닿게 되면 치아가 상한다. 하지만 입을 다물어 치아 몇 개가 맞닿을 정도가 되면 마음도 따라서 차분해져 간다. 또한 혀끝을 올리면 선이 잘될 때 입에서 맑고 윤활한 침이 나오는 데 도움이 될 뿐 아니라 침을 삼킬 때도 소리가 작게 나도록 하는 효과도 있다.

선을 잘하면 혀를 앞니와 입천장 사이에 인위적으로 올려붙이지 않아도 저절로 올라가서 붙는다. 그리고 수승화강이 되어서 입 안의 혀 줄기 사이옥지玉池에서 맑고 윤활한 침감로수甘露水이 나오는데 이것을 입에 가득 모아서 가끔 삼키면 건강에도 좋다. 그러나 옥지에서 침이 많이 나온다고 하여 선을 잘하는 잣대가 되지는 않는다. 선이 잘되면 오히려 침의 양이 많지도 적지도 않게 되고 선하는 사람은 그것마저 느끼지 못한다. 선을 할 때에 맑고 윤활한 침이 나오면 선이 잘되어 가고 있다는 정도로만 여기는 게 좋다.

■ 턱은 당기고 목은 곧게

턱을 안으로 당긴 듯이 하여 목을 반듯하게 한다. 마치 머리로 하늘을 받치고 있다는 느낌이 들도록 하면 뒷목이 잘 펴진다.

그렇다고 선을 하는 자세가 선을 잘하고 못하고의 척도가 되는 것은 아니다. 거추장스럽지만 않다면 처음부터 몸을 반듯하게 하는 것이 몸의 건강뿐 아니라 마음을 가다듬는 데 효과적이다.

허리 부분은 호흡을 하는 데 영향을 많이 미치지만 목은 그다지 큰 영향을 미치지 않으나, 가급적 반듯하게 펴고 하는 것이 경우에 따라서 기운을 맑고 바르게 하는 데 도움이 된다.

■ 허리를 펼 때는 자연스럽게

그 사람의 체질과 체형에 따라 선을 할 때 허리를 세워야 할지 자연스럽게 놓아 두어야 할지 고려해 봐야 한다. 누구든지 선을 할 때의 자세는 자연스러운 것이 좋으나 바람직한 자세를 권하고 싶다. 바람직한 자세가 되기 위해서는 정수리에서 목뼈 그리고 허리뼈가 하늘을 받치고 있다는 느낌으로 하면 된다. 허리 뒤가 잘록하게 느껴질 정도로 반듯하게 세우는 것이 좋지만 너무 잘록해서도 곤란하다. 사람에 따라서는 척추가 안으로 휠 수 있기 때문이다. 필자의 경우에는 선을 처음으로 배울 때, 어느 선법 책에서 허리를 체조 선수처럼 잘록하게 하라고 한 내용을 수년간 따라서 했더니 척추를 교정하는 사람으로부터 허리가 안으로 휘었다는 소리를 들었다. 이후 잘못된 것을 깨닫고는 허리를 자연스럽게 펴고 단전에 기운을 부리니 허리에 무리가 되지 않은 상태에서 편안하게 선을 할 수 있었다.

허리를 반듯하게 하는 것이 초심자 누구에게나 반드시 좋다고 할 수는 없다. 무리해서 허리를 곧게 하면 겉보기에는 좋을지 몰라도 사람에 따라서는 오히려 기운이 단전에 이르지 못하고 명치 부근에서 막힐 수 있다. 기가 명치 부근에서 막힌 상태로 선을 계속하면 기가 명치에 뭉치게 되는데 이것을 기체氣滯라고 한다. 기체가 되면 꼭 밥을 먹다가 체한 것처럼 불편하다.

그러므로 선을 할 때는 허리를 편안하게 놓고 시작하는 것이 좋다. 약간 구부린 듯해도 좋다. 단전에 마음을 두고 선을 하게 되면 차츰 단전에서부터 기운이 차올라 충만해지면 몸의 관절 부위에서 '뚝뚝' 소리가 나며 자세가 저절로 바르게 된다. 이때 정수리 머리끝을 위로 잡아당겨 끌어올리듯이 하는 게 허리를 펴고 바른 자세를 갖는 데 도움을 준다.

나름대로 고민하던 중 자연스럽게 터득한 요령이 있다. 먼저 숨을 들이쉬면서 배를 홀쭉하게 한 후, 정수리 끝을 들어 올려 허리를 반듯하게 세운다. 그러면 가슴이 올라가며 허리 근육이 이완된다. 이어서 숨을 내쉬며 들여보냈던 배를 놓으면 다시 그만큼 나온다. 이때 단전에 기운을 부리면 허리가 반듯하게 되면서 안정된 느낌을 받는다. 그리고 전신에 힘이 느껴지는 부분이 있으면 다 놓는다. 이렇게 되면 허리가 무리 없이 반듯하게 되어 선을 오래 해도 괜찮다. 마치 허리 아래는 평평한 넓은 돌이고 허리부터는 그 위에 수직으로 세운 돌처럼 여기고 평평한 돌 위에 돌 하나를 가지런히 놓는 것처럼 한다. 배가 근육질이든 아니든 누구나 허리를 무리하지 않고서도 반듯이 펼 수 있는 방법이다.

■ 긴찰곡도 요골수립緊紮穀道 腰骨竪立

'곡식의 길을 존절히 하고 허리뼈를 곧게 세우라.'는 뜻의 긴찰곡도 요골수립은 대산이 좌선의 자세에 대하여 강령을 잡아 간단하게 정리한 법문이다. 긴찰곡도는 음식 섭취를 존절히 하라는 의미도 있지만 여기서는 곡식의 길인 입과 항문을 조여 닫으라는 의미다. 입은 어금니가 맞닿아 놓을 정도면 되고, 항문은 조여서 10~30초 정도 머무르기를 3회 가량 하고는 이내 잊고 선을 하면 된다. 또한 요골수립은 허리를 잘록한 느낌이 들도록 세우고 코에 추를 내려뜨리면 배꼽에 닿을 정도로 한다. 즉 좌선하기 앞서서의 몸가짐이다.

긴찰곡도에서 어금니를 맞닿는 것은 나이를 불문하지만, 항문을 조이는 것은 괄약근에 힘이 없어지는 나이인 50세 언저리에 이르러서 하는 것이 좋다. 젊어서 할 필요는 없다. 공연히 음기만 승하게 할 수 있다.

요골수립도 초심자가 섣불리 하다가는 몸이 긴장되어 굳어지고, 호흡도 어려워질 수 있다. 초심자는 우선 편안한 자세로 하다가 단전에 기운이 쌓이고 안정될 때 차츰 요골수립을 하는 것이 좋다. 이쯤 되면 몸의 기운도 어느 정도 풀어지고 안정이 되어 허리를 세워도 불편하지 않을 정도가 된다. 단전에 기운이 충만해지면 허리가 저절로 펴지거나 단전이 답답하게 느껴져서 허리를 펴고 싶어진다. 요골수립은 자세의 표준으로만 기억하고 좌선을 해 나가는 데에는 단전에 기운이 잘 잡히고 호흡하기에 편안한 자기만의 자세부터 찾는 게 중요하다.

■ 전신의 힘을 단전에 툭 부리기

대산은 "지게 짐을 지고 있다가 마당에 휙 부리는 것처럼 온몸의 기운을 단전에 '휙' 부리는 것이야."라는 몇 마디 외에는 말을 아꼈다. 지게 짐을 지고 있을 때에는 신경과 몸의 근육들이 짐을 받치는 데에 안간힘을 쓰다가, 마당에 짐을 부릴 때에는 몸과 마음을 마당에 다 쏟아붓게 되어서 홀가분한 느낌이다. 마찬가지로 마음과 온몸의 기운을 단전에 모두 놓아서 오직 단전에 마음과 기운을 머무르게 한다.

그 다음 단전에 마음과 기운을 놓으면 저절로 아래로 가라앉는다. 이때 단전에 모으면 된다. 모은 마음과 기운을 단전에 오랫동안 머무르게 하는 것은 더 힘든 일이나 선력禪力은 이로부터 생긴다.

마음과 기운을 단전에 부리면 내가 단전이 된다. 단전으로 듣고 생각하고 호흡을 할 수 있다. 내가 단전이 되게 하는 방법으로는 우선 단전에 눈, 귀, 코, 입, 몸, 마음이 함께 있다고 여길 뿐 아니라 단전 외에는 몸이 사라져서 느끼지 못할 정도로 잊으면 된다. 이렇게 잡념 없이 단전에 마음이 머물다 보면 내가 단전이 되는 것을 넘어서 상상하지 못할 조화造化가 일어난다.

■ 단전기운 강화하기

초심자에게 필요한 방법이다. 초심자는 단전을 어림잡기도 어렵지만 단전에 기운이 어리지 않으면 마음을 집중할 수 없어서 마음이 공허하기만 하다. 선을 한다고 해도 이내 흥미를 잃기 쉽다. 단전주선은 단전을 강화시키는 방법으로 단전주호흡을 하여 단전기운을 잘 느끼게 된 다음에 해도 늦지 않다.

단전주호흡은 숨을 들이쉬면 배가 부풀게 되고, 반대로 내쉬면 배가 홀쭉해진다. 그러나 단전을 강화하는 방법은 그 반대다. 숨을 들이쉬며 배가 등에 붙는다는 심정으로 배를 한껏 홀쭉하게 했다가 숨을 내쉬면서 배를 '쑥' 내민다. 이렇게 몇 분간 반복을 하면 복부에 있는 헛기운이 밖으로 빠져 나가는 동시에 기운이 자리함을 느낄 수 있다. 단전을 느낄 수 있다는 것은 마음이 의지할 곳이 생겼음을 의미한다. 단전주호흡은 이로부터 비롯된다. 이제부터는 기운이 자리할 수 있는 단전 그릇이 형성되어 단전주호흡을 해 나아가는 데 한결 수월하다.

■ 헝클어진 호흡 다스리기

선을 어느 정도 하다 보면 선이 잘되다가도 갑자기 호흡이 헝클어질 때가 있다. 이때는 단전주호흡을 해도 잘되지 않는다. 오히려 병을 얻을 수 있기 때문에 하면 안 된다. 하던 호흡을 멈추고 몸에서 저절로 쉬는 숨을 바라만 본다. 그런 후에 한참 기다렸다가 마음이 편안해지면 그때 호흡을 한다. 이럴 때의 호흡은 들이쉬는 숨은 짧고, 내쉬는 숨이 긴 흡단호장 호흡이다. 한숨 쉬는 것과 비슷하나 똑같지는 않다.

숨을 내쉴 때 몸의 기운과 마음을 다 놓는다. 신체 곳곳의 기운을 일일이 놓고 마음을 가장 순수하고 편안하게 한다. 그리고 그 마음과 기운으로 호흡의 시작과 끝을 지그시 지켜본다. 다시 숨을 들이쉬다가 내쉴 때도 마찬가지다. 전일한 마음으로 두세 번 반복하면 머리카락이 쭈뼛할 정도로 정신이 드는 동시에 마음이 편안해지고 호흡도 골라진다. 이렇게 하면 헝클어진 호흡이 바르게 돌아와서 또다시 새롭게 호흡을 해도 괜찮다.

그러나 호흡을 짧게 들이쉬다가 길게 내쉬는 것이 편안하다고 하여 그렇게만 계속해서는 곤란하다. 깊이와 힘이 있는 호흡으로 흡장호단의 단전주선을 해야 영단靈丹을 쌓을 수 있다.

좋은 기운을 길들이는 동시에 깨달음에 이르러 마음의 자유를 얻기까지는 어렵더라도 바르고 큰 수행의 길을 가야 한다.

좌선의 자세坐禪身 종합

좌선 시에는 방석을 펴고 반좌盤坐를 한 후 허리를 전후·좌우로 흔들어서 자세를 고르고, 하늘에서 정수리 끝을 잡아당긴 듯하며 배단전를 홀쭉하게 하면서 숨을 들이쉰다. 그리고 허리를 세운 후 숨을 내쉬며 배에서 힘을 자연스럽게 뺀다. 다시 숨을 들이쉬며 배를 홀쭉하게 했다가 내쉬며 배에 기운을 부리는 것을 대여섯 번 반복한다.

턱은 약간 안으로 당긴 듯이 하여 목을 곧게 하고 눈은 뜬 상태에서 눈꺼풀을 커튼 내리듯이 힘을 빼면 자연스럽게 반개半開되거나 또는 살포시 감기게 된다. 이때 눈이 감겨도 감기는 것이 아니다. 눈꺼풀 안에서는 눈을 뜨게 되어 빛을 감지할 수 있다. 그러나 점차 보고 있어도 보이지 않는다.

초심자만큼은 반개를 하는 것이 좋다. 이때 시선은 1~1.5m 정도의 바닥에 닿게 둔다. 정확한 거리보다 자세를 바르게 하고 시선이 자연스럽게 코끝을 스쳐서 바닥에 닿을 정도면 적당하다. 선을 시작할 때 신경을 조금만 쓰면 자연스럽게 된다.

입은 어금니가 맞닿을 정도로 다물었다가 놓고 혀는 앞니와 입천장 사이에 가볍게 댄다.

손은 엄지손가락을 나머지 손가락이 가볍게 감싸 안듯이 하여 무릎 주위에 올려놓는다. 이때 어깨와 팔 그리고 손에서는 마음과 기운을 다 놓고 오직 단전에 마음과 기운이 오래 머무르게 한다.

좌선하는 전체적인 모습은 자연스러우나 반듯하여 코에 추를 달아 놓으면 배꼽에 이를 정도로 하고 좌선을 마친 후에는 잠시 무릎을 꿇고 앉는 자세인 궤좌跪坐가 필요하다. 반좌를 하고 오랫동안 앉아 있으면 골반이 벌어져서 다시 궤좌로 모아 주는 것이 건강을 유지하는 데 좋다.

좌산*은 의두연마 시간에 궤좌를 한다. 시간이 허락될 경우 요가와 운동으로 몸을 골라 주면 마음과 기운이 한결 상쾌해지나 시간이 여의치 않으면 반드시 궤좌를 하여 신체의 균형을 이룬다.

좌선을 시작할 때에는 마치 출렁이던 파도가 차차 고요하게 잦아들듯이 안정된 마음과 자세로 앉고, 일어날 때에는 바람 한 점 없던 고요하고 잔잔한 호수에 바람이 물결 스치듯 불어와 파문이 살짝 이

---

*좌산左山(1936~) : 이광정 상사의 법호, 전남 영광군 대마면 복평리에서 출생. 4대종법사인물 역임.

는 것처럼 움직이다가 두 손을 비벼서 눈 주위, 얼굴, 목, 어깨, 팔, 무릎, 발 등을 어루만져 풀어 주고 일어난다. 그러면 좌선의 마음을 일상으로 이어 가는 데 도움이 된다.

조식調息

■ 호흡 조절

선을 하기 전에 반드시 몸 안에 있던 숨과 기운의 찌꺼기를 내보낸다. 숨의 찌꺼기가 안에 있으면 숨이 깊지 못할 뿐 아니라 편안하지도 않다. 그 상태에서 억지로 숨을 단전까지 보내려고 하면 기운이 거슬러 올라가 상기上氣되어 두통을 일으킬 수 있는 만큼 숨과 기운의 찌꺼기를 반드시 토해 내야 한다.

몸 안에 있는 숨의 찌꺼기를 단시간에 내보낼 때는 "호·호·호—" 이렇게 세 번 정도 반복하여 숨을 내쉰다. 이보다 좋은 방법으로는 요가와 염불念佛 등이 있다.

■ 흡장호단吸長呼短의 호흡

'호'呼란 숨을 내쉬는 것날숨이고 '흡'吸이란 들이쉬는들숨 것이다. 원불교에서는 단전주호흡을 할 때에 들숨은 조금 길고 강하며 날숨은 조금 짧고 약하게 할 것을 권한다.

그러나 초심자가 억지로 하면 오히려 병을 만들 수 있으니 조심해야 한다. 단전에 마음이 머물러 고요하고 평온하여 숨이 길어지면서 흡장 호단의 호흡은 저절로 되는 것이니 서두를 필요가 없다. 흡장호단의 호흡을 잘할 수 있는 방법은 들이쉴 때는 유념, 내쉴 때는 무념으로 하는 것이다. 들숨의 길이가 대략 5초 이상에서부터 흡장호단의 현상이 자연스럽게 나타난다.

■ 호흡의 세기와 길이

좌선을 할 때 숨의 세기는 단전에서 약간 느낄 정도가 좋다. 너무 강하면 탈장과 상기의 염려가 있고 너무 약하면 단전 강화가 되지 않아 건강에 도움이 안 된다. 호흡이 차차 고르게 되면 호흡이 길고 미세해져서 기운과 마음이 아울러 부드럽고 맑아진다. 이때의 호흡은 새의 깃털을 코에 대어도 움직이지 않을 정도의 느낌으로 한다.

■ 호흡의 질

호흡에 자유를 얻으면 더운 호흡, 찬 호흡, 피부호흡까지도 가능하다. 그 대표적인 인물이 사명대사다. 더운 호흡과 찬 호흡 등을 자유자재로 하여 이적異蹟을 보인 수행자였다. 그러나 이런 호흡이 마음을 닦아 가는 데에는 큰 도움이 되지 못한다. 마음을 닦아 가는 데 도움이 되는 것은 자기호흡과 미세호흡을 지나 자연호흡에 이른 호흡이다.

자연호흡은 건강한 아기의 맑고 깊은 호흡과 같으나 그 위에 미세한 부드러움과 힘이 더 있다. 이 호흡은 만들어 가기보다는 마음이 단전에 젖어 들도록 놔두면 된다. 이때부터는 반대로 호흡에 따라 기운과 마음도 한가하고 여유로워진다.

호흡에도 질이 있다. 호흡은 맑고 고르며 편안해야 좋다. 호흡이 맑으면 숨이 한 모금의 샘물처럼 시원하다. 이런 호흡이 되려면 순수한 의식을 바탕한 오롯한 마음이어야 한다. 그러면 천지 기운을 받아서 단전에 영기靈氣가 어리고 영단靈丹이 쌓여 영성靈性의 광명이 솟는다. 대산은 "지금부터 50년만 숨 쉬는 공부를 하면 그 사람 앞에는 광명한 천지가 열릴 것이다."라고 하였다.

조심調心

기운은 마음을 따라간다. 기운에 따라 마음이 편안해지기도 하고, 기운을 단련하다 보면 마음이 아울러 힘을 얻기도 한다.

마음에 힘을 얻고자 하는 사람들이 수련의 방법으로 기 단련氣 鍛鍊을 많이 하는 이유도 여기에 있다. 그러나 많은 사람들이 한껏 수련을 했다고 해도 기 수련을 벗어나지 못하는 것은 선후본말先後本末을 모르고 기에 집착하기 때문이다. 수양에 있어 기운을 다스리는 것이 쉽고 빠른 방법이기는 하나 수양의 주체는 어디까지나 마음이다.

사람이 배를 타고 강을 건넜으면 됐지, 배까지 짊어지고 다닐 필요는 없다. 마찬가지로 기운으로 마음에 이르렀으면 기운을 놓아야 한다. 기운의 노예가 되면 마음은 그만큼 힘들기 마련이다. 기운을 놓을 정도가 되면 이때부터 기운이 마음을 따라오게 해야 한다. 그래야 마음을 단련하여 마음을 보고 마음의 자유를 얻을 수 있다. 마음에 힘이 있으면 기운은 마음을 따라온다. 나아가 마음이 주인이 되어 기운을 마음대로 부리어 쓸 수 있게 된다.

■ 자꾸만 앉고 싶은 마음

단전주가 잘되면 이때부터 자꾸만 앉고 싶어질 때가 있다. 앉으면 편안하고 말할 수 없이 행복하다. 이때부터 선에 탄력을 얻게 되나 해야 할 일을 놓고 앉아 있는 것은 오히려 선의 본질을 어둡게 한다. 앉고 싶은 마음이 선을 하는 데 아주 좋은 것이지만 점차 움직이는 것과 일하는 것이 싫다는 마음이 든다. 마음속에 없던 병폐가 생기는 것인 줄 알고 억지로라도 자리에서 일어나 활동을 해야 나태에 빠지지 않는다.

사람은 영성을 닦는 데 필요한 수행 자료가 생활에 있으며 생활을 잘하기 위해 좌선을 하는 것이다. 원불교에서 좌선 전에 일상수행의 요법*을 암송하는 이유도 여기에 있다. 자꾸만 앉아 있으려고 하는 것은 하나를 얻었지만 더 많은 것을 잃게 되는 격이니 수행자로서는 아주 조심할 일이다.

**일상수행의 요법日常修行−要法 : 교리를 9가지로 강령을 잡아 놓은 글로서 일상의 생활에서 표준 잡고 대조해 가는 공부길.

■ 신기한 기틀과 자취

단전에 기운을 모으면 마음이 맑고 힘이 생겨서 신기한 기틀이나 자취가 나타난다. 대단한 것을 얻은 기분이라 재미를 붙여 계속하고 싶은 마음이 자꾸만 솟아오른다. 재미도 있고 대단한 측면도 있지만 주위에서 신기하게 여기니 더욱 흥미를 갖는다. 보이지 않는 세상을 이해하는 데에는 도움이 되지만 결코 편안한 기운은 아니다. 마치 발 끝을 세우고 담 너머를 보는 것과 같다.

마음을 신기한 기틀과 자취에 두면 기운이 잡스러워진다. 이런 것들을 대수롭지 않게 생각하며 수행을 하여야 대도大道를 향해 나아갈 수 있다. 그러나 일단 한번 신통을 얻게 되면 놓기가 쉽지 않다. 한번 맛들이면 무엇으로도 달랠 수 없는 매력이 있기 때문이다. 이런 것이 수행자들의 쾌락이다. 쾌락에 빠지면 영성이 녹아나는 줄도 모르고 시절을 헛되게 보낸다. 그뿐만 아니라 주위 사람도 미혹되게 만들어서 함께 망칠 수 있다. 수행자는 마음을 큰 도에 두어야 작은 데에 현혹되지 않고 큰 도를 얻는다.

물론 큰 도를 바라보아도 신기한 자취를 놓기가 여간 어려운 것이 아니다. 이때는 정법 스승을 모시고 그 말씀에 무조건 따라야 신기한 자취를 놓고 대도에 들 수 있다. 내가 동쪽으로 가고 싶어도 스승이 서쪽으로 가라고 하면 서쪽으로 가야 스승을 모시는 마음이다. 만약, '스승께서도 이것은 모르실거야! 어쩌면 시샘으로 나의 길을 막는 것일지도 몰라.'라는 마음이 들면 결국엔 아무것도 아닌 수행자가 된다. 결국엔 수행의 쭉정이가 돼 버리고 만다.

큰 도를 구하려는 사람은 기운이 편안한 가운데 담뿍하며 마음은 안정된 가운데 힘이 있어야 하는데, 신통의 신기한 데 현혹되면 이 길을 오롯하게 걷지 못한다.

이쯤 되면 신통을 아주 몹쓸 것처럼 여길 사람도 있는데 이 또한 옳은 생각은 아니다. 신통은 마음이 맑고 힘이 있으면 생긴다. 그러나 적공積功을 하지 않고서는 신통을 얻기 힘들다. 신통이 생길 정도가 된다는 것은 어찌 되었든 일단 적공을 해 온 사람이다. 하지만 신통에 마음을 두다 보면 마음이 잡스러워지고 점점 탁해져서 위험하게 되니 놓는다.

■ 목적을 잃은 편안함은 안일함이다

편안함만을 생각하여 안주하려 하면 분수에 맞게 낙도樂道는 할 수 있지만 공부에는 진전이 없고, 반대로 목적만을 생각하여 자신을 들볶아 가며 분주하게 살면 수행마저 경직되고 힘들어서 얼마 못 가 그만두게 된다. 수행은 결과가 아니라 과정에서부터 채워 가는 것이라 선에 흥미가 있어야 지속적으로 할 수 있다.

편안한 가운데 나태하지 않으려면 목적을 돌이켜 생각하고 안으로 자주 점검을 할 수 있어야 한다. 선의 목적은 마음의 자유이고, 좌선의 목적은 비움이다. 심신에 따른 방법적인 목적은 마음에 있어 식망현진息妄顯眞으로 다시없는 심락心樂을 얻자는 것이고, 몸에 있어서는 수승화강水昇火降으로 몸의 기운을 고르게 하여 신체를 튼튼히 하자는 것이다.

좌선을 시작할 때 편안한 마음이 중요하다고 하여 이러한 목적을 잊는 것은 나침반 없이 항해하는 것과 같다. 목적을 생각함과 동시에 원불교 『정전』에 서술되어 있는 좌선의 공덕을 대조해 보면 자신이 좌선을 바르게 하고 있는지 안다.

소태산은 공부법에 맞춰서 하는데 편안하면 잘되어 가는 증거라고 하였다. 이 말은 편안함과 적공이 적당한 균형 속에서 이뤄 간다는 뜻이다. 초심자가 선에 입문하여 선법禪法을 단계적으로 익혀서 행할 때에는 순리에 따르되 목적을 잊지 않아야 한다. 그래야 사도邪道에 흐르지 않고 대도大道에 이른다.

선을 제대로 하려면 신념이 없거나 약해서는 안 되지만, 속히 이루려는 마음이나 신통을 바라서도 안 된다. 선을 해야 하는 목적을 돌이켜 살펴보고 좌선의 공덕을 대조해 가며 정성스럽게 하면 선력을 얻는 것은 시간문제일 뿐이다.

단전주선법丹田住禪法

처음 한생각이 삶의 틀을 이룬다. 마찬가지로 선을 할 때에도 어떠한 틀을 이루어 갈지 생각해야 한다. 만약 깨달음과 마음의 자유를 얻고자 한다면 처음부터 단전주선법을 배우는 것이 바람직하다. 자성自性으로의 여행을 하는 데 지름길이자 탄탄대로이기 때문이다.

원불교 좌선은 단전호흡을 넘어선 단전주丹田住선법이다. 단전주란 마음이 단전을 떠나지 않고 항상 머무르는 것을 일컫는다. 즉, 마음과 기운과 전신의 힘을 단전에 두어 내가 곧 단전이 되는 것을 말한다. 이 단전주호흡이 잘되면 결국에는 망념을 거두고 단전을 통해 진리의 문으로 들어가게 된다.

단전주선을 한다고 처음부터 잘되는 경우는 드물다. 단전주호흡으로 단전의 기틀을 잡고 단전을 양성해야 단전에서 마음이 살 수 있다. 단전의 기틀을 잡기 위해서는 단전 강화에 따른 호흡을 해야 하지만 마음만큼은 꼭 단전에 두어야 한다. 기운은 마음을 따라 움직이기 때문이다. 마음을 단전에 두고 호흡을 하면 단전배의 들락거리는 폭이 눈에 띌 정도로 크다. 이렇게 하다 보면 단전의 폭이 넓어질 뿐 아니라 그 사이에 기운이 어리게 된다. 기운이 어린다고 해서 바로 놓아 버리면 곤란하다. 단전기운이 이미 형성되었다고 하여도 아주 튼실하지 않은 이상 방심하면 그 기운은 쉽게 흩어지고 만다.

단전에 기운이 형성되면 단전이 따뜻하고 묵직해지며 부드러워진다. 이때 단전 형성을 넘어서 양성을 해야 한다. 형성 단계가 단전 그릇을 넓히고 기운의 싹이 느껴지는 단계라면 양성 단계는 단전의 싹을 키우는 것이다. 이 단전의 싹은 호흡에 따른 기운을 머금고 자란다. 기운을 머금은 단전은 점차 따뜻해지고 밀도가 높아져서 담뿍하다.

마음을 닦아 가는 데 필요한 호흡은 고르고 편안하며 힘이 있어야 하는데, 단전주호흡은 이것을 충족시켜 준다. 이렇게 형성된 기운은 몸의 경락을 뚫고 옆으로 또는 위로 차오른다. 그러나 여기서도 조심할 것이 있다. 기운을 돌리다 보면 마음이 전일專一하지 못하게 된다.

기운은 단전에서 담뿍 차오르면 저절로 길을 따라 돌아간다. 혹자는 돌리지 않으면 단전에서 썩는다고 하지만 그것은 아니다. 단전주선을 하면 기운이 도는 것을 대부분 모르나 어쩌다 느낄 수는 있다.
기운이 담뿍해서 돌아가는 게 느껴질 때는 그냥 지켜보면 된다. 기운을 억지로 돌리려고 온갖 힘을 쓰면 오히려 기운이 상한다.

마음과 기운이 머무르는 단전을 하단전下丹田 또는 기해단전氣海丹田이라 일컫는다. 한마디로 기氣의 바다이다. 바다에 물이 모이고 또 모여도 바닷물은 넘치지 않는다. 바다는 넘치는 법이 없다. 바닷물이 순환하는 것조차 모를 정도로 자연스럽게 순환을 한다. 마찬가지로 단전기운이 돌아가는 것조차 느낄 수 없을 정도가 되어야 자연스럽다.
일부 수행자들은 기운을 억지로 돌리는 경우가 종종 있다. 돌려도 기의 충돌을 일으키지 않을 정도로 자연스럽게 돌리면 그나마 다행이나 이것마저도 염려스럽다.
기운을 돌리면 재미있을지 몰라도 억지로 돌리다가는 기운이 상하게 될 뿐 아니라 편안하고 담뿍하지도 못하다.『정전』,「좌선법」에서도 "처음으로 좌선을 하면 얼굴과 몸이 개미가 기어 다니는 것과 같이 가려워지는 수가 있나니, 이것은 혈맥이 관통되는 증거라 삼가 긁고 만지지 말라."고 했듯이 선을 하게 되면 기운이 돌고 혈맥이 관통된다. 또한 때에 따라서는 기운이 도는 것을 알게 된다. 그렇지만 마음을 단전에 오롯하게 두다 보면 기운이 도는 것을 모른다. 모르는 것은 내가 인지하지 못하는 것일 뿐, 기운은 그래도 돈다. 기운은 차오르면 돌게 되어 있기 때문이다. 이럴 정도로 단전이 양성되는 것은 단전 속에서 마음이 살 수 있을 만큼 튼튼한 집이 지어지고 있음을 의미한다.

호흡을 하는 초심자는 들숨에서의 마음가짐을 그냥 공기를 마신다는 막연함에서 벗어나 우주의 신령한 기운을 단전으로 모은다는 마음으로 해야 한다. 날숨에서는 신령스러운 기운 하나를 단전에 남긴 채, 내쉬는 숨에 대해서는 의식하지 않고 그저 놓으면 저절로 나간다. 이때 마음에서 잡고 있던 기운을 놓치지 않으면 기운 또한 상쾌해져서 졸음조차 오지 않는다.

초심자들은 처음에는 분발심과 새로운 것에 대한 신선한 마음으로 졸리지 않을 수 있으나 조금씩 선방 분위기에 익숙해지면 긴장이 풀어져서 졸릴 수 있다. 이럴 때는 눈을 반쯤 뜨는 게 졸음 예방에 좋다.

좌선을 하다 보면 자신도 모르게 망념妄念이 들어온다. 이때는 '망념이 들어왔구나!' 하고 망념을 알아차리면 망념은 저절로 사라진다. 망념 가운데 표면의식은 마음속 깊이 내재되어 있던 마음이 솟아난 것일 수 있다. 선하는 가운데 생기는 망념을 놓고 또 놓아서 구경究竟에 이르면 전생부터 이어져 내려온 무의식마저 닦아 내게 된다.

그래서 마음이 청정해지고 오롯하면 불지佛地에 이르러 불과佛果를 얻는 데 이른다. 망념은 삶 속에서 일어나는 자연스러운 것이다. 망념이 들 때 이해하고 조절할 뿐 아니라 마음의 힘을 길러 가는 것이 중요하다. 좌선 중에 잡념을 제거하고 참 마음을 기르는 것이 겉모습만으로 볼 때는 별게 아니지만 내면에서는 치열하게 싸운다. 이 싸움에서의 승자가 일상에서도 마음의 힘을 발휘한다. 진성眞性에 합일하여 극락을 수용하고 마음의 자유를 얻는 것은 그 다음 문제다.

그러므로 선을 할 때에는 잡념의 뿌리를 하나하나 뽑아 주어야 한다. 망념의 뿌리를 제거해 가다 보면 산란해진 마음이 정리가 되고 마음이 안정된다. 게다가 웬만한 일로는 그 마음이 흔들리지 않을 뿐 아니라 마음을 한번 정하면 천지의 이치를 꿰뚫어 알 수 있을 정도의 집중력이 있다. 전일한 마음은 노력으로 되지만 선정에 드는 것은 저절로 되는 것이다. 전일한 마음이 단전에 머물러서 순숙純熟되면 저절로 비워진다.

단전에 마음이 머문다는 한 생각도 집착이지만 그 마음 하나에 수많은 집착을 묶어서 녹여 내다 보면 결국에는 그 단전에 마음이 머무는 것마저 놓아진다. 마음을 놓으려고 해서 한번에 놓아지는 것이 아니다. 단전에 머무르는 한마음이 단전에서 전일해지다 보면 궁극에는 비움에 이른다. 그러니 욕속심欲速心을 내지 말고 꾸준한 마음으로 하면 된다.

단전주호흡법

단전주선법은 단전으로 숨을 쉬되 들이쉬는 숨은 유념으로 하고 내쉬는 숨은 무념으로 한다. 그러나 단전에 대한 마음은 늘 유념이다. 숨을 들이쉴 때 좁쌀만 한 영단이 쌓인다는 심정으로 하고, 내쉴 때도 내쉰다는 마음을 놓고 자연스럽게 놔두면 저절로 내쉬게 된다. 마치 풍선을 불 때는 힘을 주어 불지만 놓으면 저절로 바람이 빠지는 것처럼 말이다.

숨을 놓을 때 유념을 해도 단전에 담긴 영단이 따라 나갈 수 있으니 단전기운을 잘 두호斗護해야 한다. 단전은 들숨과 날숨 간에 늘 유념이지만 날숨에서 잘 챙기는 것이 핵심이다.

단전호흡을 하다 보면 단전보다 약간 위로 할 경우가 있는데 이것은 영문靈門을 열어 가는 길에 가깝고, 약간 아래로 하게 되면 마음이 잠겨 편안한 느낌이 든다. 이왕이면 단전자리를 정확하게 잡고 하는 것이 그렇지 않는 것보다 낫다. 그런데 서원만 바르면 문제될 게 없다. 나중에는 이 모두가 하나의 기운으로 돌아오기 때문이다. 만약 단전에서 기운을 느끼려고 단전에 너무 힘을 주거나 단전 아래로 기운을 깊이 느끼려고 무리를 하면 장이 아래로 내려앉을 수도 있으니 조심해야 한다.

선정에 드는 것은 일심에 따른 것이지 단전에 있는 것은 아니다. 그러니 꼭 단전호흡을 수행의 판단 기준으로 삼을 필요도 없다. 단전을 잡는 것이 곧 깨닫는 것을 의미하지 않기 때문이다. 염불로써도 진경에 든다고 하지 않던가. 그러나 선을 잠깐 하고 말 것이 아니라면 단전을 제대로 잡고자 노력하는 것이 선의 깊은 경지에 이르는 데 꼭 필요하다.

단전주호흡을 하면 화기火氣가 내려가고 수기水氣가 오른다. 수기가 오르다 보면 입 안의 침샘에서 맑은 침이 나오는데 이것을 옥지玉地에서 나는 감로수라고 부른다. 그러나 주의해야 할 것은 화기를 내린다고 하여 너무 내리는 것이다. 변비를 앓게 되고 생각이 침잠되어 두뇌 회전을 느리게 할 염려가 있다.

좌선 중 몸에서 가장 이상적인 것은 수화水火 기운이 골라 맞는 것이다. 원래 화火 기운은 위로 오르는 성질이 있고 수水 기운은 아래로 내리는 성질이 있다. 단전으로 호흡을 하자는 것은 수기水氣는 올리고 화기火氣는 내려서 수화 기운을 조절하자는 뜻이지 화기를 몸 바닥까지 내리자는 뜻은 아니다.

　화기를 바닥까지 내리다 보면 몸에 물의 성분을 태우게 되어 아래가
마르기 때문이다.

초심자의 선

초심자 중에서 교당*과 선방에 나가 선을 잠깐씩 하거나 이삼일 훈련에 참석할 정도라면, 선하는 방법을 자세히 아는 것이 삶을 오히려 어렵게 할 수 있다. 단전에 마음을 두기보다는 단전에서 숨 쉬는 것을 느끼는 정도면 선으로써 훌륭하다.

선의 목적을 마음의 자유에 둔다면 생활 속에서도 선을 하루에 틈틈이 한두 시간은 해야 한다. 그리고 체계적인 지도를 받는 것이 좋다. 큰 뜻을 세우되 처음에는 마음에서 필요로 하는 작은 목표부터 세워서 체계적인 단계를 밟아 가면 효율적인 진전을 볼 수 있다.

---

*교당教堂 1) 원불교 교도들이 모여 교리를 배우고 의식을 진행하며 훈련을 받는 장소로서. 마음공부하는 학교이자 성불제중의 도량. 2) 종교 신자들이 모이는 장소.

자세보다 호흡이 중요

선에 있어서는 자세보다도 호흡이 더 중요하다. 자세가 호흡을 하는데 방해가 된다면 자세를 고쳐야 한다. 자세는 호흡을 도와주는 역할이며 선에 있어서는 호흡이 자세에 우선해야 한다.

선에서는 호흡이 중요하다. 호흡을 잘못하면 병을 일으키기도 하고 기운을 버릴 수도 있다. 호흡을 잘못하면 기氣가 뭉친다거나 기운이 머리 위로 올라가서 두통을 일으킨다는 사실은 선에 관심이 많은 사람이라면 익히 들어서 안다. 그러나 기운을 버릴 수 있다는 것은 일반적인 생각으로 이해하기엔 좀 어려울 듯싶다. 단전을 뜨겁게 한다며 풀무*질을 하듯 하면 단전이 뜨거워져서 좋을 수 있으나 호흡이 거칠어지고 기운이 탁하게 된다. 또한 기운을 몸의 상하 좌우로 함부로 돌리면 기운이 들뜬다. 「좌선법」대로 정성스럽게 해 본 사람은 이런 호흡을 조금만 해 봐도 알 수 있다.

단전주 호흡법에서는 들숨을 길고 강하게 하며 날숨을 짧고 미세하게 할 것을 권장한다. 그러나 초심자가 지도자의 지도 없이 이 호흡을 열심히 하면 기氣가 역류하여 머리가 뜨거워질 염려가 있다. 초심자는 이 호흡보다는 숨을 고르고 편안하게 쉬어야 한다.

호흡은 단전으로 해야 하나 초심자는 단전으로 호흡하려고 해도 잘

---

*풀무 : 불을 피울 때 바람을 일으키는 도구.

되지 않는 것이 일반적이다. 단전으로 호흡할 수 있는 훈련을 받으면 대부분 한두 달이면 가능하다. 이런 훈련마저 할 수 없는 상황이라면 단전에 코가 있고 마음이 있다고 생각하며 호흡해 보기를 권하고 싶다.

간혹 머리 위나 코로부터 들이쉬어 단전으로 호흡과 의식을 내리는 것으로 배운 사람도 있다. 초심자가 이 호흡을 하면 큰일 난다. 이 또한 열 명이면 예닐곱 명이 기氣가 명치에 막혀서 뭉치는 병氣滯을 얻게 된다. 그 호흡은 어느 정도 숙달된 사람이 하는 것이지만 이 또한 바람직하지 못하다. 되도록 하지 않는 게 좋다.

선하기 전의 마음가짐

선하기 전의 마음가짐이 선의 내용에 영향을 미친다. 선하기 전에 마음이 순수하고 편안해야 몸 기운과 호흡도 편안해진다. 그래야 좌선 시간에 호흡을 의지해서 마음이 단전에 머물 수 있다. 선을 하는 도중에 생각이 들끓어 조바심이 날 정도가 되면 안 된다. 자동차의 전조등이나 주방에 가스 불이 염려가 되어 좌선 시간 내내 생각을 들끓으며 앉아 있다면 선禪을 하는 의미가 없다. 선하기 전에 걱정될 일은 미리 처리하고 좌선 시간에는 단전주 외에는 모든 것을 잊어야 한다.

원불교 좌선법은 단전주선으로서 호흡을 단전으로 하되 마음이 단전을 떠나지 않고 머무는 데 특성이 있다. 더 나아가 단전에서 마음이 살아야 한다. 마음이 단전에 젖어 들고, 젖어 들다 보면 선정禪定에 들게 된다. 선법을 단계에 따라 체계적으로 수행하면 좋으나 오히려 단순한 것이 좋을 수 있다. 단순한 만큼 잡티가 없는 순일한 기운이 될 수 있기 때문이다. 마음이 단전에 머물다가 깊은 선정에 들 수 있다면 얼마나 좋을까.

그러나 간단명료한 선법으로 선의 구경에 이를 수 있는 수행자는 많지 않다. 그 외의 대부분의 수행자는 단계에 따른 체계적인 지도를 받아서 수행을 해야 효과를 본다. 어떤 수행을 하든 바른 수행법으로 제대로만 하면 결국에는 같은 문에서 만나게 된다. 다만 어느 것이 더 효율적인 것인지만 남는다. 선의 경지가 깊어 감에 따라 선법은 점점 더 단순해진다.

초심자는 마음이 단전에 머물기도 힘들거니와 설사 머물렀다 해도 이내 온갖 잡생각이 들어와서 마음을 온통 휘젓다가 선을 끝내는 것이 다반사다. 망념이 들어오는 것은 살아 있는 사람이 선을 하는 것이기에 당연하다. 하늘도 흐렸다 개였다 하듯이 사람의 마음도 마찬가지다.

수행은 망념이 들어왔을 때 망념이 들어온 것을 알아차리는 것부터 비롯된다. 알아차리는 즉시 망념의 대부분은 사라진다. 망념은 현실의 잡다한 생각이기도 하지만 반복적으로 나타나는 경우도 있다. 이 망념이 마음속 깊은 상처이거나 아쉬운 경우에서 생긴 것이라면 알아차림만으로 잘 없어지지 않는다. 이때는 깊은 이해를 통해서 없애야 한다. 때로는 전생으로부터 나타나는 업의 찌꺼기도 있다. 들어온 망념을 자꾸 없애다 보면 전생의 업마저 긁어내어 마음과 기운이 점점 평온해지고 집중력이 생겨난다.

의두·성리에 관심 갖기

선을 하여 정신 기운이 상쾌해지면 화두, 즉 의두疑頭와 성리性理를 마음속에 넣고 궁구해야 한다. 진리에 대해 배워서 아는 것을 넘어서서 깊은 생각과 삶을 통해 이해하고 직관으로써 진리를 깨쳐 가야 진리에 대한 깊은 인식을 가질 수 있다.

그런데 초심자가 화두를 든다는 것이 쉽지 않다. 우선 의두요목疑頭要目* 가운데 하나를 들든지 의심나는 것을 마음에 걸어서 연마해 본다. 만약 그것도 안 된다면 선을 하는 목적을 돌이켜서 생각을 궁굴린다.

'마음의 자유란?' 또는 '마음이 평온한 것은?' 일상생활과 마음 깊은 내면에 반조返照해서 궁굴리다 보면 자신이 바뀌어 감과 아울러 화두가 열려 간다. 만약 생각으로만 연구를 거듭하면 그 깨달음의 깊이가 얕아지는 것은 물론이고 알았다고 해도 힘이 없다.

이상에서 밝힌 선의 방법은 초심자가 선을 하면서 부작용을 최대한 줄일 수 있는 것이자 오염되지 않은 가장 순수하고 간결한 선법이다. 초심자가 이 선법에 익숙해져 감에 따라 저절로 알아지는 것과 아울러 궁금한 점도 많아진다. 선의 경지가 높아짐에 따라서 알아야 할 것도 많고 해야 할 것도 많으므로 선禪 지도를 해 줄 지도자를 만나서 단계에 따라 체계적인 방법으로 선을 하는 것이 꼭 필요하다.

---

*의두요목疑頭要目 : 『정전』에 수록된 우주의 이치와 인간의 일 가운데 연마해야 할 20가지 조목.

좌선의 단계적 방법

원불교 「좌선법」은 합리적이고 간결한 선법이다. 그러나 선을 간결하고 담박하게 받아들여서 선의 경지에 도달한 사람들은 그렇게 많지 않다. 보편적인 관점에서는 선법의 본질적 의미를 알고 체계적이며 상세하게 프로그램화된 방법으로 선수행을 해야 선의 느낌을 충분히 맛볼 수 있다.

좌선은 망념을 제거하고 성품에서 그대로 머무는 것을 일차적인 목표로 한다. 그런데 선을 하면 오히려 평소보다 망념이 더욱 치솟아 괴로워하는 경우가 있는데, 망념은 선을 하는 데에는 쓸데없는 것이지만 그 자체로는 수행자의 마음에 대한 하나의 정보이기도 하다. 그러므로 망념을 알아차려서 놓고 비우는 과정은 단순히 쓸데없는 생각을 가라앉히는 차원에 그쳐 있지 않다. 자신을 정화시키는 과정이기도 하다.

그리고 정화의 관점을 지나가다 보면 자성에서 지혜의 광명이 솟을 뿐 아니라, 마음과 기운에 힘이 생기고 안정감이 더해 간다.

소태산은 선의 깊은 경지에 도달하는 것을 중요하게 여기지만 선의 심경이 현실에서 은혜롭게 사용되기를 바랐다. 선을 함으로써 망념을 비워서 지혜의 광명이 솟아나는 것을 좋아만 할 게 아니라 선을 통해 일상생활에서 관념과 욕심에 물들지 않은 마음으로 지혜롭고 은혜롭게 생활을 할 때에 선의 가치가 더욱 드러난다.

선정에 들어 마음이 맑아도 평소에 '누군가가 내가 바라는 것을 준다고 할 때에 마음이 넘치지 않을까?', '내가 가장 소중하게 여기는 물건을 누군가가 빼앗아 가도 마음이 상하지 않을 수 있을까?' 등으로 미리 대조하여 마음을 이어 가면, 실제 생활에서 선할 때의 마음가짐과 마찬가지로 마음을 맑고 밝으면서도 여유 있게 사용할 수 있다.

원불교는 깨달음의 종교라 선禪을 수행의 생명으로 여긴다. 깨달음의 종교에서 선을 하지 않는다는 것은 상상할 수도 없다. 그러나 선력을 얻는다는 것이 그저 몇 날 며칠 수행해서 얻어지는 결과가 아니기에 일상 속 영혼의 휴식이자, 마음의 운동이고 양식이라 여기며 매일 조금씩 해야 한다.

선력은 조급하게 얻으려고 하면 안 된다. 자신에게 버겁지 않을 정도에서 꾸준히 선심을 길들여 가는 게 좋다. 단계별로 기초를 튼튼히 하여 바탕을 잘 닦고 그 위에서 하나하나 체계적으로 배우며 체득해 가면 마침내 삶에서 살아 있는 선력을 얻는다.

처음에는 집심을 주로 하고, 조금 익숙하면 관심과 무심을 주로 하여

서 궁극에는 능심에 이르도록 한다. 능심은 인격의 예술이다. 인격의
품위와 격조를 안다면 예술의 극치가 인격임을 알게 되니 이때부터는
선을 도구 삼아 인격이란 작품을 낳는 예술가로 산다.

■ 좌선의 경지에 따른 단계

집 심執心

1단계. 누워서 단전 만들기
2단계. 자기호흡 찾기
3단계. 유무념 수식호흡법
     (1과정 : 단전강화, 수승화강 - 4박자)
     (2과정 : 수승화강 식망현진 - 8박자)
     (3과정 : 수승화강 식망현진, 백회호흡 - 16박자)
     (4과정 : 수승화강 식망현진, 백회호흡 - 24박자)
     (5과정 : 수승화강 식망현진, 백회호흡 - 32박자)

관 심觀心

4단계. 미세호흡법微細呼吸法

5단계. 독야청정獨也淸淨

6단계. 선정삼매禪定三昧

7단계. 자성관조自性觀照

무 심無心

8단계. 자연호흡自然呼吸

9단계. 천지합일天地合一

10단계. 만행萬行

11단계. 성태장양聖胎長養

능 심能心

12단계. 도광산채韜光鐔彩

13단계. 대기대용大機大用

14단계. 동정일여動靜一如

15단계. 대자대비大慈大悲

16단계. 자유자재自由自在

집심선법執心禪法

집심執心은 모든 수행의 기초이자 에너지다. 이 기초가 넓고 튼실해
야 수십 층의 집을 지을 수 있듯이 집심공부에서 마음을 모아야 마음
에 힘이 생겨서 마음의 자유를 얻는 데까지 이를 수 있다.

집심선법에서 큰 힘을 얻지 못하면 해탈의 정도에 머무르기 쉽다. 즉
마음은 편안할 수 있으나 진리를 관조하는 수준을 넘어서 생활과 허공
법계에서 자유자재하는 데에는 이르지 못한다. 집심으로 전일하면 바
로 대각大覺의 문門으로 직행할 수도 있으므로 집심은 수행을 해 가는데
아주 중요한 단계이다.

이 공부를 마칠 정도가 되면 호흡이나 자세가 편안하고 마음에 있어
서는 크고 무거운 번뇌가 가라앉는다.

1단계. 누워서 단전 만들기

2단계. 자기호흡 찾기

3단계. 유무념 수식호흡법

   (1과정 : 단전강화, 수승화강 - 4박자)

   (2과정 : 수승화강 식망현진 - 8박자)

   (3과정 : 수승화강 식망현진, 백회호흡 - 16박자)

   (4과정 : 수승화강 식망현진, 백회호흡 - 24박자)

   (5과정 : 수승화강 식망현진, 백회호흡 - 32박자)

집심선법의 공덕결과

집심공부를 정성스럽게 하면 호흡이 편안한 가운데 단전에서 기운을 느낄 뿐 아니라 어느 정도 다스릴 수도 있다. 자세에서도 어느 정도 면모를 갖추게 되어 수행에 편안함과 안정감이 생긴다. 집심공부를 마칠 즈음에는 마음이 맑고 집중력이 있어 누가 봐도 수행자다운 모습으로 느낀다.

이때부터는 수행하려는 마음이 솟구쳐서 삶의 첫 과제를 수행으로 삼고 지도자를 찾아 정진적공을 한다. 잘 닦아 온 수행은 훗날 수행의 바탕이 되기도 하지만 수행의 리듬을 잃었을 때에도 이내 리듬을 되찾는 기초가 된다.

집심공부 자체가 중요하지만 어떻게 해 나가는 것이냐가 더욱 중요하다. 바른 지도자를 만나서 수행을 정성스럽게 하면 세상을 보는 눈과 살아가는 자세가 다르다. 진리가 자신의 마음과 삶에 스며들기 때문에 욕망에 사로잡힌 세상과는 비교하지 못할 뿐 아니라 어느 것으로도 그 마음을 달래지 못한다. 이 시기는 일생 공부의 기초를 닦는 때라 여겨도 지나치지 않다.

마음공부의 정도立志

수행으로 마음이 편안하고 건강하기를 바라는 데에 그치기보다는 불지佛地에 이르러 마음의 자유를 얻을 수 있다는 큰 욕심誓願을 굳게 세운다立志. 그리고 지고한 진리가 있음을 알고 이 수행법이 불지에 이르는 바른 법이라는 것을 믿는 데에 이르기까지 본질적 의미에 대한 성찰이 있어야 한다 . 성찰에 대한 믿음이 굳건하면 이제부터는 큰 스승인 소태산으로부터 내려오는 진리의 법맥에 마음을 대고 모든 판단의 기준을 삼고 수행해 나아가기만 하면 된다. 하지만 혼자서라도 열심히 하려는 마음이 강한 때이니만큼 함께 수행하는 사람들과 더불어 선심을 나누며 공부하려는 노력이 있어야 원만하게 큰다. 이 시기에 인격에 진리가 스며든다.

[집심 1]

누워서 단전 만들기

■ 단전은 배꼽 아래 손가락 세 마디의 끝

바르게 누워서 한 손가락으로 배꼽을 짚은 후 그 아래에 다른 손의 손가락 세 개검지, 장지, 무명지를 모은 가장 두툼한 곳을 옆으로 뉘어서 배꼽 아래에 대고, 배꼽을 짚었던 손가락을 떼어서 그 아래에 대면 그곳이 단전이다. 손가락을 짚지 않고 길이를 정할 경우는 배꼽 가운데에서부터 손가락 네 개를 모은 가장 두툼한 곳의 길이만큼 아래에 단전이 있다.

그러나 앉은 상태에서는 단전의 위치가 다르다. 앉으면 배가 접히기 때문에 배꼽 가운데에서 손가락 세 개를 모은 길이만큼 아래이고, 손가락을 짚어 잴 때 배꼽에 손가락을 짚고 다른 손가락 두 개검지, 장지를 뉘어 댄 후 그 아래에 짚은 위치이다.

원불교에서는 이 이상으로 단전자리를 세밀하게 '이것이다.'라고 애써 밝히지는 않는다. 그 이유는 제하臍下배꼽 아래 삼촌三寸손가락 세 마디인 단전에 마음을 두어 기운을 모으다 보면 자연스럽게 제자리를 찾아가기 때문이다. 단전이 '제하 3촌'이라는 것은 앞에서 밝힌 것처럼 손가락 네 개를 모은 길이인데, 이는 소태산 당대의 제자 상산常山박장식 교무의 증언이자 구전에 따른 것이기도 하다.

손가락 네 개를 모은 길이는 검지 길이 만큼이니 검지 안에 있는 세

마디가 삼촌이란 설도 있다. 실제로 1980년대의 원불교학과 기숙사에서는 단전 위치를 검지의 길이로 쟀다. 하지만 사람마다 손가락 굵기와 길이가 다른 경우가 있기에 이때는 단전으로 짚은 곳의 언저리에서 가장 들어간 부분이라 여기면 된다. 육안으로 볼 때 접혀진 선이 있는 경우가 많다.

그러나 일반적으로는 '촌'이란 단어를 사용할 때 오해의 소지가 많다. 1촌寸이라는 수량 단위는 '1치'를 말한다. 즉 1.1930inch, 3.0303cm이다.

원기 28년1943『원불교정전』「좌선법」에서 인용한 『수습지관좌선법요』에서는 제하 1촌을 '우타나憂陀那' 즉 '단전'이라고 설명했다. 따라서 원불교에서 말하는 제하 3촌이란 일반 수치와는 다른 개념이다. 그러면 손가락 세 개와 1치의 개념인 1촌의 길이는 같은가 하면 이 또한 다르다. 많은 혼돈을 야기하는 개념들이니 소태산 당시 실측의 기준인 네 손가락을 모은 두께라 여기면 무리가 없다.

대략 이 정도만 알고서 수행을 하면 점차 단전을 느끼며 제 위치를 찾아간다. 단전의 위치는 정밀한 측정 기계 등으로 정확하게 계측할 수 있는 게 아니다. 약간의 차이가 있을 수 있다는 것을 인정하고 열심히 하면 기를 느끼게 될 뿐 아니라 위치도 점점 명확한 느낌으로 다가온다.

처음 선을 할 때에는 기운을 배꼽 아래 단전에 모은다. 정성스럽게 하다 보면 기운을 주먹만큼 뚜렷하게 느끼다가 세밀하게 느낄 수 있는 데에 이른다. 세밀함 속에 부드러운 이 기운을 놓치지 않고 단전에 마음을 오롯하게 가지면 단전기운이 담뿍하게 된다.

단전기운을 느끼다 보면 단전의 깊이에 대해서도 의문이 생긴다. 단전 깊이에 대해서는 의견이 분분하나 대략 몸의 중간 깊이 만큼이다. 그러나 초심자가 단전기운을 느끼는 곳은 배꼽 아래의 표면과 가깝다. 그렇게 느낄 수밖에 없는 이유는 초심자는 단전을 배 표면에서부터 짚고 단련해 가기 때문이다. 허리 뒤에서 배 쪽으로 기운을 넣다 보니 단전기운은 배 표면 가까운 곳에서부터 형성되어 간다. 그곳에 마음과 기운을 들여 슬쩍 힘주듯이 단련해 가면 단전기운이 커져서 허리 뒤에서부터 배 표면까지 한 덩어리로 느낀다. 선을 해 갈수록 이 기운은 좀 더 또렷하게 느껴지며 작아지는데 이때에 자리하는 곳은 배와 허리의 중간 지점이다.

이렇게 단전을 느낀다고 해도 몸을 해부하여 위치를 지정하는 것처럼 명료하게 알기는 어렵다. 마치 심장이 가슴 왼쪽에 있는 것을 알고 있으나 그 깊이가 어느 정도인지를 느끼지 못하는 것과 같다. 다만 단전에 기운이 뭉쳐 있기에 느낄 따름이다.

■ 수행자의 단전은 심단心丹이다

원불교에서는 기단氣丹보다는 심단心丹을 우선으로 하여 마음 단련을 하기 때문에 단전기운으로 수행의 판단 기준을 삼지 않는다. 기단에서는 단전에 기를 모아서 기氣 부림 하는 것을 주체로 한다면 심단은 단전에 마음을 걸어서 일심이 되는 것을 말한다. 물론 기운을 모으려고 해도 마음이 가지 않고서는 모을 수 없다. 그러나 기단으로의 수행은 마음보다는 기운을 불어넣는 데 초점이 맞춰졌다. 이 기단으로의 수행은 기를 느끼는 데 빠르다. 그만큼 초심자가 선에 흥미를 느끼게 하는 데에는 효과가 있다. 기단을 열심히 하면 기운을 모아서 돌을 깨는 등 차력에 쓰임새가 많은 반면, 심단으로써 기를 느끼는 것은 쉽지 않다. 또한 시일도 오래 걸리므로 적공으로서만 이루어 갈 수 있다.

그렇지만 마음의 힘을 모으고 영성을 길러 가는 데에는 심단이 아주 중요하다. 깨달음을 얻기 위한 방법으로 수행하는 사람들이 주로 이 심단에 의한 선을 했다.

원불교 좌선법에서는 단전에 기운을 모아서 마음을 걸어 두고 온갖 생각과 감정을 비워 존재하다가 마음이 맑을 때 화두를 드는 방법으로 진리의 이치를 꿰뚫고자 한다. 이것은 깨달은 자의 안목에서 나온 방법으로 수행자가 마음의 경로를 따라서 순리 자연하게 터득해 가는 길이다. 과거의 많은 선사들이 수제자에게 법을 전하는 식과는 판이하게 다르다. 그러나 방법이 중요한 것은 아니다. 힘써 행하는 자에게 진리는 자신의 모습을 열어서 보여 준다.

심단은 영단靈丹을 쌓아 가는 첩경이다. 심단이 뭉쳐서 맑고 밝아지면 영단으로 익는다. 심단이 영단이 되기까지는 맑고 순수한 마음으로 정성스럽게 수행을 해야 한다. 영단 키울 것을 제자들에게 일러 준 정산의 글이 있다.

「영단의 대소, 종류, 단계도 수억 수천 층이나 되므로 영단이 미약한 사람은 영혼이 떠날 때 높이 뜨지 못하여 가라앉게 되어 지옥으로 떨어지게 되는 것이니, 곧 땅 위에 나올 기운이 없으면 땅속을 면하지 못하여 지옥인 것이니라. 만일 그곳에서도 기약이 없으면 무기보無期報*를 받아 그 고통이 한량이 없을 것이니라.

또 사람이 키와 몸은 작으나 공연히 그 사람을 보면 어떤 이유인지 모르게 기운이 눌리게 되는 것은 그 사람의 영단이 큰 연고이니, 이를 혜안慧眼으로 본다면 영단이 수억 수천만 층이 되기에, 비록 키가 작아도 눌리는 것은 그 까닭이니라. 그러므로 만일 이 이치만 안다면 그 누가 영단을 키우려고 하지 아니하겠는가.

이 영단을 키우려면 선을 아니 하고는 키우지 못하며…….**」

■ 단전에 기운을 담으려면 단전 그릇을 만들어야 한다

운동경기를 효과적으로 해내려면 경기를 뛸 수 있는 기술과 더불어 체력이 있어야 한다. 운동선수가 경기에서 최상의 컨디션으로 뛸 수 있도록 몸을 관리하는 것을 '몸을 만든다'고 일컫는다. 수행자가 좌선을 효과적으로 하기 위해서는 단전에 마음이 편하게 자리를 할 수 있도록 단전 그릇을 만들어야 하는데 이것을 단전 만들기라고 부른다.

---

*무기보無期報 : 그 과보를 기한 없이 받는 것.

** 『정산종사 법설』 제8편 교리편 18 영단을 키우라.

단전을 만들어 가는 효과적인 선의 자세는 앉아서 하는 것보다 서서 하는 것이 수월할 뿐 아니라 단전 위치를 잡는 데도 훨씬 정확하다. 또한 서서 하는 것보다 누워서 하는 것이 더 쉬우며 단전의 위치를 바르게 잡는 데도 더 낫다.

'누워서 단전 만들기'를 할 때는 누워서 단전에 물건을 얹고 호흡을 한다. 단전에 무거운 책을 얹고 호흡하면 책의 무게가 단전 위를 누르게 되어 숨을 들이쉴 때 단전을 느끼기 쉽다. 내쉴 때도 책의 무게가 들어간 배의 단전을 누른다. 숨을 들이쉬고 내쉴 때 항상 마음이 단전을 떠나지 않게 되어 단전주선을 하는 데 도움이 된다.

단전주선법은 단전으로 숨을 들이쉴 때 마음이 단전에 있어서 기운을 전일하게 알아차려야 하고 숨을 내쉴 때도 항상 마음이 단전을 떠나지 않아야 한다. 이것이 단전주선의 핵심이다.

■ 단전주호흡을 해 가는 내용은 천층만층이다

단전으로 힘뿐 아니라 호흡조차 전혀 되지 않은 사람, 단전 부위까지는 기운이 오나 정확하지가 않은 사람, 단전에 기운을 불어넣는 것이 정확하지만 불안한 사람, 기운이 정확하고 안정은 되었으나 미약한 사람, 기운이 정확하고 안정되었으면서 강한 사람, 기운이 정확하면서도 부드럽고 담뿍한 사람, 단전주호흡이 되어서 기운이 단전 깊은 곳에서 배어 나오는 사람 등 단전주호흡을 해 나가는 사람들은 다양하다. 이 가운데에서 단전주호흡이 부드럽고 담뿍할 정도에 이르도록 하여야 선의 기틀을 이룬다.

처음부터 선을 잘하는 사람은 드물다. 초심자의 경우에는 숙련된 지도자와 함께 길들여야 단전호흡에서 단전주호흡으로 자연스럽게 이어 갈 수 있다.

호흡이 전혀 안 되는 사람은 회음호흡을 하는 것이 좋다. 회음이란 음부와 항문 사이를 말한다. 이곳으로 숨을 들이쉬어 단전으로 끌어올린다는 의식을 하고 내쉴 때는 숨을 그냥 놓는 호흡을 하면, 그동안 기운이 단전 위에 머물러서 고생했던 사람에게는 기운을 단전으로 내리는 데 도움이 되며 기체가 될 염려도 없다.

회음호흡으로 단전에까지 기운이 오는 것을 느낄 정도라면 지도자의 지도를 받아서 꾸준하게 하면 된다. 그리 고생하지 않고서도 이내 단전주호흡에 이를 수 있다.

이 가운데에서 가장 힘든 사람은 호흡이 깨진 사람이다. 깨진 호흡은 호흡의 밑바탕이 불규칙하다. 이런 사람도 지도자의 가르침에 따라 포기하지 않고 꾸준하게 하면 조금 느려도 반드시 된다.

사실, 이런 사람은 본인도 힘들지만 지도하는 사람도 무척 힘들다. 좀처럼 진전을 보이지 않는 것은 물론이고 대부분이 다혈질이라 그 반응도 만만치 않다.

선하는 사람은 '이때에 하지 않으면 언제 하겠느냐' 하는 결연한 마음으로 하고, 지도자는 기다리는 마음으로 도와주다 보면 어느 날 갑자기 된다. 관건은 정성이다. 정성밖에 없다. 이렇게 해서 성취했을 때에는 고생한 만큼 기쁨도 크고 마음도 함께 부쩍 큰다.

■ 단전이 따뜻해지려면 미는 호흡을 해야 한다

단전에 기운이 느껴지지 않은 상태에서 선에 흥미를 갖고 꾸준하게 할 수 있는 사람은 많지 않다. 처음에 무언가를 이뤄 보겠다고 열심히 하지만 마음이 이내 지쳐서 그만두게 된다. 그러나 하나하나 순서대로 밟아 가다 보면 어느덧 하나씩 진전을 보인다.

선을 해 가며 단전기운이 따뜻해지고 단전이 담뿍하게 느끼게 되면 선에 흥미를 가지고 지속적으로 해낼 수 있다. 이것이 첫 발심을 일으키는 촉매제가 된다.

수년간 선을 해 봐도 잘되지 않다가 체계적으로 배워서 단전호흡이 되는 것을 느끼기 시작하면 선력을 쌓고자 노력하려는 마음도 더 생긴다. 게다가 단전호흡이 된 상태에서 단전에 기운을 따뜻하게 느끼는 데에 이르면 금방 뭐라도 얻을 것 같아 더욱 열심히 한다. 그러나 잘되다가도 일상에 젖어 답보에 이를 때가 반드시 찾아온다. 이때는 속히 이루려는 마음을 내려놓고 차근차근 하기만 하면 자신도 모르게 기운이 담뿍 자리하는 데 이른다.

한 선객은 단전호흡이 잘되지만 이것으로는 만족하지 못하다가 미는 호흡을 하고 나서 단전이 뜨거워지자 선에 흥미를 더해 갔다. 일반 사람이 선에 흥미를 가질 때는 평소에 느끼지 못하던 것을 느꼈을 때다. 그 때문인지 일부 선 단체에서는 신기한 기틀을 느낄 수 있는 것을 가르친다. 눈을 감고 있으면 몸이 가벼워지면서 공중으로 뜨는 것처럼 느끼며 껑충껑충 뛴다든지, 반딧불처럼 영롱함을 본다든지, 또는 몸의 기운을 돌리면서 느끼든지, 손과 머리에 기감氣感을 느끼는 것 등으로 마음을 사로잡으려 하는데 신기할지는 몰라도 별 의미가 없는 경우가 많으니 주의할 필요가 있다.

좌선을 하다가 평소와 다른 느낌을 얻었을 때에 그것이 어떤 의미가 있는지는, 그것이 영성을 일깨워 주고 마음의 자유를 얻는 데에 필요한 것인지 되짚어 보면 어느 정도 알 수 있다. 요행을 바라거나 신기한 기틀을 바라는 마음은 오히려 기운을 산란하게 만든다. 마음을 닦는 데 방해가 될 뿐이다. 선을 잘못하여 기운을 버리게 되면 산란하고 탁한 기운이 뼛속까지 사무쳐서 다시금 바른 수행 방법을 배울지라도 기운을 맑고 영롱하며 바르게 회복해 가기가 어렵다. 그래서 영성을 닦는 수행자들은 섣부른 수행 방법을 아주 위험스럽게 생각하여 꺼린다.

선에 흥미를 갖게 하면서도 영성을 일깨우고 마음의 자유를 얻는 데 도움이 되는 수행법이 필요하다. 미는 호흡은 영성을 일깨우고 마음의 자유를 얻는 데 결정적인 열쇠는 아니지만 기운을 묵직하게 하는 효과가 있다. 이 기운은 사람의 마음을 차분하고 신중하게 하는 데 도움을 준다. 나아가 건강을 위해서도 좋다. 몸 안에 있는 수화의 기운을 왕성하게 골라 주기 때문이다. 특히 여성의 경우에는 아랫배를 따뜻하게 하고 남성에게는 정精을 북돋아 주는 효과가 있다.

미는 호흡은 의식을 호흡과 더불어서 단전으로 밀듯이 하면 된다. 이때 의식과 호흡을 하나로 하여 움직여 가는 것을 꼭 유념해야 한다. 하지만 선으로써 체득한 경지에 따라 수행하는 방법은 조금씩 다르다. 초심자는 등 뒤에서 단전 배 표면을 향하여 피스톤으로 민다는 느낌으로 하는 게 좋다. 그러면 배의 표면에 가까운 곳부터 기운과 열이 발생하는 것을 느끼게 된다. 마치 피스톤을 밀면 압축된 공기에서 힘과 열이 발생하듯이 되나 정도의 차이는 약하다. 단전에서 발생한 열의 위치는 선을 함으로써 점점 깊어져서 단전의 본래 자리에 다다른다.

단전에 열과 기운이 가득 차면 이때부터는 지켜보듯이 길러 간다. 지켜보기만 해도 기운이 보존되며 영단으로 길러 갈 수 있다. 자칫 그 마음을 놓치게 되면 기운마저 저버리게 되므로 조심해야 한다.

'단전 만들기' 단계에서는 단전에서 기운을 정확하게 느낄 뿐 아니라 따듯한 기운도 느낀다. 욕심을 부린다면 담뿍하고 편안하기까지 바라지만 이 정도만 되어도 준수하다.

이때는 한순간 되었다고 되는 것이 아니라 습관으로 자리 잡도록까지 한다. 언제 어디에서든지 선을 하여 단전이 정확한 가운데 따듯한 기운을 느낄 정도라면 아주 잘된 것이다.

[집심 2]

자기호흡 찾기

'단전 만들기'가 배를 만드는 작업이라면 '자기호흡 찾기'는 노를 젓는 방법을 배우고 연습하기 시작하는 단계로 보아도 무방하다.

우선 가장 편안한 자세를 취한다. 모든 상념을 놓고 반좌盤坐를 하거나 안락의자 또는 소파 등에 앉아서 온몸의 힘을 뺀다. 그리고 마음을 편안하게 하는 음악을 들으며 잠잘 때의 자기호흡이 어떤지, 잠잘 때의 심경으로 되돌아가서 호흡을 하며 살펴본다. 또한 가장 편안할 때의 자기호흡을 살펴도 좋다.

이때가 그동안 자신이 길들여 온 호흡 가운데 가장 편안한 것이다. 이 호흡으로 단전주선을 하면 단전이 양성되는 것은 물론이고 호흡과 기운이 편안하고 정밀해져 간다.

만약 자기호흡을 찾지 않고 획일적인 단전호흡이나 단전주선을 하게 되면 속이 더부룩하고 답답할 경우가 많다. 마치 남의 옷을 입고 사는 것처럼 어색하고 불편하다. 언뜻 생각하기에는 자기호흡을 찾는 것이 대수롭지 않게 여겨질 수도 있지만 심단 위주의 선에서는 아주 중요하다. 자기호흡이 선의 기초를 이루기 때문이다.

자기호흡을 찾지 않은 상태에서의 좌선은 단순히 어색하고 불편한 정도가 아니다. 선의 결과를 볼 때 사상누각砂上樓閣과 같다. 단전에 힘만 들어가지 기운이 단전에까지 닿지 않아서 단전이 공허해지게 되며 속이 더부룩하고 편안하지 않다.

초심자일수록 좌선을 하다가 갑자기 호흡이 흐트러지거나 막혀서 안될 경우가 있다. 아주 열심히 하는 사람에게도 이따금 나타나는 현상이다. 이때 자기호흡을 할 줄 알면 금세 고칠 수 있으나 그렇지 않으면 나머지 시간은 힘들고 답답하다.

사람마다 호흡의 길이와 세기 그리고 느낌이 약간씩은 다르다. 자기 호흡을 놓고 획일화된 호흡을 따르다 보면 다행히 자신에게 맞아서 잘 되는 사람도 있지만 많은 사람들이 퇴굴심退屈心이 날 정도로 안 되는 경우가 있다. 또는 잘되던 사람도 어느 날 갑자기 안 되기도 한다. 이때 는 번거로운 일을 가능한 줄이고 전일한 마음으로 임하면 이내 회복하 는 데 도움이 된다. 만약 회복이 더딜지라도 후에 선력의 큰 바탕으로 남는다.

하루는 선방에서 "가장 편안한 자세를 잡아 보세요."라고 했더니, 한 선객이 자세를 이리저리 잡으면서 "가장 편안한 자세를 잡아 보지만 어느 때가 가장 편안했는지 모르겠네요."라는 것이다. 그 순간 떠오르 는 이야기가 있다.

수염이 긴 할아버지가 손자의 질문에 대해 고민한다. "할아버지, 주 무실 때에 수염을 이불 밖으로 내놓으세요?" 할아버지는 "글쎄다."라 며 이리저리 해 보더니 "잘 모르겠다. 잠자 보고 말해 줄게."라며 그날 밤 수염을 이불 밖으로 놓아도 보고 들여놓아도 봤지만 아닌 것 같아 서 계속 들여놓았다 내놓았다 하며 밤을 샜다는 이야기다.

그동안 할아버지는 수염이 이불 밖에 있든 안에 있든 상관없이 잠을 청했는데 수염을 내놓았는지 들여놓았는지 관념을 지으니 해답을 찾 을 수 없었다.

여기서 편안한 자세는 손을 어떻게 놓든 다리를 어떻게 하든 놓아두 고 마음을 편안하게 가지라는 의미다. 호흡도 마찬가지다. 다 놓고 한 가한 심정을 지니면 내가 그동안 가장 편안했던 호흡이 되어 숨쉰다.

이때의 호흡은 천천히 들이쉬다가 일시에 내보내는 숨이다. 잠잘 때 호흡은 자신의 보편적인 가장 편안한 호흡이자 선을 해 가는 데 바탕이 된다.

선을 배우지 않은 일반인도 자기의 편안한 호흡을 하면 번거로운 마음이 가라앉고 한적한 느낌이 든다. 평소 피곤한 사람도 잠깐씩 자투리 시간을 내어 편안한 자기호흡을 해 보면 새 활력이 돋는 것을 알 수 있다.

그러나 훈련을 하여 자기 것이 되지 않으면 잊어버리기 쉽다. 자기호흡으로 한두 번 편안해졌다고 해서 안심하면 안 된다. 생활 속에서 숨 가쁘게 살다 보면 어느덧 흐트러지는 것은 다반사다. 선을 제대로 하려면 감각이 생기고 몸에 익어져서 동물적인 감각으로 이어질 때까지 해야 한다.

그동안 선을 했던 몇 사람은 처음 단계와 중간 단계를 여러 차례 왔다 갔다 하면서 방황했다. 자기호흡을 찾아 숙련이 되어 기틀을 잡아 놓으면 간혹 호흡이 되지 않을 경우에도 다시 마음만 챙기면 몇 분 안에 자기호흡을 찾아서 할 수 있다.

선을 석 달 남짓 하다 보면 마음이 밖으로 나가기도 하고 졸기도 한다. 이런 현상은 선방 분위기에 조금씩 익숙해져 간다는 의미도 있지만, 챙기는 마음마저 놓으면 세월만 속절없이 지날 수도 있다.

마음을 챙겨서 단전주호흡을 잘하면 몸이 피곤해서 마음대로 되지 않을 경우를 제외하고는 전일한 마음이 되어 졸지 않게 된다. 걱정보다는 잘할 것만 생각하면 저절로 잘되는 경우가 훨씬 많다.

■ 평소 호흡을 바탕으로 하여 자기호흡을 기른다

자기호흡을 찾았어도 그동안 살아오며 길들여 온 호흡과 다르기에 당장은 편안하지 않을 수 있다.

가장 편안한 호흡이라면 우선은 평소의 호흡이다. 이 가운데 잠을 잘 때와 휴식을 할 때의 호흡은 더욱 편안하다. 이 호흡을 바탕으로 단전주호흡을 한다. 앞에서의 모든 수행 과정을 정성스럽게 했다면 누구나 할 수 있다. 이때는 숨의 길이나 세기 등에 대해서 개의치 않고 다만 단전주호흡이 되는 것만 어림잡으면 된다. 만약 숨의 길이나 세기를 생각하게 되면 이내 호흡이 경직되어서 편안하지 않을 수 있으니 조심해야 한다.

그동안 단전을 만들고 미는 호흡으로 기운을 느끼며 마음을 잡아 왔다면, 마음과 호흡이 편안하지 않을 수가 없다. 그동안 해 온 것이 괜한 노력이 아님을 확실하게 느낄 수 있다.

이쯤에서 다잡은 마음마저 내려놓고 평소에 쉬던 숨으로 단전주호흡을 해 보면 단전으로 숨 쉬는 게 편안해진다. 그리고 단전에 기운이 차오른다. 단전주호흡을 하는 데에도 자기호흡이 저절로 된다.

그동안의 평소 호흡에는 전생에서부터 태어난 이후에 이르는 데까지 자신의 정서가 함축되어 있다. 사람마다 호흡의 길이와 세기 그리고 느낌이 다르고, 그 호흡 속에는 자기도 모르는 가운데 거칠고 탁한 기운이 내포되어 있기도 한다. 물론 단전이란, 기운의 용광로와 같아서 거칠고 탁한 기운을 녹여 주지만 그렇게 되기까지는 엄청난 수행의 노력이 필요하다.

자기호흡을 찾으면 그 거칠고 탁한 기운을 미리 놓을 수 있어서 시간과 노력이 절약된다. 그래서 수행자가 자기호흡을 알게 되면 선을 할 때마다 이 호흡을 찾아서 하려고 애를 쓴다.

평소의 호흡을 넘어서 자기호흡으로 단전주호흡을 할 수 있으면 이후로는 미는 호흡으로 해 본다.

평소의 호흡으로 단전주호흡이 편안하고 그 바탕 위에서 자기호흡으로 하면 호흡이 부드럽고 고르다. 마치 거친 숨을 고운 채로 걸러서 아주 고운 숨으로 만들어 쉬는 것처럼 느껴진다. 이 위에 미는 호흡을 하면 단전기운에 묵직함이 더한다. 이 모든 것을 완전히 숙달이 되도록 하여 언제든지 마음만 챙기면 모든 과정을 원만히 이룰 수 있어야 다음 단계로 올라가도 마음을 놓을 수 있다.

■ 가장 좋은 호흡을 찾기 위해서는 마음을 비워서
  순수한 기운이 되도록 해야

자신의 호흡 속에는 그동안 살아온 인생이 녹아 있다. 살아오며 쌓여진 정서와 신체적 변화에 따른 영향이 아우른 숨이다. 지금 숨소리가 좋다면 그동안 심신 건강하게 잘 살아왔다는 것을 의미한다.

숨을 알려고 하는 것은 평가에 목적이 있지 않다. 예기치 않게 입은 심신의 상처 조각들을 숨으로 치유하는 데 의미를 둔다. 이것은 선정으로 다가서는 데 꼭 필요한 수행 과정 중 하나이다.

자신에게 가장 좋은 호흡을 찾기 위해서는 지난 세월 동안 자기도 모르게 길러 온 거칠고 탁한 기운을 놓고 맑고 순수한 기운을 가질 수 있는 의식의 작용이 필요하다.

사람은 관념의 동물이다. 자신의 틀을 갖춘 이면을 보면 온통 관념으로 뒤덮여 있다. 자신을 이토록 존재하게 한 그 관념을 놓기란 참으로 쉽지 않다. 자신을 놓고 진리인식과 선정을 통한 깊은 수행을 통해야 가능하다. 그래서 수행의 기초는 관념으로 관념을 대처하는 쪽에서 출발하는 것이 깊은 수행으로 다가서는 데 훨씬 더 효과적이다.

그러므로 생각으로 생각을 비우는 연습을 하여서 그 생각들이 어느덧 비움의 관성으로 작용한다면, 수행으로 크게 공을 들이지 않아도 이내 관념으로부터 차츰 놓아질 수 있다.

■ 자기호흡을 찾았으면 단전주호흡을 한다

자기호흡을 찾았으면 그 호흡으로 단전주호흡을 한다. 이때는 자세, 호흡의 장단, 세기 등을 염두에 둘 필요가 없다. 만약 이 모든 부분을 염두에 두었다간 자기호흡마저 놓칠 수 있다.

자기호흡으로 단전주호흡을 연습하여서 편안한 호흡이 되면 만족할 수준으로 여겨도 된다. 이후부터는 단전으로 자기호흡을 하다 보면 단전이 담뿍할 뿐 아니라 심신의 편안함마저 가져온다.

선 프로그램에 들어갈 때는 명상 음악과 함께 마음의 여행을 떠나 보는 것도 좋다. 그리고 시간이 허락되면 자연 속으로 떠나가 마음의 여유와 호흡을 바라보면 자기의 가장 좋은 호흡을 찾는 데 도움이 된다.

자신의 호흡을 찾는 과정에 놓인 사람들이 생각과 감정을 놓고 마음을 비워 갈 수 있는 글이다.

【자기호흡을 찾기 위한 글】

생각을 비우면 인생 또한 아름답습니다

생각의 보따리가 삶을 짓눌러도 풍요로움인 것처럼
우리들은 그 보따리를 짊어지고 살아갑니다.
옳다는 것에 목숨을 걸고 그르다는 것에 분노하며
이롭다는 것에 체면을 불고하고
해롭다는 것에 신경을 곤두세웁니다.
사랑에 집착하여 영혼이 녹아나며
미움으로 영성이 상처를 입습니다.

상처 받은 영혼에 갇힌 생각은 어느새 쪼그라들어,
초조하고 불안하며 상한 영혼을 부여안고 살아갑니다.
옳고 그르며,

이롭고 해롭다는 생각과
사랑하고 미워하는 마음을 놓으면
허무해질 것만 같아 두려움이 다가오지만…….

놓고 또 놓아서
편해진 마음마저 놓으면
더 놓음도 없는 하염없는 마음이 됩니다.

생각을 놓고 마음을 놓아 비워지니
여유가 생기고 기운이 상쾌해져
작은 소리 하나에도 마음이 흐르지 않고
마음이 맑고 평온해집니다.

지금 쉬고 있는 숨을 바라봅니다.
그리고 충분하게 느낍니다.

마음을 찾아 떠난 여행

도시의 화려함을 놓고,
직장의 일도 놓고,
가장 사랑하는 사람도 놓고,
인정받으려는 마음도 놓고

일상에서 벗어나 마음의 여행을 떠납니다.
자연 속으로 나 홀로 걸어가 봅니다.
사람의 발길이 멈춘 숲 속에서
새소리와 물소리 그리고 바람 소리를 느끼며
정처 없이 걷는 느낌을 가져 봅니다.

걷는 걸음도 지칠 때쯤 아무 데나 털썩 앉아서 쉽니다.
그리고는 한적함의 여유를 느낍니다.
가장 한적함이 느껴질 때 자신의 호흡을 바라봅니다.

이때, 나는 어떤 호흡을 하는지
자신의 생각과 의지가 나의 호흡에 관여하지 않고
그저 숨 쉬는 나를 바라봅니다.

숨의 리듬,
숨의 세기,
숨의 질감을 느껴서
마음속에 아로새깁니다.

■ 일상의 자리에 돌아와서 문득 생각날 때마다 자신의 호흡을 해 본다

만약 마음에서 연상이 되지 않는다면 자연 속으로 떠나 느껴 보는 것
도 좋다. 이 또한 마음에 닿지 않는다면 자신의 마음이 가장 평온해
졌을 때가 언제였는지 되찾아 느껴 보는 것이 실질적인 '자기호흡 찾
기'이다.

[집심 3]

유무념有無念 수식호흡법

자기호흡을 찾았다면 이제부터는 호흡 고르기를 한다. 처음에는 의
자에 기대앉아서 편안하게 길들였다면, 이제는 방석 위에 앉아서 선하
는 시간을 차츰 늘려 간다. 방석 위에 앉을 때에 방석 뒤를 높여서 앉는
것이 다리도 덜 아프고 단전주호흡을 하는 데 수월하다. 신체상 또는
체질상 특별한 어려움이 있다면 모르겠으나 앉아서 선하는 습관을 길
들여야 어디에서든지 선하는 게 부담스럽지 않다. 어딘가에 몸을 기대
어 선하는 것이 짧은 시간 또는 휴식의 의미에서는 좋지만 긴 시간 동
안 적공을 들이는 데는 한계가 있다. 몸이 편안하다 보면 몸에 긴장이
풀리고 쉽게 졸리기 때문이다.

그동안 무의식에서 자신이 호흡하는 습관을 찾았다면 이제부터는

그 숨에서 잡티를 걸러 낸 고른 숨을 쉬는 연습을 한다. 잠잘 때의 숨을 느껴 보면 대부분은 천천히 숨을 들이쉬다가 "훅" 하고 내쉰다. 이 숨을 기초로 자기호흡을 다듬고 또 길들여 가면 숨이 길어지며 흡장호단의 호흡이 저절로 된다. 이 흡장호단의 호흡을 할 수 있는 방법은 들이쉬는 숨은 유념有念, 내쉬는 숨은 무념無念으로 하는 것이다.

이제부터는 자기 자신과의 싸움이 필요하다. 한 시간 가량을 호흡만 생각하며 선하는 것은 쉽지 않다. 특히 초심자가 서원을 웬만큼 굳게 세우지 않고서는 한두 달 이상을 지속하기 어렵다. 하지만 수식호흡법數息呼吸法으로는 가능하다. 수식호흡법이란 수를 세어 가면서 호흡하는 방법을 이른다. 수식호흡법이 좋은 것은 단계 설정이 확실하다는 점과 단전 강화 및 건강에 많은 도움을 준다는 점이다.

단전호흡만으로도 폐활량이 커지고 건강까지도 좋아지는데 수식호흡은 그에 더하여 단전 강화 및 호흡을 단련시킨다.

선이나 단전호흡을 시작하는 초심자에게 있어 수식호흡법은 가장 효율적인 방법 가운데 하나로 통한다. 초심자들은 단계 설정이 확실하지 않으면 이내 싫증을 내어 중도에 그만두기 쉽기 때문이다.

그러나 수식호흡법에도 어려움은 있다. 수식법으로써 호흡을 무리하게 하다 보면 역기逆氣가 되어 머리가 뜨겁고 아플 수 있다. 이를 두고 상기上氣 되었다고 말한다. 또한 기운이 들뜨는 현상이 생기기도 한다. 따라서 수식호흡법은 반드시 지도자의 지도를 받아서 하되 무리하게 해서는 안 된다.

수식호흡을 함으로써 생기는 병증 가운데 가장 빈번한 현상이 상기上氣다. 일찍 알고 치료하면 쉽게 고칠 수 있으나 모르고 계속하다 보면 병증이 심해져서 병원에서도 고치기 어렵다.

선을 하면서 생긴 병증을 치료할 수 있는 가장 좋은 방법도 선이나 더 좋은 방법은 병증이 나타나기 전에 체계적으로 배워서 선력을 키워 가는 것이다. 지도자의 지도에 따르고 지도자에게 감정鑑定을 잘 받으면 부작용 없이 잘할 수 있다. 병증에 대한 염려 없이 배운 수식호흡법은 호흡 단련, 단전 강화, 기氣단련의 기초 과정으로써 중요할 뿐 아니라 초심자가 선을 단계적으로 배우고 성장할 수 있는 방법이라 꼭 필요하다.

원불교에서의 수식호흡법은 숨을 들이쉬면서 마음속으로 하나, 둘, 셋, 넷을 세고 내쉴 때는 그냥 놔둔다. 그러면 날숨에서는 숨이 저절로 나간다. 그렇게 하다 보면 자연스럽게 흡장호단이 된다.

호흡을 할 때 숨이 찰 정도로 호흡을 지나치게 세게 하거나 길게 하면 안 된다. 숨에 균형을 잃어서 숨이 차오르고 헐떡일 수 있다. 그리고 마음도 불안해진다. 자기가 한껏 내쉬고 들이쉴 때의 80% 정도만 호흡을 하면 대체로 편안한 호흡이 된다. 호흡의 길이를 늘여도 이 패턴을 크게 넘어서지 않는 것이 자연스럽다.

단전호흡이 되면 이제부터는 한층 더 나아가 숨을 들이쉴 때 단전에 기운을 머물게 하였다가 내쉴 때는 무념으로 하지만 의식이 단전을 떠나서는 안 된다. 즉 들숨이든 날숨이든 의식이 단전에 머물러 있어야 한다. 이것이 단전주호흡의 핵심이다.

　　원불교 호흡법의 특성에는 "들이쉬는 숨은 조금 길고 강하게 하며 내쉬는 숨은 조금 짧고 약하게 하라."는 것도 있다.

　　일부에서는 이 호흡법이 잘못되었다고 한다. 호흡에 따른 길이나 세기가 바뀌었다는 것이다. 스트레스가 많은 현대인이 이 호흡법대로 하면 오히려 병을 얻기가 쉽다는 이유다. 그러나 심신의 편안과 건강을 중요하게 여기지 않는 것은 아니나 영단靈丹에 비중을 더 크게 둔 호흡법으로 보면 된다. 이는 숙련된 경지의 호흡이며 기운을 함축하고 마음을 모으는 데 아주 좋다. 선정삼매를 넘어서 마음의 힘을 모아 진경에 이르고 허공법계를 자유자재할 수 있으려면 맑은 마음만으로는 부족하고 영롱한 힘이 함께 있어야 하는데 수식호흡법은 그 바탕을 이룬다.

　　그러나 초심자가 이 호흡에 함부로 뛰어들면 안 된다. 순서에 따라 선을 하지 않으면 기체가 생겨 큰 고생을 할 수 있기 때문이다. 반드시 지도자의 세밀한 지도가 필요하다.

　　호흡은 어차피 폐에서 관장한다. 그리고 호흡의 양도 서로 같아야 호흡이 편안하고 건강한 것은 일반적인 생각으로도 충분히 가능할 수 있다. 이 보편적인 생각에서부터 호흡의 출발점을 삼아야 별 탈이 없다. 호흡을 보편적으로 해도 사람마다 호흡의 길이, 세기, 질은 다르다. 그래서 우선 자기호흡부터 찾으라고 한다. 그런 뒤에 호흡 고르기를 하고, 단전주호흡을 순서 있게 단련하여야 부작용을 줄이고 호흡 단련에 큰 효과를 본다.

■ 수식호흡법 훈련

숫자 대신 문구로 박자를 맞춘다. 숫자의 음은 짧고 긴 것이 있어서 박자로 삼기는 어려우나 문구는 일정해서 박자를 맞추기에는 오히려 더 좋다.

數息 1과정 숨의 세기와 길이, 숨의 질을 길들여 가는 시기

• 들이쉬면서 1초에 한 박자로 하여 4/4박자로

선을 하되 손을 움직이면서 한다. 양손을 포갠 손바닥을 하늘로 향한 손날로 단전에 대고 수·승·화·강에 맞추어 손바닥을 몸 쪽으로 엎으면서 숨을 들이쉰다. 그리고 내쉴 때는 자연스럽게 손바닥을 본래 상태로 놓는다. 좀 번거로운 것 같아도 선을 시작한 지 얼마 되지 않은 사람에게는 망념을 적게 하는 효과와, 숨을 들이쉬며 손바닥이 몸을 향할 때 기운을 모아 주는 보조 역할을 한다. 이렇게 해 보다가 마음이 전일해지면 위와 같은 손동작은 멈추고 호흡에만 신경 쓴다.

초심자들은 선을 하다가 들어온 생각에 사로잡혀서 선 시간을 온통 망념으로 보낼 수 있다. 선 중에 들어오는 생각은 아무리 기발한 생각이라도 예쁜 토끼풀도 잔디밭에서는 잡초가 되는 것처럼 망념에 지나지 않는다. 그러나 좌선 중에는 마음이 맑아져서 솟아 나오는 지혜가 있

으니 이럴 때는 잠시 기억해 두든지 메모지를 준비하여 나중에 기억하기 쉽게 적어 두면 좋다.

초심자는 마음을 망념과 졸음에 빼앗기지 않고 선하는 데 익숙해지도록 한다. 이렇게 꾸준하게만 하면 선력禪力을 얻는 것은 시간문제일 뿐이다.

사람은 살아가면서 숱한 번뇌를 가슴에 담는다. 사회를 배우며 번뇌도 그만큼 커진다. 지식을 쌓는다는 것이 오히려 분별과 차별을 배우고 윤택한 삶을 위해 상대심과 경쟁심을 배운다. 그리고 살아가면서 자기를 위하고 집단을 위하는 방법을 배우며 가슴속 깊이 생존하는 법을 터득해 간다.

그 번뇌가 삼독三毒*과 오욕五慾**이다. 사람마다 각기 다르나 선을 잘하기 위해서는 번뇌를 비워야 하는데 욕심 많은 사람과 배움이 많은 사람일수록 비워야 할 번뇌도 많다.

생활을 지배할 정도의 크고 무거운 번뇌를 거친번뇌라고 한다. 거친 번뇌는 내가 그 마음을 놓으려고 해도 워낙 짙어서 잘 놓아지지 않는다. 거친번뇌를 이겨 내지 못하면 선은 그저 망념이 들끓는 행위에 그치기 쉽다. 염불로써 거친번뇌는 잠재우고 자신의 호흡을 찾아서 선을 하면 거친번뇌에 의한 번뇌의 잔상까지도 어느 정도 제거할 수 있다.

---

*삼독三毒 : 지혜를 어둡게 하고 깨달음을 방해하는 탐貪·진瞋·치癡의 세 가지 번뇌. 탐심은 모든 일에 애착·탐착하여 만족할 줄 모르는 마음. 진심은 경계에 부딪쳐 화를 내고 미워하는 것으로 편안하지 못한 마음. 치심은 사리를 바르게 볼 줄 모르는 어리석은 마음.

**오욕五慾 : 중생심을 가진 인간이 갖고 있는 다섯 가지의 기본적인 욕망. 식욕食慾·색욕色慾·재물욕·명예욕·수면욕.

그 외의 미세번뇌는 일심의 힘이 크면 저절로 잦아든다.

선을 할 때에 마음이 호흡과 더불어서 단전에 머물면 웬만한 번뇌는 그리 걱정할 것이 못 된다. 또한 작은 번뇌들은 '망념이 들어왔구나!' 하고 알아차리면 즉시 사라진다. 마치 해가 뜨면 안개가 사라지듯 말이다.

• 내쉬면서 무념

먼저 내쉬는 숨을 쉰다. 내쉴 때 속 안의 숨의 찌꺼기마저 다 내놓는다는 심정으로 충분히 내쉬기를 몇 차례 거듭한다.

들숨은 보편적으로 4초가 걸린다. 그러나 1초를 한 박자로 하여 숨을 들이쉴 때마다 스타카토 식으로 치고 올라가면 처음에는 이 네 박자로 숨 쉬는 것도 쉽지 않다. 만약 숨이 벅차면 중간 중간에 멈추어서 평소에 편안했던 대로 호흡을 하는 것도 좋다. 그러나 점점 숙달되면서 호흡이 부드러워지고 길어지는 느낌을 받는다.

날숨은 철저히 무념으로 하되 단전에 머무는 영기靈氣는 보존해야 한다. 내쉴 때 충분하게 될 때까지 놔두었다가 다시금 들이쉰다는 것을 잊으면 안 된다. 숨을 놔둔다는 것을 잊고 숨을 한껏 내뿜는 경우가 있는데, 한껏 내뿜다 보면 급하게 숨을 들이쉬어야 하는 부담이 생겨 호흡이 가쁘다.

호흡이 숙달되어 들숨이 편안하면서 길면 날숨도 따라서 길게 된다. 들숨만을 정성 들이면 날숨은 자연스럽게 따라온다. 들이쉴 때는 단전을 의식하고 내쉴 때는 숨에 대한 의식을 놓되 마음과 기운이 단전을 떠나면 안 된다. 즉 날숨은 무념으로 하되 단전에서 마음과 기운이 머물러야 한다.

　단전에 의식마저 놓으면 단전주가 아니다. 만약에 날숨에서의 의식이 단전을 떠나 호흡에 두면 일반적인 단전호흡에 지나지 않는다. 단전주라야 진성眞性에 들어 합일合一하고 진리를 꿰뚫을 수 있는 힘이 생긴다. 원불교에서는 좌선을 하는 궁극적인 목적이 진성에 합일하고 진리를 깨달아 마음의 자유를 얻자는 데 있기 때문이다.

　이 호흡은 자신이 숨을 한껏 들이킬 수 있을 때의 80%만으로도 숨쉬기 편할 정도가 되어야 한다. 이제는 다음 단계의 호흡으로 옮겨 가도된다. 최대 호흡의 50%가 되면 숨이 완전히 편안하지만 호흡을 단련하여서 마음과 기운을 조절할 때이므로 80%에서 단련해 가도 무방하다.

數息 2과정 단전호흡의 체를 잡는 시기

- 8음을 각 1박자씩 하여 총 8박자
　수·승·화·강·식·망·현·진·
　水·昇·火·降·息·妄·顯·眞·

- 내쉬면서 무념

수식 2과정에 올라와서는 숨 자체가 완전 수평을 이뤄야 하고, 숨의 방향은 단전에서 나선형으로 말아 올린다는 느낌으로 호흡을 한다. 숨을 쉴 때는 박자에 숨을 맞추는 것이 아니라 숨에 박자와 손을 맞춘다. 미세하고 긴 숨의 입문이라고 할 수 있는 단계다.

미세한 숨을 알게 되고 숨의 평온을 느낄 때다. 그러나 간혹 숨이 헝클어지기도 한다. 헝클어질 때는 그동안의 호흡을 놓고 자신의 호흡을 찾은 후에 또 유무념 수식호흡법으로 단전주호흡을 한다. 이렇게 하지 않고는 보통의 숨보다 2배나 긴 숨을 쉴 수 없다.

수식 2과정을 지속적으로 하면 숨이 고르고 길어지면서 마음도 여유롭고 부드러워진다. 이쯤 되면 마음이 안정을 얻는 동시에 생활 속에서도 전일하다. 복잡하던 생각이 가라앉으면 멍청해지는 게 아닌가 싶지만 일을 당해서 보면 집중력과 안정감이 훨씬 좋아졌음을 느끼게 된다. 안도의 마음과 분발심이 생기는 계기가 될 수 있다.

이때부터 단전주호흡이 정착되어 간다. 이 호흡에서는 들숨보다 날숨이 핵심이다. 단전에 마음을 두고 선을 할 때 숨을 한 번 들이쉴 때마다 좁쌀만 한 영단靈丹이 쌓인다는 마음으로 호흡을 하면 된다.

바닷물이 진주알을 품고 들어올 때 진주알을 잡고 놓지 않으면 바닷물만 저절로 나간다. 이처럼 단전주호흡도 들이쉴 때 숨이 영단을 품고 들어오면 마음으로 영단을 잡는다. 그러면 들어온 숨은 저절로 나간다. 이렇게 숨 쉴 때마다 좁쌀만 한 영단이 쌓인다는 느낌으로 하면 된다. 이때의 호흡은 들숨을 유념으로 하고 날숨을 무념으로 한다. 그러나 단전에서 만큼은 늘 유념이다.

숨의 특성을 보면 날숨에서의 숨은 무념으로 놓되 마음은 항상 단전

에 있다. 그리고 숨이 주체가 아니라 마음이 주체가 되어서 숨을 들이
쉬고 내쉰다. 이렇게 하여 정성을 들이면 단전주호흡의 묘미를 차츰
느끼는 데 이른다.

數息 3과정 흡장호단의 호흡이 자신도 모르게 저절로 되는 것을 확실하게
느끼는 시기

- 들이쉬면서 8음을 각 2초씩 하여 총 16박자
  수 - 승 - 화 - 강 - 식 - 망 - 현 - 진 -

- 내쉬면서 무념

들숨이 하나에 두 박자가 되어야 하는데 처음 시작할 때는 '수, 하
나·승, 하나·화, 하나……' 등으로 사이에 간음을 넣어서 들숨을 배
로 늘여서 두 박자로 만든다. 이것이 숙달되면 간음을 놓고 '수 - 승-
화……'로 음을 길게 잡는다. 소리를 내지 않는다고 하여도 음이 길어
짐에 따라 마음도 편안해진다. 이보다도 음의 종류가 단순하면 망념이
생기고 졸리기 쉽고 너무 많으면 마음이 들뜨는 현상을 초래 한다.

음의 다양성은 여덟 가지가 적당하고 음에 따른 발음도 '수승화강
식망현진'이면 무난하다. 음의 다양성을 그대로 유지하되 음과 음의
사이에 박자를 늘려 잡음으로써 호흡을 길고 고르게 한다. 그리고 호
흡과 더불어 마음도 평온하게 길들여 간다.

이보다 호흡과 마음을 더욱 편안하게 하려면 '수-승-화-강-식-망-현-진-' 하던 16박자를 '수--- 승--- 화--- 강---' 이렇게 음을 단순화시켜서 해 본다. 숨의 음을 길게 하여 4음 4박자씩 16박자로 들이쉬면 숨에 따라 기운이 담뿍 차오르며 마음과 기운이 순화되는 것을 느낄 수 있다.

정산은 "선禪 수련의 기식氣息에 있어서 처음에는 내쉬는 숨과 들이쉬는 숨을 같게 하다가 순숙되면 들이쉬는 숨은 길고 내쉬는 숨을 짧게 하며, 나중에는 들이쉬는 숨만 쉬고 내쉬는 숨은 잠깐 쉬어 기운氣運이 쌓이고 쌓이면 장생불사長生不死가 된다."*고 하였다.

단전주호흡은 마음을 모으며 맑히니 심령이 밝아지며 영단을 이루게 되어 육도六途를 자유자재할 수 있고 흡장호단의 호흡은 기를 축적할 수가 있어 건강에 도움이 된다. 단전주와 흡장호단의 호흡이 서로 조화를 이루면 선력을 이루는 데 한결 수월할 뿐 아니라 엄청난 '영성의 힘'으로 뭉치게 된다.

선을 하여서 마음이 쌓이고 쌓이면 심령이 밝아지는 것이 다 영단이 커지는 증거다. 그러나 현대인은 마음을 모으기보다는 쓰는 데 더 바쁘다. 크게 모아야 크게 쓰는데 현대인은 모이는 즉시 다 써 버린다. 과거에는 모아도 쓸 장이 없어서 쓰지 못하였기에 힘을 얻고도 능력이 생기지 않았는데 요즘은 능력은 있는데 힘이 없는 게 병폐다.

---

* 『정산종사 법설』 제8편 편편교리.

이 단계부터는 선하는 시간을 점점 늘려 간다. 아침에 30분 내지 한 시간을 하고 저녁 잠자기 전에 몇 십분 이상을 해야 선에 진전이 있다. 그리고 낮에는 틈틈이 시간 나는 대로 하고 일을 당해서는 그 일 그 일에 일심을 모으는 공부를 해야 진전이 보인다.

- **단전에서 마음이 산다**

단전 강화와 단전호흡으로써 단전에 기운이 어리게 하는 것을 넘어서 이제부터는 마음이 단전에 들어가서 단전기운을 어루만진다. 마음이 단전기운에 머물수록 단전기운은 점점 더 강하고 구체적으로 형성되는 동시에 뜨겁게 변한다. 또한 단전은 묵직하고 온몸은 따라서 따듯해져 온다.

단전을 마음으로 만지다 보면 마음이 어느새 단전에서 살림을 차린다. 이때는 단전에 마음을 주할 필요가 없다. 단전에서 살아가기 때문이다. 이 정도가 되면 진정한 단전주라고 할 수 있다.

단전주호흡을 하면 몸속 단전 주위로 기운이 안개처럼 어린다. 그러나 조금 더 정성을 들이면 동그란 구름덩어리처럼 더 구체적이게 된다. 여기에서 조금 더 적공을 들이면 단전기운의 형태를 느낄 수 있다. 그뿐 아니라 단전기운이 커지고 온몸에 어리어 통한다. 하지만 선의 궁극은 아니다.

선의 궁극은 단전을 통하여 마음을 모으고 모아서 단丹을 이루는 동시에 마음이 맑아지고 열려서 진리와 합일하여 둘 아닌 마음으로 사용하는 것이다. 수행자가 궁극의 목적을 잊지 않아야 수행의 과정에서 마음을 놓치지 않는다. 수행을 순서 있게 하지 못하면 겉 넘을 수도 있으니 조심해야 한다.

수식호흡법에 따라 수행하여 마음이 단전을 어루만지고 단전에서 살 정도가 되면 선으로써 아주 훌륭하다. 이 정도로만 되어도 선에 재미가 붙어서 하루에도 몇 시간씩 선만 하려고 한다. 수식호흡법을 배우기 전까지는 선을 한다고 해도 단전 기운이 약해서 조금만 방심해도 단전기운이 쉽게 흩어진다. 그러나 이 수행법으로 조금만 정성을 들여도 단전 기운을 확실하게 느끼기에 선에 흥미가 생긴다. 이 수행법 대로 한 사람들은 하나같이 단전이 묵직하고 뜨거움을 느낀다. 그리고 마음을 내어 잡으려 하지 않아도 마음이 늘 단전에 있게 된다.

백회百會호흡법

수행자가 단전주호흡법만 잘 익혀도 평생 선하는 데에 재미를 붙일 만큼 기틀이 잡힌다. 아울러 백회호흡을 더하여 터득하면 선하는 재미가 더욱 쏠쏠해진다. 백회호흡을 하는 것은 온몸에 기운을 소통시키고 기운을 알게 되며 기호흡을 배워가는 데 필요하다. 나중에 미세호흡을 하는 데에도 기틀이 된다.

백회호흡은 백회혈百會穴를 통하여 하늘의 상서로운 기운을 받아 단전에 모으는 방법이다. 이것이 잘되면 상단上丹에서부터 중단中丹을 거쳐 하단下丹에 이르기까지 한 기운으로 통한다.

기운은 마음을 따라 움직인다. 마음으로 상서로운 기운을 백회로부터 받아서 단전에 모은다는 심정으로 마음과 기운을 호흡에 담는다. 처음엔 잘되지 않겠지만 꾸준히 하면 언젠가는 될 수밖에 없다. 그리고 내쉴 때는 단전에 영기靈氣만을 남긴 채 숨이 자연스럽게 빠져나갈 수 있도록 놓는다. 이때 마음만큼은 단전을 떠나지 않아야 된다.

좀 더 익숙해지면 백회에서부터 단전까지 하나의 관이 있다는 생각으로 한다. 이렇게 오래오래 하면 상단, 중단이 다 열리게 되어 영기를 온몸으로 받아들이는 데에 이른다.

백회호흡에서 주의할 것이 있다. 단전호흡이 제대로 되지 않은 상태에서 이 호흡을 하다 보면 기체의 염려가 있으므로 지도자가 있을 때 하는 것이 좋다. 선에 익숙한 사람도 기체가 될 수 있으므로 선을 해 가는 흐름을 따라 아주 조심스럽게 해야 한다.

■ 하늘기운을 받고 줄 수가 있다

백회호흡을 하면 하늘기운을 몸으로 받아들여 건강할 뿐 아니라 그 기운을 다른 사람에게 전해 줄 수도 있다. 내 기운을 뽑아다가 남에게 주는 것이 아니라 하늘기운으로 이어 준다. 마치 불을 나누는 것처럼 많은 사람들과 하늘의 상서로운 기운을 나눈다. 때로는 사람과 사람에게 기운의 띠가 형성이 될 수도 있고 동물과 식물에게 전해져서 생장을 도울 수도 있다.

외국의 어느 공동체는 식물과 기운을 소통시켜 농사를 잘 짓고 있다는데, 가능한 일이다. 식물은 영혼이 있어서 알아듣는 것이 아니다. 식물에 칼을 들이댔을 때는 떨고, 좋은 음악을 들려주면 생기를 띠는 것은 마음의 작용이 아닌 기의 작용으로 생긴 반응이다.

식물에게는 영혼이 아닌 생성의 기운인 생혼生魂이 있다. 이 기운에는 상생상극이 있는데 마치 자석에 음극과 양극이 있는 것과 같다. 상극의 기운이 서로 가까이 하면 뻗지르나 상생의 기운일 경우는 끌어당기는 것처럼 말이다.

우리가 백회호흡으로 하늘의 생기를 받아들여 식물에게 보내면 식물의 생성 기운과 상생이 되어서 생장에 큰 도움을 준다. 이 밖에도 사람들에게 이 기운을 보내면 아픈 사람은 병이 호전되고 인간관계도 훈훈해질 수 있다.

그러나 인간관계는 참으로 미묘하고 복잡해서 상생의 기운을 보내도 상대와 반드시 좋아진다는 보장이 없다. 상대가 돈과 명예, 권력에 사로잡혀서 시기, 질투, 모략 등으로 불신하면 그 기운이 상생의 기운을 밀어낼 수도 있기 때문이다.

그렇다고 수행자가 상생의 기운을 버릴 수는 없다. 감싸 안다 보면 언젠가는 돌아오는 것도 인간이니 믿고 기다려 주는 마음이 필요하다. 더 중요한 것은 많은 사람이 이렇게 백회호흡 등으로 하늘기운을 받아들일 수 있다면 사회가 순수하고 훈훈해진다는 점이다.

■ 기운을 받아들이는 방법

백회호흡으로 기운을 받아들이는 데에도 순서가 있다. 천지기운을 백회혈을 통하여 몸으로 받아들인 다음, 단전으로 맑고 영롱한 기운을 받아들인다. 그런 후 천지의 맑고 영롱하며 따스한 기운을 온몸으로 받아들이게 되면 단전에 큰 영단靈丹이 모인다.

1) 몸으로 받기

하늘에는 상서로우면서도 생성하는 기운이 있다. 이 기운을 몸으로 받으면 몸이 건강해지고 식물이 받으면 생장이 왕성해진다. 몸으로 받을 때는 지고한 우주의 기운을 백회로부터 온몸으로 뒤집어쓰는 느낌으로 천천히 받는다. 이전에 단전주호흡이 어느 정도 된 사람은 단전에도 기운이 닿는 느낌을 받게 되어 온몸이 기운으로 젖어 든다.

백회호흡은 순수하고 평온한 마음으로 해야 한다. 만약 사사로운 욕심이 들어가면 생성의 기운이 깨져 오히려 건강을 잃는다.

공부에 단련 없이도 간혹 이 호흡으로 기운을 빠르게 느낄 수는 있으나 기운이 가볍고 맑지 않다. 마음 깊은 곳에서 발현된 순수하고 평온한 기운이 아니기 때문이다. 기감氣感을 빨리 느껴 수행에 진전이 있는 것처럼 느낄지라도 내면의 기운이 단전과 깊은 의식에서 우러나오는지를 살펴야 놓친 부분을 찾아서 채워 갈 수 있다.

2) 단전으로 받기

천지기운을 몸으로 받는 것은 선 수행을 하지 않은 사람도 어느 정도는 할 수 있다. 하지만 단전으로 받아들이는 호흡은 반드시 단전주호흡으로 선 수행을 해 온 사람만이 해야 한다. 그렇지 않으면 기체氣滯의 염려가 있기 때문이다. 이 호흡은 숙련자에 한해서 해야 한다. 그래도 굳이 하고 싶다면 지도자를 찾아 점검받아 가며 배우기를 권하고 싶다.

하늘기운을 단전으로 받는다는 것은 하늘기운을 백회를 통해서 점차 하단전까지 내리는 것이다. 이때도 마찬가지로 하늘의 상서로운 기운을 하단전까지 내리는 마음으로 하면 기운이 내려간다. 처음에는 생각에 의지해서 기운을 차츰차츰 내리지만 숙련되면 백회에서 하단전까지 뻥 뚫리는 시원스러운 호흡이 된다. 게다가 호흡이 편안하고 기운이 맑아지기까지 한다.

■ 단전과 몸이 하나의 호흡이 되어야 한다

백회호흡으로 기운을 몸으로 받아들이는 데 그치면 건강에는 좋으나 영성의 깊이에 이르기에는 좀 부족하다. 단전으로 받아들여 단전주호흡이 되어야 건강은 물론이고 영성의 깊은 면에도 도움이 된다.

기운을 몸으로 받아들이는 백회호흡을 하면 온몸이 따뜻해지고 몸에 기운이 어리는 느낌이 든다. 그런데 백회를 통해 단전주호흡을 하면 영성에도 도움이 될 뿐 아니라 안으로부터 맑고 영롱한 기운이 충만해지고 그 느낌마저 따뜻하다.

■ 맑고 순수해야 상서로운 기운을 받아들인다

호흡도 천층만층인데 기운이 맑고 영롱하며 따뜻한 느낌이 있는 호
흡이라면 더할 나위 없이 좋은 호흡이다. 호흡이 맑다고 해도 어느 정
도로 맑은가는 다르다. 생각에 의한 것인지 아니면 내면 깊은 곳에서
부터 맑게 솟아나는 것인지에 따라 질적인 차이가 있다.

생각에 따라서도 다르다. 하늘기운을 받아들이는 것과 지고한 법신
불의 기운을 받아들이는 것이 다르다. 깨달은 사람과 그렇지 못한 사
람의 생각만큼 차이를 보일 정도다.

기운의 영롱함에도 수준에 따른 차이가 있다. 생각에 의한 것과 자성
에서 솟아나는 광명이 다르다. 광명의 차이는 영적인 차원만큼 엄청나
지만 일반적으로 느끼는 따뜻한 기운만 해도 겉에서 나오는 따뜻함과
내면에서 발현된 따뜻함이 다르다.

수행의 길을 꾸준히 가다 보면 어느덧 그 과정에서 있어지는 덕목에
이를 뿐 아니라 진리다운 수행자의 면모도 갖춰지고 있음을 자신이 알
고 남이 인정하기에 이른다. 또한 선지자와 선담禪談을 나누다 보면 다
음 단계에 이르기 위해 무엇을 해야 하는지 알게 된다.

수행을 통해 선의 맛을 보았어도 안주하지 않고 해야 할 것만 하다
보면 더 맑고 영롱하면서도 따뜻한 기운을 지닌다. 이 상서로운 기운
은 내면에서 발현되는 순수하고 평온함에서 생기는데 그 순수한 기운
은 생각으로 헤아려서가 아닌 수행으로 맑히는 데서 나온다.

- 들이쉬면서 8음을 각 3박자씩 하여 총 24박자로

  수-- 승-- 화-- 강--

  식-- 망-- 현-- 진--

- 내쉬면서 무념

위와 같은 방법으로 호흡과 기운 그리고 마음을 길들여 가지만 때로는 수승화강이란 4음에 6박자씩 넣어서 총 24박자로 들숨을 쉬어도 괜찮다. 오히려 진득한 기운의 느낌을 받을 수 있다.

이 과정을 닦아 갈 정도라면 호흡이 편안하다. 몸에서 풍기는 느낌에서도 선의 분위기가 어느 정도 묻어난다. 그러나 마음이 단전에서 산다고 하지만 막기운이 되기 쉬우니 맑게 닦아 가야 한다. 기운이 맑아야 빛이 난다. 이 정도에서 빛을 발하기는 어렵지만 맑힐 수는 있다.

이렇게 되려면 마음이 먼저 순수해야 한다. 내 마음부터 다른 사람을 속이거나 해코지하면 마음이 순수해지지 않을 뿐 아니라 기운도 맑지 못하다.

사람이 살다 보면 자리가 남을 억압하고 돈이 사람을 속이고 명예가 양심을 속인다. 이렇게 사는 사람을 이해할 수는 있지만 진리가 이런 사람에게는 도道를 주지 않는다. 양심과 다른 사람을 속이고 해코지하는 사람이 도에 이를 수 없다. 마음이 맑고자 한다면 자리나 돈이나 명예부터 연연하지 않고자 내면 깊이 질문을 던지며 스스로에 솔직해져야 한다.

마음이 청빈한 사람에게는 자리 돈 명예가 권력의 상징이 아니라 일의 상징이 되고 보은의 상징이 된다. 수행자들이 수행함으로써 자리가 높아지고 명예가 드러남에 따라 자리와 명예에 연연할 수 있다. 올라간 만큼 마음을 비워야 하는데 말이 쉽지 실지에 있어서는 참으로 어렵다. 그뿐 아니라 마음의 면역성도 떨어진다. 그래서 수행자는 내가 있는 곳에서의 익숙함을 경계하며 내면의 소리에 늘 귀를 기울인다.

이것을 닦아 가기 위해서는 일 속에서 까닭을 놓지 않아야 한다. 일이 없을 때에 일 있을 때를 대비해서 준비해야 하는 것이 그 근본을 닦는 것이다. 일이 없을 때 기운을 맑게 가지다 보면 그 마음이 단개單를 이루어서 일상에서도 맑은 마음을 지니기가 그만큼 쉽다. 어차피 실력을 쌓아 두면 자리도 생기고 명예도 생긴다. 그러나 없어도 괜찮다. 사업장을 접게 될지라도 일상의 모든 것을 공부장으로 삼으며 도락道樂마저 느낄 수 있다면 그 또한 천상락天上樂 아님이 없다.

사실, 사업을 벌인다고 다 복을 장만하는 것이 아니다. 도력을 갖춘 사람이 영성으로 세상을 맑고 밝게 비춰 주는 그 자체가 웬만한 사업보다 훨씬 크다. 괜히 사업한다며 부족한 도심으로 죄짓고 살 것 없다. 도심이 좀 부족하면 내려올 줄 알아야 한다. 알고 내려올 줄만 알아도 이 사람은 영생이 열린 사람이고 철든 사람이다.

일상을 공부장으로 삼고 살면 사업장도 열리게 되고 그 사업장이 공부장으로 되어 예전과는 다른 진리의 삶을 살게 된다.

■ 수행은 결과가 아니라 과정이다

수식 4과정에 이르고 보면 호흡이 고르고 편안해지는 것을 느낀다. 호흡이 편안하면 마음이 평온해져서 이후부터는 선을 못하게 될 경우 그 평온함을 갈구하며 별도의 시간을 내서 한다. 그러나 선을 더욱더 해 갈수록 오히려 평온해진 느낌이 멀어져 갈 경우가 있다. 평온함이 오히려 조바심으로 변하기 때문이다. 그때 찾았던 평온함을 다시금 찾아서 평온해지려고 몸부림을 쳐도 좀처럼 평온해지지 않는다. 마치 늪에서 빠져나오려고 몸부림치면 칠수록 빨려 들어가듯이 자괴감에 젖어서 더는 선을 하고 싶지 않을 수도 있다.

호흡을 통하여 단전에 차오른 기운이라야 안정된다. 이렇게 하기까지는 평온함보다는 우선 마음부터 면밀히 살펴볼 필요가 있다. 이런 노력 없이 평온함을 갈구하다 보면 평온함에는 오히려 더 멀어져 간다. 수행을 하여서 단전기운이 담뿍하고 점차 호흡이 고르고 편안해지면 기운도 순수하고 든든해질 뿐 아니라 마음도 평온해진다. 그러나 마음을 써서 마음이 평온하려고만 애쓴다면 설사 한순간 평온해질 수 있어도 그리 오래 가지는 못한다. 이때는 담박한 마음으로 수식법을 하는 게 낫다.

독수리도 날갯짓을 부지런히 하여 일정한 높이에 오른 후에야 비로소 바람을 타고 자유롭게 비행하듯이 선도 마찬가지다. 단전에 마음을 두고 끊임없이 수행하여 기운이 맑게 차오르면 그저 바라보기만 해도 기운이 길러질 뿐 아니라 평온하게 된다. 독수리가 날갯짓 없이 자유로운 비행을 할 수 없듯이 수행자는 적공 없이 평온함에 이를 수 없다.

좌선은 편안함에 젖어 들기 위해서만 하는 게 아니다. 단전에 마음을 걸고 전일하게 모으는 것에서 좌선은 시작된다. 마음이 오롯하면 맑아져서 결국에는 편안함마저 없는 고요함을 느낄 수 있다. 그 고요에서 근본지혜가 발하여 신명神明도 열린다.

좌선은 단전에 마음을 걸고 모으는 것이다. 이 이상은 하다 보면 자연스럽게 되어 간다. 조바심을 가질 것도 없고 바랄 것도 없다. 표면적인 편안함을 추구하는 데 그치지 않으면 된다. 뜻이 얕거나 적으면 갈 수 있는 길도 단축하여 평온함과 근본지혜는 발현되지 않는다.

수행은 결과가 아니라 과정이다. 산을 오르는 사람이 정상에만 오르려 한다면 이는 산의 정복자이지 산사람은 아니다. 산사람은 산 자체를 사랑하고 산을 느낀다. 계곡과 산등성이 그리고 정상 모두를 소중히 여긴다. 게다가 그 안의 땅과 식물과 동물을 사랑하고 더 나아가 숲 속의 햇살, 공기와 냄새마저도 좋아한다. 마찬가지로 수행의 결과만을 바라는 사람은 정복자이지 참다운 수행자가 될 수 없다.

수행자란 수행의 고뇌를 사랑하며 정성스럽게 적공해 가는 사람이고 수행의 평온함을 기다릴 줄 알며 근본지혜의 발현에 겸손할 줄 안다. 이런 수행자에게는 진리가 온 전체의 모습으로 함께한다.

선을 해야 진리를 알아 갈 수 있으나 선만 해서는 진리를 얻기 힘들다. 선과 더불어 의식意識에 진리가 담겨야 한다. 선을 정성스럽게 하면 진리는 반드시 진리의 본체를 보여 준다. 그런데 의식의 크기에 비례하여 진리가 열린다. 그 의식의 크기를 결정하는 것이 곧 서원이고 화두다. 이것 없이 수행을 하여 진리가 열렸다고 해도 진리를 다 모른다. 마음속에 이미 진리를 온통 갈무리하고 있어도 마음이 열려야 보는 것처럼 말이다. 마음이 맑으면 열리나 그것을 모르면 공허할 따름이다.

의식이 열리지 않은 채 진리가 열리면 신통에 지나지 않는다. 진리를 신통으로써는 다 알기 어렵다. 의식이 열리지 않는 신통은 진리를 알았다고 해도 편협하거나 얄팍함을 넘어설 수 없다. 정법수행을 하지 않은 신통이 진리의 눈을 가리기 때문이다. 이럴 때는 스승의 지도에 의한 수행으로 신통이 가라앉아야 진리의 진체眞體를 볼 수 있다.

진리의 진체를 얻어야 언제 어디서 무슨 일을 당하든지 진체가 숨을 쉬며 진체로써 보고, 듣고, 맡고, 생각하고, 말하고, 행동할 수 있다. 진체를 얻지 못하면 한때의 좋은 생각에 의지하다가 일을 당하면 그것마저 잃어버린다. 욕심이 진체를 덮어 버려 숨을 못 쉬게 만든다. 진체가 생명력을 얻어야 도가 살아나는 법이다. 이 진체를 얻어야 스승도 될 수 있다.

진체, 신명, 근본지혜, 평온함 등이 모두 수행의 결과다. 정성스런 수행 적공이 있었기에 가능하다. 수행 과정에서는 평온함보다 정성스런 적공의 모습에 더욱 무게가 실린다. 그것은 적공이 평온함을 가져다주는 원인이자 낳게 하는 수고로움이기 때문이다.

- 들이쉬면서 8음을 각 4박자씩 하여 총 32박자

  수---승---화---강---

  식---망---현---진---

- 내쉬면서 무념

이 과정을 마치면 들숨의 시간이 32초가 된다. 이제부터는 자신의 최대 호흡의 50%만으로도 이 호흡이 가능하도록 연마해야 한다. 자신의 최대 호흡의 80% 정도로 이 과정을 소화시켜도 괜찮으나 자신의 최대 호흡의 50%는 되어야 편안하게 숨 쉴 수 있다.

호흡의 길이를 길게 가지는 데는 사람마다 특성이 다르기에 한계 짓기가 모호하다. 더 길게 하고 싶은 사람이나 직업상 혹은 취미상 호흡을 더 길게 가져갈 사람은 더 해도 괜찮다. 그러나 일반적으로 마음을 평온하게 하고 미세호흡에서 자연호흡에 이르러 또 선정에 이르는 데는 이 정도의 호흡으로도 충분하다. 오히려 호흡이 긴 편이다.

■ 수식호흡법의 완성에 있어서 기대 효과

집심공부는 일반 사람이 체계적으로 배우고 익히는 데 한두 해 정도면 가능하다. 이 수행 과정을 밟아 온 사람은 선하는 시간이 편안한 가운데 기운 조절을 하고 마음을 다스릴 수 있다. 게다가 피곤하면 피곤함을 풀고 기운이 없으면 기운을 충만케 하는 등 선이 생활에 유용하다 보니 선을 하지 말라고 해도 선이 이미 심신에 스며들어서 할 수밖에 없다.

그러나 아쉽게도 이 집심공부를 넘어서는 사람이 많지 않다. 더워서, 피곤해서, 아파서, 바빠서 등 못하는 이유가 참 많다. 진리란 대충 구하는 사람에게는 대충 주고 진정으로 갈구하는 사람에게는 그만큼 준다. 설사 구하는 것으로 응답치 못해도 어떤 형태로든지 응답한다. 이 가운데 자기 영혼을 일깨워 주는 것만은 분명하고 이 사실에는 변함이 없다.

집심공부를 하면 단전에서 호흡이 부드럽고 고요할 뿐 아니라 힘이 있다. 이제부터의 과제는 마음에 스며들도록 노력만 하면 된다. 이때 선 수행의 매력에서 선심의 매력으로 넘어서야 하는데 체계적인 방법으로 십여 년을 꾸준하게 하면 가능하다.

체계적이라 하여도 혼자보다는 여럿이 함께하는 게 수행이 크고 빠르다. 또한 스승이 있어서 묻고 배워야 살아 있는 배움이 된다. 물을 때는 실천에 기반을 둬야 지식에 그치지 않는다. 현대인은 지식에 익숙해서 지식을 곧 안다고 착각한다. 지식은 기억에 지나지 않다.

스승은 자신의 수행을 도와줄 뿐이다. 부모와 자식의 사랑이 내리사랑이라면 수행에서의 사랑은 치사랑이라 배우려는 사람이 다가서야 배울 수 있다. 수행은 자기로부터 이루어진다. 아무리 스승이 있어도 자기 마음에서 수행에 열정이 없으면 스승도 어찌할 수 없다.

내 마음이 언제까지라도 수행에 살아 있으면 좋으련만 홀로 수행하여 원만한 결과를 얻을 수 있는 사람은 극히 드물고, 설사 수행의 결과를 얻었다 해도 빈약하거나 편협한 수준을 넘어서기 어렵다. 수승한 스승이 있어야 자기의 특성에 맞게 효율적으로 이끌어 주고 도반이 있어야 함께 자극을 주고받으며 서로 풍성하고 크게 이룬다.

십여 년을 정성스럽게 하다 보면 선정에 들 수 있고 좀 빠른 사람은 그 전에 선정에 든다. 체계적으로 배우면 선정에 드는 사람이 한둘이 아니고 보편적이라 할 만큼 많이 나온다.

그러나 집심의 과정까지 잘 밟아 온 수행자라면 수행에 자력이 서서 집에서나 다른 곳에서도 선을 놓지 않고 해 나간다. 사람으로 태어나 이만큼이라도 수행할 정도라면 그 인생은 절반의 성공이라고 할 수 있다.

효율적인 선 시간 운영 방법

1시간 좌선을 한다면 과연 얼마 동안이나 최상의 컨디션을 유지할 수 있을까? 대산은 5분만이라도 선정禪定에 들 수 있다면 선을 아주 잘한 것이라고 하였다.

초심자들은 한 시간 동안 선을 시키면 대체로 사오십 분간 애쓰다가 5분 정도 자기 페이스에서 선의 맛을 느낀다. 이것도 어쩌다 한번이다. 신체가 많이 굳어 있거나 정서가 안정되지 못할수록 선을 잘하기가 어렵다.

특히 신체적·정신적으로 극도의 피로와 스트레스를 경험하는 현대인들이 좋은 컨디션으로 선을 하기란 거의 불가능하다고 해도 과언이 아니다.

우선은 최상의 컨디션에 대한 기대보다는 휴식이 필요하다. 충분한 휴식을 넘어서 신체와 정서가 안정되길 바란다면 선에 앞서서 요가와 염불영주로써 몸과 마음을 풀어 주는 게 좋다.

사회생활 속에서 일을 하고 인간관계를 형성해 가려면 적잖은 스트레스가 쌓인다. 집안 식구와 주변 인물들과의 관계 속에서 알게 모르게 쌓인 스트레스는 몸의 근육을 경직되게 하고 나이가 들수록 몸은 퇴화하며 굳어 간다. 또한 잘못된 생활 습관과 자세로 골격이 비틀어질 수 있다. 이때는 요가로 몸과 마음을 긴장과 이완으로 번갈아 가며 풀어 주면 유연성과 건강을 길러 가는 것은 물론이고, 몸과 마음까지도 저절로 풀린다.

요가를 통해 몸을 푼다고 하지만 스트레스의 요인은 마음으로부터 비롯된다. 이 마음을 풀지 않으면 스트레스의 원인을 잡지 못한다. 만약 스트레스를 그대로 놔둔 상태에서 가중되면 병증으로 이어진다.

어떤 단체에서는 이러한 스트레스를 풀기 위해 마음속에 있는 말을 다 토해 내는 방법을 권장하기도 한다. 때로는 욕설을 쏟아붓거나 괴성을 지른다. 그러나 이것은 다른 죄의식을 갖게 할 우려가 있다. 후유증을 주지 않으면서 할 수 있는 방법이 염불영주이다. 목탁 또는 북을 울리면서 마음속에 있는 감정의 찌꺼기를 다 쏟아낸다. 목소리를 조금 크게 하고 음을 또박또박 하게 하면 더 효과적이다. 이렇게 염불을 하고 나면, 호흡이 골라지고 일심집중이 되며, 단전 강화로 마음이 정화가 되어 감정 리듬이 가장 안정된 상태에서 선을 할 수 있다.

특히, 초심자는 이러한 예비 과정이 필요하다. 선에 대한 매력으로 시작은 했지만 선 시간이 따분하다면 대부분의 사람들이 한 달 이내에 그만둔다. 선 시간을 효율적으로 프로그램화하면 이러한 염려는 많이 덜 수 있다. 짧은 시간 동안 선을 하더라도 그 시간이 더 없이 좋으면 생활 속에서도 선할 수 있는 마음을 일으키게 되어 선에 재미를 붙인다.

재미를 느낀다는 것은 굉장히 중요한 일이다. 재미는 선에 흥미를 갖고 지속적으로 해낼 수 있는 원동력이자 재능이기도 하다. 선은 일순간에 잘되는 것이 아니라 정성을 쏟아야 효능이 극대화된다.

처음에는 단전호흡을 잘하다가도 정성이 없으면 곧 그만두게 되는 경우가 많다. 그렇지만 조금 느려도 정성이 있으면 시간이 좀 더디다는 것뿐이지 반드시 선력을 얻게 된다.

어쩌다가 한번 선을 하면 일상에서 무뎌진 마음으로부터 벗어나 새로운 마음으로 임하게 되어 선에 전념할 수 있다. 그러나 하루, 이틀 거듭될수록 일상성에 빠져 선도 하나의 습관처럼 되어 마음이 무뎌질 수 있으니 조심해야 한다. 선 시간이 무료한 시간이 되지 않으려면 서원과 단계에 따른 목표 설정이 중요하다. 1시간의 선이 얼마나 효과적이었느냐에 따라 선 시간이 지루할 수도 있고 흥미로울 수도 있다. 그러나 일상성과 슬럼프는 좋은 프로그램에서도 느낀다. 다만 프로그램이 좋을수록 일상성에 빠질 빈도가 적고 슬럼프의 기간이 짧다.

효율적인 선 시간 배열의 예

1. 몸 풀기 _ 30분

   단전을 강화할 수 있는 요가 등에 중점을 둔다.

2. 염불 또는 영주 _ 10분

   카타르시스, 호흡 고르기, 일심집중, 단전 강화에 효과적이다.

3. 자기호흡 찾기 _ 10분

   음악을 반드시 틀어 주되 간헐적으로 바꿔 주는 것이 좋다.
   가장 편안함을 느끼는 조명과 밝기에 유념한다.

4. 좌선 _ 10~30분

5. 좌선 점검 및 피드백

   느낌 나누기

6. 선심禪心공부

   차를 곁들이며 선심 나누기

염불법

염불은 일심집중을 하는 효과와 더불어 마음의 평온함을 가져오게 하며 마음이 몹시 거칠어진 상태의 긴장감이나 불안감을 풀어 주는 카타르시스 효과도 있다. 또한 선을 하기 전의 거친 호흡을 고르게도 한다.

염불의 문구인 '나무아미타불'南無阿彌陀佛은 과거 불가에서 서방정토 극락의 아미타불에 귀의한다는 뜻으로 염불을 하면 서방정토 극락에 이른다고 한다. 그러나 원불교에서는 우리 내면에 있는 마음 부처를 발견하여 자성극락自性極樂에 돌아가기를 염원하는 주문이다. 염불을 할 때에는 의미를 생각하기보다는 가지가지 흩어진 마음을 염불 문구 한 소리에 모으는 것이 중요하다. 일념一念이 될 때 더할 나위 없는 평온한 경지에 이른다.

염불을 대신해서 영주靈呪를 해도 좋다

염불이 아닌 영주를 해도 좋다. 영주는 지극히 신령스러운 힘을 가진 주문이란 뜻이다. 영주는 마음을 모으는 데 효과가 있다. 또한 이 주문은 천지의 지고한 기운을 받아들여 결국에는 천지와 더불어 하나가 되어 살아가려는 염원이 담겼다.

천지는 많은 기운으로 가득 차 있다. 그 가운데 가장 지고至高한 기운이 있는데, 이 기운이 모든 기운의 근본을 이룬다. 만물도 이 기운에서 나와 이 기운으로 돌아간다. 또한 이 기운은 만물을 모두 감싸 안는다. 이것을 법신불, 하나님, 무극, 도라고도 하는데 여기서는 영기靈氣라고 일컫는다.

■ 영주靈呪

천지영기天地靈氣 아심정我心定
천지의 신령스런 기운이 나의 마음에 머물게 하소서
만사여의萬事如意 아심통我心通
바라는 모든 마음이 진리의 뜻이 되어 나와 진리가 하나로 이어지게 하소서
천지여아天地與我 동일체同一體
내가 진리에 다가서서 진리로써 한마음 한 몸이 되게 하소서
아여천지我與天地 동심정同心正
이젠 내가 진리가 되어서 마음 쓰는 것이 진리로 바르게 나타나게 하소서

영주는 마음이 어지럽고 번뇌망상이 끓어오를 때, 잠자기 전 잠이 잘 오지 않을 때 외우면 큰 효과가 있다. 평소에도 이 영주를 외우면 정신수양력을 얻는 데 큰 힘이 된다.

염불영주은 카타르시스 효과가 있다

염불영주은 일심집중과 더불어 카타르시스 효과가 있다. 선을 하기에 앞서 그날의 긴장감, 불안감 등을 풀어 줄 수 있는 방법으로서 염불영주은 선심에 이르는 데 큰 도움이 된다.

마음속에서 불같이 일어나는 욕심과 의기소침하게 만드는 열등감, 각기 처한 상황 속에서 이렇게 저렇게 당했다는 억울한 심정 등이 선을 하려고 하면 복잡하게 들끓어서 마음을 좀처럼 가라앉히기 어렵다. 오히려 선하기 위해 앉아 있는 자체가 스트레스를 더 가중시키기도 한다.

수행자들과 긴 시간 동안 함께 수도 생활을 하면 좋은 모습만 보고 좋은 말만 하고 들을 것 같지만 이곳 또한 사람들이 사는 곳이기에 정도의 차이는 있겠지만 여전히 옳고 그르다는 의견 대립은 있다. 수행자들이 아주 속상할 때 극복하기 위한 방법으로 염불영주을 한다. 또한 욕심이 치솟을 때면 그 마음을 염불영주에 쏟아부어 잠재운다.

염불과 좌선을 정성스럽게 하면 공덕은 같다. 그러나 그 효용성으로 볼 때 좌선을 고운대패라고 한다면 염불은 거친대패라 할 수 있다. 즉 염불은 거친번뇌를 잠재우는 데 특히 효과적인 수행 방법이다.

마음에서 일어나는 욕심을 크게 다섯 가지로 구분할 수 있다. 누군가를 불같이 사랑하는 욕정과 애욕, 맛있는 음식을 탐닉하는 식욕, 서 있으면 앉고 싶고 앉으면 눕고 싶고 누우면 자고 싶은 끝없는 수면욕과 나태심, 남에게 인정받고 남으로부터 군림하며 대접받고 싶은 명예욕, 소유하고자 하는 재물욕이다. 이 욕심을 염불_{영주} 한 소리에 담아서 녹이고 또 녹여 내어 편안해질 때까지 한다.

살다 보면 원하든 원치 않든 남한테 억울한 일을 당할 수 있고 또한 신체 리듬과 감정 리듬에 따라서 마음이 울적하고 불안할 때가 있다. 이러한 스트레스를 남에게 풀 것이 아니라 염불_{영주}로 풀어야 한다. 더불어 사는 세상에는 상대가 생겨 상대와 비교하기 일쑤다. 지식, 재산, 명예에 대한 열등감 역시 상대적 빈곤을 느끼는 데에서 온다.

남 위에서 군림하려는 마음, 남보다 잘하여 인정받으려는 마음, 나를 포장하여 잘 보이려는 마음, 콤플렉스, 열등감 등 상대적인 마음 하나하나를 염불 소리에 담아 30여 분 정도 내보내면 마음이 안정된다.

그러나 사람이나 경계의 정도에 따라 마음이 안정되는 시간에 차이가 있다. 여럿이 함께하는 선일 경우에는 시간 조절이 어렵지만, 혼자 하는 선이라면 자신의 마음 정도에 따라 염불_{영주}시간을 조절해서 한다.

염불_{영주}로써 호흡을 고른다

염불_{영주}의 한 소리에 마음을 두어 숨을 한껏 내뿜고 숨을 들이쉬어

또 한껏 내뿜다 보면 자신도 모르게 호흡이 길어질 뿐 아니라 호흡이
고르게 된다.

1980년대 교무를 배출하는 원불교학과의 기숙사에서는 방 하나에
1학년부터 4학년까지 4명이 함께 지냈다. 저녁 7시부터 8시 50분까지
는 묵학黙學을 한다. 어떤 방은 각자 자습을 하나 대부분의 방에서는 그
방의 구성원이 공동 주제를 정해 함께 공부한다. 묵학을 끝내고 9시부
터는 기숙사생 모두가 모여 염불을 하고 일기를 쓴다. 염불 15분, 입정
5분, 상시일기* 체크, 정기일기** 발표 및 사감지금은 지도교무님 말씀과 공고
공지 순으로 이어진다. 이때, 염불 한 구절 한 구절에 마음을 모아 자신이
낼 수 있는 숨을 다 끌어낸다. 그리하면 숨의 찌꺼기가 다 빠져나와 호
흡이 편안해진다. 이렇게 15분을 하고 나서 그대로 5분간의 좌선이 이
어진다. 그냥 숨을 놔두면 알아서 미세하게 숨이 들어오고 나간다. 이
숨을 잘 지켜보고 감을 잡으면 좋은 호흡을 갖는 데 많은 도움이 된다.

염불 후의 호흡 감각을 느끼고 기억해 두면 선하는 데에도 큰 도움
이 된다. 염불을 하며 길어진 호흡 그리고 미세한 호흡 더 나아가 자
연호흡이 되는 이 호흡은 지식止息에 가까운 호흡이다. 이 호흡은 할
때마다 맑고 부드러운 샘물이 목을 촉촉이 적시는 듯 시원한 느낌을
준다.

**상시일기 : 하루의 유무념 처리, 학습 상황, 계문의 범과 유무를 반성하기 위한 수행일기.

***정기일기 : 하루의 심신 작용 처리건, 감각·감상, 작업한 시간, 수입 지출 등을 기재하는 수행일기.

염불영주로써 마음을 모으다

'소리가 있는 선'이라 불리는 염불은 경계가 많을 때 소리를 내어 마음을 집중하는 것이다. 물론 문구는 '나무아미타불'이다. 내가 낸 소리를 내가 들을 정도면 좋다. 염불 일성에 집중할 수 있다면 목소리가 조금 커도 상관없고 염불 속도가 좀 빠른 듯해도 괜찮다.

그렇다고 크게 소리를 지르듯 하여 얼굴이 상기되거나 대중과 염불을 할 때 옆 사람에게 방해가 될 정도로 크게 할 사람은 없을 것이다. 일심으로 염불을 하면 목소리가 명쾌하고 조금 큰 듯하지만 일심이 되면 남의 염불 소리에 더 이상 방해받지 않는다. 마찬가지로 서로가 일심이 되면 서로 방해가 되지 않는다. 멀리서 이 소리를 들으면 오히려 참 좋게 들린다. 일심의 소리이기 때문이다.

염불영주은 안팎이 시끄러워도 그 가운데 한 소리에 집중하여 일심을 만드는 방법이기에 초심자나 생각이 많은 사람은 수행을 염불영주로써 시작하는 게 좋다.

초심자가 단전에서 일심이 되기가 쉽지 않다. 그럴 때에 염불영주의 문구에 의지하면 쉽다. 또한 생각이 많은 사람은 좌선 중에도 망념이 들끓어 선 시간 내내 사념思念의 바다에서 노닐다 깨곤 할 텐데 이런 사람에게는 염불영주이 훨씬 효과적이다.

염불영주은 단전 강화의 효과가 있다

염불영주을 할 때 염불영주의 문구 하나하나에 집중을 하여 내 음성을 내 귀로 듣는다. 이것을 잊지 않고 오롯한 마음으로 하면 염불영주을 잘 하는 것이다. 단, 염불영주을 하는 목소리는 단전에서부터 우러나오는 소리여야 한다. 처음에는 염불영주 소리에 귀를 기울이기 어렵지만 나중에는 단전도 아울러 챙길 수 있다.

이렇게 염불을 하다 보면 어느덧 단전에서 소리가 나오고 단전에서 그 소리를 듣기 때문에 저절로 단전이 챙겨진다. 이때는 모든 의식이 단전으로 모아진 상태다.

염불영주 소리를 들어 보면 단전에서부터 우러나오는 목소리인지 목 끝에서 우러나오는 소리인지 금방 알 수 있다. 단전에서부터 우러나오는 목소리는 아래로 크게 굴러가듯 가라앉는 느낌을 주며 안정되고 힘이 있다. 반면 목 끝에서 나오는 소리는 위로 가볍게 둥둥 뜨는 느낌이 든다. 또한 망념으로 하는지 일심으로 하는지도 안다. 망념의 소리는 뭉개지지만 일심의 소리는 하나하나가 선명하다.

단전에서부터 일심의 소리를 내다 보면 저절로 단전이 강화된다. 처음에는 잘 모르더라도 십여 분 계속하여 일심으로 염불을 해 보면 단전에 기운이 차오름을 느낄 수 있다. 이때의 단전 강화는 좌선할 때에 단전으로 호흡하는 데에 큰 도움을 준다.

선하는 사람이 알아야 할 것

선하는 시간이 적어도 하루 2시간은 되어야

"지금이 어떤 세상인데 하루에 2시간씩이나 선하는 시간을 낼 수 있느냐?"며 세상 물정 모르는 소리를 하지 말라는 사람도 있을 듯싶다.

소태산 당대에는 새벽에 좌선 2시간을 했는데 좌선 1시간이 끝나면 경행行禪을 10분간 하고 다시 좌선을 하는 방식이었다. 그리고 매년 정기적으로 동선冬禪 3개월, 하선夏禪 3개월을 했다. 산업이 발달되면서 자연스럽게 아침 좌선은 1시간으로 줄었고, 동·하선은 교무 훈련 1주일과 교도들을 상대로 하는 1박 2일 정도의 훈련이 고작이다.

정산은 그때 적어도 매년 동·하선 1개월은 해야 하고 좌선은 하루에 두 시간을 해야 한다고 하니, 한 제자가 바쁜 세상에 어떻게 그렇게 할 수 있느냐며 반대해서 결국 오늘날처럼 하루에 1시간의 좌선으로 바뀌었다. 이에 정산의 "아무리 바쁘다고 하여도 마음을 모아 영성을 쌓는 것만큼 바쁜 것이 없다."고 한 일화가 전해져 온다.

그 당시 한국은 농경사회에서 산업사회로 전환하는 과도기로 부지런히 일을 해도 하루 세끼 밥 먹기가 어려운 때였다. 오늘날은 산업사회에서 정보사회로 바뀌면서 세상은 더 빨리 움직이고 있지만 주린 배를 채우려고 아등바등할 정도는 아니다. 오히려 윤택한 삶을 위해서 바쁘게 움직이고 있다.

회사를 경영하는 사람에게 "해야 할 일을 하고 하루에 2시간을 내지 못하는 날이 얼마나 되느냐?"고 물으니 마음만 먹으면 충분히 낼 수 있다고 한다. 다만 일을 우선 하고 나머지 시간을 내는데 어디에 주안점을 두느냐에 따라 다르다. 대부분의 일반 사람들은 부질없고 쓸데없는 일들로 시간을 보내기 일쑤다. 십 년 후를 생각해 보았을 때 십 년이 영생을 좌우할 수 있는 것이라면 두 번 생각할 일이 아니다. 그럼에도 불구하고 여유 시간이 되면 오히려 잡다한 일로 정신을 소모하는 데 시간을 빼앗긴다.

정신을 소모한 만큼 보충할 수 있어야 영성이 함몰되지 않는다. 영성이 함몰되고 정신이 고갈되면 결국에는 일의 노예로 전락하고 만다. 그러면 마음이 허전하거나 불안하여 자꾸만 짜증이 생긴다. 지나치면 스트레스로 인해 노이로제나 그 밖의 병으로 발전할 수도 있다. 또 한편으로는 세상살이에 지쳐서 무기력하게 된다. 마음의 고갈로 생기는 병증은 한 생에 국한되지만 영생을 생각한다면 생활이 아무리 바쁘다 해도 소모된 정신을 끊임없이 보충해 가는 데 필요한 선을 할 수밖에 없다. 좌선을 기초로 하되 행선行禪, 입선立禪, 와선臥禪, 더 나아가 사상선事上禪*, 즉 무시선無時禪**으로 폭넓게 해야 원만하다.

혹, 일상사가 다 선인데 굳이 선이고 아닌 것을 나눌 필요가 있냐고 말할 수도 있다. 맞다. 일상생활의 모든 것이 선이다. 다만 선심으로 하느냐 못하느냐의 차이는 크다.

우선, 일상에서 해낼 수 있는 선부터 배우는 것이 바람직하다. 초심자는 행주좌와行住坐臥 간에 단전주호흡을 하여 길들여 가는 것이 선을 잘하는 데 큰 바탕이 된다. 이것이 어려우면 하루 가운데 자투리 시간을 체크하여 틈틈이 하는 것도 바쁜 일상에서는 바람직하다.

한 선객은 단전주선을 배운 후부터 버리는 자투리 시간을 선하는 데에 활용했다. 그가 선을 배우기 전에는 버스나 지하철 등 대중교통을 이용했던 시간이 무료하게 버려졌다. 그러나 이제는 선으로 마음을 닦아 가는 소중한 시간이라고 한다.

소태산은 총부 부근과 서울에는 구미호***가 많다고 하면서 "대략 수행길을 잡은 공부인은 선 때나 평상시를 막론하고 좌선 등으로 일심을 통일하는 데 노력하라."고 했다. 선으로써 진리를 증득證得해 가기를

---

*사상선事上禪 : 일 속에서 하는 선.

**무시선無時禪 : 무시선 무처선의 준말로 언제 어디서나 선심을 떠나지 않는 것.

***구미호 : 공부를 어느 정도 하여 진리를 자기의 잣대로 재는 사람을 빗대는 말.

바랐다. 이렇게 선을 하는 시간이 하루에 족히 2시간이 된다면 아주 바람직하다. 그러나 선정에 드는 경지에 이르면 좌선은 1시간만 해도 괜찮다.

정기적 훈련으로 삶의 매듭을 지어야

삼대력三大力*을 동정 간에 쌓는다고 해도 활용삼대력이 있고 저축삼대력이 있다. 활용삼대력은 일 속에서 쓰는 삼대력이고, 저축삼대력은 일이 없을 때에 키우는 삼대력이다. 활용삼대력은 일을 함으로써 정력을 많이 소모하기 때문에 반드시 기간을 정하여 정기훈련으로 저축삼대력을 쌓아야 한다. 수행의 경지에 따라 삼대력도 매듭을 이루며 자라나기 때문에 그때그때 매듭짓는 수행修行이 필요하다.

영성이 솟아난 사람들이 사는 곳은 어떤 단체든지 2개월 정도는 자기 수양을 위한 배려가 있어야 한다. 특히 수행 집단에서 이것을 소홀히 하면 세상 사람들의 영성을 채워 줄 길이 더욱 막연하여 앞날을 기약하기 어렵다.

소태산은 앞으로는 인지가 발달되어 견성은 집에서 마치고 성불成佛을 하려고 수도의 문에 든다고 하였다. 수행 집단에서는 성불을 위한 구체적이고 체계적인 지도를 해낼 수 있어야 도력을 갖춘 수행자가 실

---

*삼대력三大力 : 수양력안정, 연구력통찰, 취사력실행.

제로 많이 배출된다.

　현실적인 제도가 정기훈련을 해낼 수 있도록 뒷받침할 수 없다면 자기 스스로가 일이 한가한 때에 정기훈련으로 적공해야 한다. 이때는 밖으로 향하는 마음과 행동뿐 아니라 일도 줄이고 수행 시간을 늘려서 선력을 키워 가야 한다. 이런 사람이 큰 사람이다. 세상에 영향력을 많이 미치는 일과 사회의 흐름을 좌지우지하는 중대한 일을 맡아서 하는 사람일수록 수행 적공할 수 있는 시간이 더더욱 필요하다.

　예전에 한울안선방을 열었을 때, 가톨릭 신앙을 하는 한 선객이 이런 말을 했다. "국회의원들이 한울안선방*에서 수행을 하고서 정치를 했으면 좋겠어요."

　정치인 가운데 수행력修行力이 뛰어난 사람이 많아서 자기의 욕심과 당리당략을 떠나 맑은 심성으로 세상을 위해 헌신한다면 세상은 그만큼 더 맑아질 것이다. 더 나아가 경제를 움직이는 사회에서도 수행력이 뛰어난 사람이 많다면 세상은 점점 살맛 나게 변하리라 여긴다.

화날 때를 조심

　선을 하다 보면 어느새 단전에 기운이 쌓여 있음을 느낀다. 또 어느 날은 갑자기 단전이 허전할 때도 있다. 선을 게을리해서 그럴 수 있지

---

*한울안선방 : 필자가 종교의 울을 떠나 지도했던 선방.

만 생활 속에서 쉴 틈 없이 일을 했거나 스트레스를 많이 받았을 경우에 단전기운이 쉽게 소진된다. 그러나 이보다도 더 많이 소진되는 경우가 있다. 바로 화를 냈을 때다.

옛말에 "내가 화를 왜 안 내는 줄 아느냐, 화를 내지 못하는 것이 아니고 화를 내면 내 도심이 상할까 그런다."는 이야기가 있다. 화를 낸다는 것은 도심은 아니란 말인가? 그러면 도인은 항상 웃고만 살아야 한다는 결론이 나온다. 얼른 수긍할 수 없는 결론이다. 웃는 것에 집착하는 것도 편협한 마음이다. 진정, 마음의 자유를 얻은 사람은 어느 마음에도 집착하지 않는다. 다만 해야 할 것을 할 뿐이다. 그런데 빈 마음으로 살펴보면 화낼 일이 그렇게 많지 않다.

인간이 자기 감정에 충실할 필요는 있지만 감정을 이성으로 곧게 다스릴 필요가 있다. 감정을 조절 못하면 방종이 되지만 조절할 줄 알면 삶이 아름답다. 살다 보면 화가 솟구칠 때가 있다. 마음의 밑바탕에서부터 머리 위로 솟구쳐 올라온다. 이때 화를 내면 단전의 기운이 소진된다. 그러나 이때 잘 참으면 단전기운이 적게 소진될 뿐 아니라 마음에 정력定力이 쌓인다. 이것을 일컬어 '기질 수양'이라고 한다. 10시간의 좌선보다 참기 어려울 때 한번 참는 것이 더 낫다는 것이 여기에 비유되는 말이다.

언성을 높일 일이라면 화가 솟구치는 마음이 가라앉은 후에 언성 높여 말하면 단전기운이 그렇게 많이 소진되지 않는다. 그리고 이성으로 감정을 적절히 조절하여 사람을 대하거나 일을 하면 더욱 원만하게 할 수 있다.

선을 안 하면 일상생활 중에 집중력이 떨어지는 것을 알 수 있다

일상생활을 하다 보면 그냥 습관에 젖어 살아가다 자신이 좋아하는 일이 있으면 푹 묻혀 살아가는 것이 오늘날의 보편적인 삶이다. 그러나 반드시 해결해야 할 일에 대해서는 온갖 신경을 기울인다.

선을 하게 되면 점차 그 일 그 일에 집중이 잘되는데 어느 날 선을 못한 날엔 전과 똑같은 상황에서 유난히 집중력이 떨어지는 느낌을 받는다. 수행자는 이때 그동안의 무난한 생활이 선의 공덕이었음을 알고 선으로써 마음의 힘을 회복해 간다. 그러나 한두 번 쉬는 것을 대수롭지 않게 여기면 그것도 습관이 되어 일상성에 안주하게 된다.

선이란 내 인생의 질을 한 단계 높이는 수행이다.

선 수행의 초기 현상

선을 함으로써 신체적·정신적으로 다양한 현상을 경험하게 되는데, 이러한 현상들 중에서도 좋은 것과 병리적인 것이 있다. 좋은 현상인데도 불구하고 변화되는 과정이 걱정되어 선을 두려워할 수 있고 병리 현상인데도 밀어붙여 정신적으로나 신체적으로 병을 악화시키는 경우도 있다. 바른 수행길을 가기 위해서는 좋은 현상과 병리 현상을 구분해야 한다.

정신적 현상

■ 마음에 나타나는 긍정적인 초기 현상
1) 몸이 가볍게 느껴져서 하늘을 날아가는 것 같다.

2) 몸이 하늘만큼 커서 하늘을 떠받치는 것 같다.

3) 몸이 바위가 되어 우뚝 서 있는 것 같다.

4) 몸이 큰 기운 덩어리가 되어 거인이 된 것 같다.

5) 1시간이 5분과 같다.

6) 누가 오고 가는 것을 알게 된다.

7) 비가 오는지 맑은지를 알게 된다.

8) 간혹 자기의 모습을 자기가 본다.

이런 현상 외에도 선정삼매와 여러 신통*들이 있어서 나열하기조차 어렵다. 선을 잘하여 몸에 기운이 충만하면 몸이 요동치듯 떨리기도 하고 몸이 가벼워지면서 공중에 뜨는 느낌을 받기도 한다. 또는 온몸이 거대한 바위산처럼 느껴지는 경우와 미세한 기운에 감전된 듯 짜릿함에 젖어 있는 듯이 기분 좋은 경우들도 있다.

수학 시절 방학을 맞아 대산에게 가서는 "선을 할 때 몸이 뜨거나 바위산이 되는 느낌이 듭니다." 라고 하니 "선정에 들려고 하는 것이니 더욱 열심히 해야지."라고 하였다. 이어서 필자의 고향을 비유해 "금강산에 고승이 많았지……."라는 농담도 건네주었다.

이 모든 것은 선을 하게 됨으로써 초기에 나타나는 현상들이다. 그러나 허령虛靈 단계를 지나서 신령神靈의 단계에 이르면 범상한 생각

---

*신통 : 무엇이든지 해낼 수 있는 영묘하고 불가사의한 것. 천안天眼마음의 눈으로 보는 것. 천이天耳마음의 귀로 듣는 것. 타심他心다른 사람의 마음을 읽는 것. 천향天香천상의 향기를 맡는 것. 숙명宿命지난 일과 천만 세상을 보는 것. 시해尸解영혼이 육신에서 벗어나는 것 등이 있다.

으로는 알지 못하는 경지가 나타나기도 한다. 소태산은 신령에 대하여 "때를 따라서 생각지 아니해도 알아지고, 마음으로 어느 곳이든지 관觀하는 대로 알아지는 것이다. 신통은 존절히만 쓰면 한 생 내지 몇 생 동안이라도 계속할 수가 있으며 어두워지면 다시 밝힐 능력이 있는 것이다."*라고 하였다.

신통에 재미를 붙여 갈구하면 그 방면에 밝아질 수는 있다. 그러나 신통을 얻었다고 해도 재미 붙여 욕심을 부리면 없어지거나 변형되어 나타난다. 신통 그 자체로서는 큰 도가 아니다. 이런 이치를 알고 신령스러움을 존절히 하여 수행에 더욱 정성을 들이면 더한 것도 보이고 더한 능력도 생긴다. 많은 능력을 얻어도 모르는 척하는 도인이 많은 것은 존절히 할 줄 알기 때문이다.

숨김으로써 도를 보존하기도 한다. 또한 이 모든 것은 도를 보존하려고만 하는 것이 아니다. 신통 그것만으로는 사람의 도리에 도움이 안 되기 때문이다. 그러나 진리는 보이는 세계와 보이지 않는 세계가 하나로 이어져야 보이지 않는 세계로 인하여 그 도가 숨지를 못하고 드러난다. 또한 보이는 현실 세계로 인하여 보이지 않는 세계가 힘을 얻을 수 있다는 것도 간과해서는 안 된다. 보이지 않는 세계에 대한 이야기만 나와도 질색하는 사람도 많은데 이 또한 균형을 잃은 모습이다.

소태산은 도덕이 없는 신통은 말변末邊의 일이라고 꼬집은 반면 "사람이 정도正道를 잘 수행하여 욕심이 담박하고 행실이 깨끗하면 자성

---

* 『대종경 선외록』, 구도고행장 7.

의 광명을 따라 혹 불가사의不可思議한 자취가 나타나는 수도 있으나 이 것은 구하지 아니하되 자연히 얻어지는 것이라, 어찌 삿된 생각을 가진 중생의 견지로 이를 추측할 수 있으리오."라고 하여 정법에 따른 자취에 대해서는 함부로 논하지 못하게 한 것도 눈여겨봐야 한다.

■ 정신적 병리 현상

1) 허상虛像

선을 하다 보면 어느 때인가 이상야릇한 형상이 보일 수도 있다. 때에 따라서는 아주 구체적으로 색깔에서부터 질감까지도 느껴진다. 이것이 왜 비쳐지고 현실적인 삶과 무슨 연관이 있는지도 모르는 형상이다. 그런데 어느 날 생활하다 보면 그전에 보았던 것이 그것인 것을 알게 된다. 반면 아주 터무니없는 것일 수도 있다. 불확실한 형상이다. 이것이 허상이다.

혹자는 이 허상을 보고 진리를 관觀하여 얻은 것처럼 여겨 일을 그르치는 경우가 종종 있다. 가령 진리를 관하니 사업 구상이 떠올랐다며 일을 벌여 놓았다가 폭삭 망하는 경우가 이런 현상이다. 대부분이 상식이 통하지 않는 터무니없는 사업이다.

때로는 꿈결에서 허상을 보기도 한다. 그러나 꿈이 곧 현실처럼 느껴져서 꿈결에 또는 선을 하는 도중에 비몽사몽간에 밖으로 나가기도 한다. 실제로 있었던 내용이다. 밤에 갑자기 밖에 나가서 밤새도록 산속을 헤매다 탈진이 된 경우, 넓은 초원을 거닌다는 것이 연못 가운데로 가서 빠져서 죽은 경우, 바닷물을 가로지른 길이 있어 가다 놀라서 정신을 차려 보니 실제로는 바닷물로 걸어가고 있는 자신을 발견한 경우 등은 크게 경계해야 할 일이다.

체력이 약하거나 정신 기운이 약한 경우, 또는 이상한 기틀을 구하다 생긴 허상을 쫓다가 그만 봉변을 당한 경우이다. 선을 할 때는 정법과 그 스승에 맥을 대고 해야 한다. 수시로 점검을 받지 못해도 맥을 대고 마음을 연하면 허상에 의한 봉변은 당하지 않는다.

2) 허령虛靈

반딧불과 같은 것이 나타나고 어느 날에는 자기가 자기를 보게 된다. 때로는 어딘가가 파노라마처럼 비쳐지곤 한다. 또 어떤 날에는 비 오는 것을 알고 누가 오는 것도 알아맞힌다. 이것은 자기가 보는 것보다는 마음에 따라 비쳐지는 현상이다. 그렇다고 다 맞는 것도 아니다. 혹은 맞고 혹은 틀린다.

소태산은 허령에 대해서 "허령이라 하는 것은 자기가 생각지 아니하여도 이것저것이 나타나서 알아지는 것이다. 며칠 내지 몇 달 동안 번갯불 같이 나타났다가 없어지는 것이다. 그러므로 자기에게 큰 필요가 없을 뿐 아니라 근기 약한 사람에게는 도리어 큰 병만 주고 가게 되는 것이다."라고 밝혔다.*

대산은 "허령은 주송이나 기도 등으로 일심이 되어 솟아오르는 영지靈智인데 이 허령으로는 믿을 수가 없다. 과거에는 기도나 주문으로 허

---

* 「대종경선외록」 구도고행장 7.

령이 열리어 사람의 오고 가는 것이나 천기 등을 알아맞히는 사람을 도인이라 하였으나 허령은 평생 가는 것이 아니다. 허령이 열릴 때 감추고 일생을 참으면 지각知覺*을 얻고 신명神明**을 얻을 수가 있는 것이다. 사람이 돈 벌어 놓고 안 쓰기 어렵듯이 허령을 얻어 가지고 안 쓰기 어렵다. 허령이 열릴 때 조심해야 한다."고 하였다.

허령은 수행을 하는 가운데 마음이 맑아져서 밝아지기 시작할 때에 나타나는 현상이다. 허령이 수행자의 호기심을 자극하나 마음에서 대수롭지 않게 여기면 이 또한 힘을 잃은 나머지 점점 사라져 간다.
그러나 일반 수행자로는 이것을 없애기가 어렵다. 이때 위에 정법 스승이 있어 그곳에 법맥을 대면 허령에 의한 마음을 어렵지 않게 놓을 수 있다.

3) 가위 눌림

가위 눌림은 천지기운에 눌려서 생기기도 하고 영혼들의 장난으로 생기기도 한다. 천지기운에 눌려서 나타나는 경우는 기운이 약해서 생기는 것이다. 영혼의 장난으로 생기는 경우는 영혼이 메시지를 보내기 위해서 마음과 하나의 통로를 이루는 현상과 영매의 기초 현상일 수 있다. 여기서 영혼의 장난이라고 하는 것은 긍정적일 수도 있고 부정적일 수도 있다. 긍정적인 것은 영혼이 그 사람을 좋아해서 나타나는 현상이

---

*지각知覺 : 사색으로 생각하고 생각해서 오랜 연마를 통해 얻은 것.
**신명神明 : 1) 신령한 지혜를 얻는 것. 2) 진리와 하나가 되는 것.

고, 부정적인 것은 영혼이 지배하려는 것과 해코지하려는 경우다.

그러나 몸과 마음이 건강하면 천지기운이든 영혼의 장난이든 대수롭지 않다. 적당한 음식 섭취와 운동으로 몸을 건강하게 하고 마음이 견고하여 대수롭지 않게 여기면 있던 가위 눌림도 없어져 간다. 혹 가위에 눌릴 것 같으면 잠을 잘 때 옆으로 누워서 자거나 엎드려서 자면 괜찮을 수도 있다.

신체적 현상

■ 신체에서 느껴지는 긍정적인 현상

좌선을 할 때는 기氣를 단전으로 끌어들여 단전에서 놓고 온 심신을 단전에 툭 부리어 오직 단전만이 존재하게 한다. 그러면 내가 단전이고 단전이 곧 내가 된다. 망념이 일어나도 머리에서 일어나는 것이 아니라 단전에서 일어나고 몸이 아파도 단전에서 아프다. 그리고 망념과 작은 통증이 있으면 단전으로 끌어들여 녹여 없애 보자. 단전은 마음의 용광로다. 망념과 통증을 잡철이라 여기고 단전에 넣어 녹이면 정금精金 같은 참된 마음이 만들어진다. 그리고 통증도 어느 정도 가신다. 이와 같이 오래오래 하면 단전이 내 집이고 수행처가 된다.

1) 손발이 따듯하다

선을 하여 기운이 통하면 손과 발이 따듯해져 온다. 반대로 손발이 따듯하다는 것은 기혈의 순환이 잘된다는 뜻이다. 즉 선을 잘하면 손발이 따듯하고 손발이 따듯하면 선을 잘하는 것을 의미한다.

2) 몸에 개미가 기어 다니는 것처럼 가렵다

혈맥이 관통되는 증거다. 만지지 말고 가만히 놔두면 기운이 알아서 움직이며 막혔던 혈맥을 통하게 하고 기운을 소통시킨다. 그렇다고 무조건 놔두고 참기보다는 선을 방해할 정도라면 한두 번 긁어 주는 것은 괜찮다. 결국에 선에 도움이 되자는 것이기 때문이다.

3) 몸에서 전율을 느낀다

몸에 기운이 차오르면서 전기가 오듯 짜릿짜릿하고 기氣가 요동쳐 몸을 울린다. 어찌 보면 놀라서 움직이는 것처럼 보일 수도 있다.

4) 뼈마디마다 우두둑 소리를 내며 고르게 된다

혈맥뿐 아니라 기氣가 충만하여 기운이 없는 곳으로 채워 가며 몸의 골격과 근육을 저절로 바르게 만든다. 때로는 기운이 차오름에 따라 몸을 움직이고 싶어지는데 그에 따라 움직여도 소리를 내며 골라 맞게 된다. 이 또한 기운에 의한 자연스런 몸짓이다.

5) 입에서 침이 샘솟는다

마음이 맑아지면 머리의 불기운이 내려가고 물기운이 오르게 되어 입에서는 침이 고이게 된다. 이 침은 평소의 침이 아니라 침샘에서 맑게 솟아나는 침이다. 몸에 아주 좋은 것이므로 자주 삼킨다. 그러나 선이 아주 잘되면 이것도 모른다. 침이 고여서 꼴깍 삼키는 일도 없다.

6) 단전이 뜨겁다

단전에 기운이 모이게 되면 따듯해지다가 뜨겁게 된다. 선을 시작한 지 얼마 되지 않았어도 처음의 신선한 각오로써 열심히 하게 되면 단전이 금방 뜨거워질 수 있으나 이런 기운은 조금만 방심해도 이내 사라져 버린다. 초심자들은 그 느낌을 잊지 않고 해 보려고 하지만 좀처럼 다시 되지 않는다. 다만 1년 남짓 선을 하여 단전으로 숨을 쉬고 기운을 가늠할 정도가 되어서 단전기운이 쌓이게 되면 다시금 따듯해져 온다. 이렇게 해서 따듯해진 단전은 좀처럼 식지 않는다. 한때 소홀하여 잊었다가도 마음을 챙겨 호흡을 하면 다시금 단전이 묵직해지며 뜨거워진다. 하지만 이 수행도 건강에는 좋으나 한발 더 나아가야 할 경지가 있기에 이 또한 집착을 해서는 안 된다.

7) 정력을 좋게 한다

남자나 여자나 정력이 좋아져서 진액을 활성화시키는 반면 억제력이 생기서 정력을 심신의 공력으로 승화시킨다. 물론 나이에 따르는 정력을 청년처럼 살리지는 못한다. 다만 넘치면 조절을 하고 모자란 부분은 보다 활성화시킬 수는 있다.

선은 내공內功을 쌓는 것이다. 그중에서 심공心功이다. 내공은 안에서부터 솟아나는 진기眞氣를 불러일으킨다. 자연히 정력을 좋게 한다. 부작용이 없는 천연 정력제라고 해도 무방할 정도다.

그러나 수행자는 이것을 남용하지 않는다. 선을 해서 쌓은 정력은 좋은 기운이라 도를 닦는 마음의 바탕이자 그릇이 되어 주기 때문이다.

젊은 사람이 성생활을 시작하기 이전에 그 힘을 도 닦는 데 쓰면 성생활을 많이 한 사람보다 진전이 빠를 수 있다. 한참 젊어서 정력이 넘쳐흐를 시기에는 오히려 조금 참는 것이 좋다. 이럴 때 성을 알게 되면 다 써 버리게 된다. 이때는 그저 쏟아내는 것밖에 없는 성이니 아깝다. 너무 일찍 성에 대해서 알고 탐닉을 하면 이 사람에게서 영성의 큰 힘은 기대하기 어렵다. 나이가 들면 없어서 안간힘을 쓴다고 하지만 도를 아는 사람은 젊어서 더 조심하고 존절히 한다. 젊어서 도를 이루지 못하고 결혼하는 것은 위험하다. 또한 결혼을 하였으나 적공積功할 시기라면 한두 해 정도는 절제해도 괜찮다. 물론 배우자의 충분한 이해가 뒷받침되어야 하지만 말이다.

그럼 아주 성생활을 하지 않으면 어떤가? 성생활을 하지 않는다고 모두 힘이 되는 것은 아니다. 쓸데없는 생각과 마음이 항상 그곳으로 향하면 이 또한 정력 낭비가 많다. 기운을 약하게 하고 어지럽게 만든다. 소태산은 부부 사이일지라도 남색濫色*하는 것을 경계했다. 색정을 남용하면 정신이 타들어 가 메마르게 된다.

젊은 사람이 성에 대해서 생각하는 것은 당연한 일이다. 오히려 생각이 나지 않는 것이 비정상이다. 자칫 성 장애로 의심할 여지까지 있다.

성욕이 강할 때가 없는 것보다 좋을 때다. 성욕이 강하다는 것은 에너지가 많다는 의미다. 에너지가 남을 때 몸과 마음이 여유 있고 묵직하다. 다만 기운이 넘쳐 요동을 치니 안정된 느낌이 없는 것이 흠이다.

---

*남색濫色 : 남녀의 정을 지나치게 갈구하고 몰두하는 것.

하지만 이 기운을 적공하는 데 활용하면 진리를 꿰뚫는 밑천이 된다. 그리고 이것을 존절히 하는 훈련을 쌓으면 불혹의 나이가 되었을 즈음에는 기운이 편안하면서도 충만하고, 더불어 여유가 생긴다.

결혼을 하든 하지 않든 성욕은 일어난다. 결혼한 사람은 결혼에 대한 환상이 없지만 그 느낌을 알기에 더 갈구할 수도 있다. 그러나 하지 않은 사람은 미지에 대한 호기심이 마음 한구석에 자리할 수 있으니 똑같은 셈이다.

다만 수행자라면 결혼은 삶에 대한 이해의 폭을 넓히는 데 좋고, 결혼을 하지 않으면 많은 시간을 수행 적공에 할애할 수 있고 하고자 하는 일에 구애받지 않을 수 있다. 자신의 상태에 따라 모자란 부분을 채워 가는 것이 좋을 듯싶다.

■ 신체에 나타나는 병리 현상

1) 기체氣滯

대부분 약품 사용 설명서는 사용하는 방법보다 주의 사항이 눈에 더 띄도록 편집을 한다. 약의 치료 효과보다 부작용이 더 치명적인 경우가 많기 때문이다.

선도 마찬가지다. 선을 함으로써 마음이 평화롭고 온전할 뿐 아니라 몸이 건강해지기를 바라는 것인데 오히려 선으로 병이 생긴다면 얼마나 기막힌 노릇일까.

몇 해 전, 텔레비전 방송에서 선을 잘못하여서 얻은 병으로 고생하는 사람이 의외로 많다는 이야기를 들은 적이 있다. 선을 하다가 잘못하여서 얼굴이 붉게 달아오르며 머리가 아프거나, 마치 체한 것처럼 명치끝에 늘 묵직한 것이 걸려 있어서 음식도 제대로 먹지 못한다는 등의 내용이었다. "일반 병원에서 고쳐 보려고 수년간 갖은 애를 다 써 봐도 일반적인 질병과는 달리 수련을 하다가 걸린 병이라 좀처럼 고칠 수 없다."며 하소연을 하는 모습이 안타까울 따름이었다.

기체에 걸린 사람들은 보통 조금 쉬었다가 다시 선을 해 본다. 그러다가 또 기체에 걸리면 이후부터는 호흡을 놓고 마음만을 바라보는 형태로 선을 하거나 아예 선에 대한 흥미를 저버린다.

십수 년 전 산속에 자리한 훈련원에 갔었다. 그곳에서 만난 20대 초반의 젊은 청년이 밥을 먹고 체했다며 사흘간 굶고 있었다. 청년은 선을 아주 열심히 하여 남의 기운을 보는 등 맑은 기운을 가졌으나, 선에 대한 상식이 별로 없는 상태에서 선력을 속히 얻으려는 욕심으로 밀어붙이다 보니 기체가 된 듯했다.

청년에게 "기체 현상이네요."라고 하니, 부끄러워하며 고개를 갸우뚱거렸다. 본인 나름대로는 선을 잘한다고 생각했는데 기체가 되었다는 사실부터 자존심이 상했던 모양이다. 그 자리에서 기체 푸는 방법을 가르쳐 주고서 저녁에 그대로 따라 해 보라고 했다. 다음 날 아침, "어제 저녁에 하라는 대로 열심히 했더니 명치끝이 시원하게 뚫어져 아침밥을 맛있게 잘 먹었어요."라고 했다.

• 대체로 기체에 걸리는 경우 두 가지

첫째는 단전이 잡히지 않은 상태에서 숨 쉬는 의식을 코 또는 백회에서 단전으로 내려서 머무르게 할 경우다. 둘째는 단전으로 호흡을 할 때 너무 긴장한 나머지 기氣가 역류되어 명치에 뭉치는 경우다.

기운이 단전에 편안하게 자리가 잡히지 않은 상태에서 기운을 백회 또는 코로부터 단전에 내리면 열 명 가운데 예닐곱 명은 기체가 된다. 만약 안 되었다면 열심히 하지 않았거나 천부적 체질을 지녔기 때문이다. 선을 하는 방법도 수행하는 단체에 따라 여러 가지가 있지만 초심자가 선을 할 때에는 단전에 코가 있고 더 나아가 단전 속에 온몸이 있어서 내가 곧 단전이 된다는 생각으로 해야 한다. 이렇게 하면 숨을 단전으로 들이쉬고 내쉴 수 있다.

단전으로 호흡을 하여도 불편하지 않을 정도가 되어야 선의 기초가 바르게 잡힌 것이다. 잘 닦은 기초가 수행 과정 중에 방황하는 시간을 줄이고 선의 경지를 지속적으로 밟아 오를 수 있게 한다.

단전에서 기운을 어느 정도 느껴도 힘을 무리하게 주면서 호흡을 하면 기운이 역류하여 명치끝으로 거슬러 올라간다. 단전으로 호흡을 하되 기운이 단전에 자리하는 것을 느껴 가면서 해야 한다. 초심자는 호흡을 너무 길게 하려고도 말고 너무 힘을 주려고도 말아야 자연스런 가운데 단전으로 숨을 들이쉬고 내쉴 수 있다. 초심자로서의 선에는 도달한 셈이다. 이후부터는 지도자에게 상세하게 물어서 차근차근 하나의 과정과 단계를 밟아 올라가는 것이 좋다.

• 기체를 푸는 방법

화정교당 선방에서 선을 하는 사람 가운데 아주 열심히 하는 40대 후반의 선객이 있었다. 선방에서 단계에 따른 체계적인 방법으로 좌선을 배우기 몇 년 전부터 좌선에 관심이 아주 많은 사람이었다. 이 선객이 선을 시작한 지 넉 달이 지나서 갑자기 명치에 뭔가 걸린 것을 느꼈다. 단전에 기운이 완전히 잡히지 않은 상태에서 단전으로 호흡을 너무 열심히 하다 보니 단전에 기운이 쌓이기보다 역류가 되어서 명치에 뭉친 것이다.

선방에서는 단전으로 기운을 느낄 수 있는 숨의 길이와 세기를 세밀하게 살펴 가며 단계에 따라 체계적으로 지도를 하므로 대부분이 기체에 걸리지 않는다. 그래도 30명 가운데 한 명 꼴로 기체의 조짐을 보이는 경우가 있다. 호흡을 하다가 숨 쉬는 것이 답답하면 일단 그 호흡법을 멈춰서 평소의 호흡대로 해야 하는데, 멈추지 않고 계속하게 되면 기운이 명치끝으로 점점 올라가 뭉쳐서 기체가 된다. 초심자로서는 이 것을 알리가 없으므로 하던 호흡을 무조건 계속하게 된다. 이때에는 지도자를 찾아가서 풀어야 한다.

일부에서는 기氣로써 고쳐 주기도 하나, 이것은 근본적인 치료가 될 수 없을 뿐 아니라 선을 다시 하게 될 경우 또 기체에 걸린다. 기체에 걸렸을 때 스스로 기체 푸는 방법을 배워서 풀어야 한다. 그래야 기체에 대한 모든 염려가 없어져서 선을 활달하게 해낼 수 있다. 더 나아가 기체를 활용하여 단전에 기운을 쌓는 계기로 삼게 된다.

그 선객에게 가르쳐 준 방법이다. "기운으로 뭉친 것은 기운으로 풀 수가 있는 것입니다. 기운은 마음을 따라 움직입니다. 잘 따라 해 보세요. 명치에 캡슐이 아닌 알약 하나가 걸려 있다고 생각합니다. 그리고 숨을 백회로부터 들이쉬면서 숨에 따라 물을 뿌려, 알약처럼 뭉친 기체에 물과 같은 기운이 닿아서 뭉쳐진 기운 덩어리가 녹는다고 생각합니다. 이어 숨을 내쉬면서 그 녹은 작은 알맹이가 단전으로 조금씩 내려와서 가라앉는다고 생각하며 선을 해 보세요. 녹아서 없어질 때까지 반복하면 됩니다." 그 선객이 호흡을 계속하는 동안 필자는 선객의 등 뒤에 앉아서 손바닥에 마음과 기운을 모아 등 위에서 아래로 쓸어내렸다. 조금 있더니 한결 좋아졌다고 한다.

그 이튿날, 선방에 와서는 "전보다 호흡이 더 잘 돼요. 그리고 단전에 기운이 가득 차오르는 것을 느낄 수 있습니다."라고 한다.
"그럴 거예요. 기체도 하나의 기운이 모인 것입니다. 기운의 힘이지요. 그러므로 기체도 선을 열심히 하는 사람이 걸리는 것이지 열심히 하지 않으면 걸리지 않습니다. 기체의 기운을 그냥 버리지 말고 단전 氣海으로 내리면 오히려 단전기운으로 승화시킬 수 있습니다. 즉 기운을 살려서 쓰는 것이지요." "이제부터는 그저 열심히 하면 되겠네요."

• 습관적인 기체는 회음호흡으로 극복할 수 있다

기체가 습관처럼 되는 사람이 있다. 특히 호흡과 의식을 위에서 아래로 내리다가 기체가 된 사람들은 기체를 푼 후 회음으로 호흡을 하면 기체가 될 염려를 덜 뿐 아니라 단전에서 기운을 느끼는 데 도움이 된다. 회음이란 음부와 항문 사이를 말한다. 이곳으로 숨을 들이쉬어 단전으로 끌어올린다는 의식을 하고 내쉴 때는 숨을 그냥 놓는 호흡을 하면, 그동안 단전 위에 기운이 머물러서 고생하는 사람에게는 단전으로 기운을 내리는 데 도움이 되고 기체가 될 염려도 없다.

호흡을 통해 단전까지 기운이 내려오지 않는 사람에게는 이 회음호흡을 시킨다. 그러나 할 수만 있다면 단전으로 호흡을 하는 것이 좋다. 단전에 기운이 머물러서 하나가 되는 것이 더 좋기 때문이다. 따라서 회음호흡으로 건강관리를 해야 하는 특별한 사연이 없다면, 회음호흡으로 단전에 기운을 느낀 다음에는 단전주호흡으로 해야 한다.

수행자가 기체를 알고 기체에 걸리지 않을 수만 있어도 수행을 해 가는 데 큰 걸림돌이 제거된 셈이다. 설사 기체가 되었다고 해도 기체를 풀어서 오히려 단전으로 기운을 모을 수 있다면 수행에 자신감을 가질 수 있다. 자신감이 곧 수행의 재능이기도 하다.

2) 두통·상기병上氣病

현대인은 생각이 많은 만큼 두통도 많다. 그런데 이런 두통은 휴식과 운동 등으로 잠시 마음을 돌리면 가라앉는다. 하지만 선을 함으로써 얻은 두통은 휴식과 운동뿐 아니라 약으로도 좀처럼 낫지 않는다. 머리에 기氣가 올라와서 생긴 것이기 때문이다. 우리 사회에는 이렇게 선禪을 잘못해서 생긴 두통으로 고생하는 사람이 적지 않다. 선을 하는 단체들이 우후죽순처럼 생겨남에 비례하여 상기병上氣病을 앓는 사람이 그만큼 많은 것은 체계적인 지도를 받지 못한 데에 그 원인이 있다.

• 두통으로 고생하는 사람들의 유형

생각이 많은 사람, 스트레스가 많은 사람, 선을 할 때 무리하게 힘을 주어서 하는 사람, 몸의 기운이 고르지 않은 상태에서 선을 열심히 하는 사람에게서 상기병을 앓게 되는 경우가 많다.

요즘 세상살이의 모습을 보면 그리 만만치가 않다. 하루가 다르게 변화하는 세상이라 끊임없이 몸부림을 쳐야 사회에서 간신히 자리 잡을 수 있다. 한 문제를 넘기면 또 다른 문제가 도사리고 있는 이 사회에서 골머리를 앓는 일이 잇따른 나머지 불면증이 생기기도 한다.

상기병은 불가의 수행자에게서도 많이 나타난다.
화두話頭를 지나치게 들다 보면 머리가 아픈 경우가 생긴다. 그러나 화두에 전념하는 수행자들은 상기가 될지라도 마음에 일단 화두가 걸리면 언젠가는 깨달을 수 있다는 희망 때문에 두통 정도는 아랑곳하지 않는다. 두통 없이 깨달음을 얻으면 다행이지만 이로 인하여 상기병을 앓아 더 이상 화두조차 들 수 없는 지경에 이를 수도 있으니 조심할 일이다.

스트레스가 쌓여서 머리가 아픈 경우도 있다. 이런 사람은 기의 순환이 안 되어 어깨와 등이 아프다. 더 심하면 허리까지 아프다. 생각이 많고 스트레스가 쌓인 상태에서 선을 하게 되면 오히려 생각이 더욱 선명해지면서 두통을 앓을 수 있다. 생각이 너무 많을 경우에는 운동이나 취미 생활로 마음을 어느 정도 가라앉히는 것이 좋다.

스트레스가 쌓인다고 화풀이를 하면 자기의 성정性情이 흔들려서 선하는 마음과는 멀어져 간다. 분노를 지나치게 참기만 하는 것이 병을 일으키는 원인이 될 수도 있지만 분노의 표출로 인하여 더 많은 번뇌를 일으키기도 한다. 꼭 화를 내야 할 일이라면 마음속에서 들끓지 않을 정도는 되어야 감정에 휩쓸리지 않을 수 있다. 그래서 수행자는 감정이 솟을 때는 보고 듣고 말하려고 하지 않다가 감정이 가라앉으면 그때 마음을 낸다. 앞에서 언급했듯이 마음을 가라앉히는 이상적인 방법으로 염불이 있는데 이는 거친번뇌를 가라앉히는 데 아주 효과적이다.

선을 할 때 단전에 너무 힘을 주어서 역기逆氣가 되고 얼굴이 붉게 달아오르는 상기병도 수행에서 얻게 되는 일반적인 병증의 하나다. 숨을 한껏 들이쉰 후 한껏 내쉬면서 기를 강화시킬 때 많이 나타난다. 숨을 한껏 내쉬거나 들이쉬면 숨이 편안하지 않고 숨이 곧 흐트러져서 헐떡이게 된다. 숨은 편안하게 쉬는 것이 호흡법의 바탕인 것을 알면 그런 숨을 쉬지 않을 텐데 안타깝다. 내가 한껏 호흡하는 숨의 80%를 넘지 않으면 숨을 헐떡이지 않는다. 그렇다고 이 숨이 그렇게 편안하기만한 것은 아니다. 어느 정도 단련해 가는 사람의 기준에서 바라본 것이기 때문이다. 더 자세한 것은 내용의 흐름상 뒤에서 다루고자 한다.

선을 할 때 그렇게 힘을 주지는 않았으나 몸의 기운이 고르지 않은 상태에서 열심히 하여도 기가 역류하여 상기가 될 수 있다. 몸 기운이 좋지 않은 상태에서 선을 열심히 하면 단전에 기운이 쌓이기는커녕 오히려 기운이 점점 위로 올라가 결국에는 상기가 되니 조심해야 한다. 몸 기운이 유난히 좋지 않을 때는 마음이 단전을 바라보듯이 하여 기운을 가라앉힌 후 순서에 따라서 선을 해야 잘할 수 있다.

• 상기가 되었을 때는 생각을 멈추고 감정을 비운다

상기가 되었을 때 심하지 않다면 잠시 쉬는 것이 좋으나 이미 정도가 심해졌다면 선지자를 찾아가서 지도를 받아야 한다. 이것이 여의치 않으면 우선 생각을 멈추고 감정을 비우는 연습을 하는 것이 좋다. 생각이 많을지라도 기운이 아래에 있으면 두통이 없지만, 생각으로 머리가 아플 때를 관찰해 보면 생각이 이미 머리끝으로 올라와 있다는 것을 알 수 있다. 이때는 내가 생각하는 것에 대한 집착을 놓고 관성이 되어 버린 생각의 습관마저 놓아야 두통이 멈춘다. 내가 뭔가에 집착한다는 것을 알기도 어렵고 버리기도 어려운 것은 집착하고 있는 것이 자신을 지탱하는 힘으로 여겨지기 때문이다. 그러나 옳고 그르고, 이롭고 해롭다는 생각 등이 모두 집착이란 것을 알면 비울 수 있다.

집착을 놓으면 머리에서부터 기운이 아래로 내려가서 머리가 시원해지는 느낌이 든다. 이것이 좋고 싫어함을 초월하는 마음이라, 자기 생각에 대해 좀 더 객관적이게 된다. 더 나아가 좋고 싫어함과 사랑하고 미워하는 감정을 놓으면 가슴에서 알게 모르게 맺혔던 기운이 아래로 내려앉는 느낌을 받는다. 마음을 놓고 또 놓는 연습을 많이 해야 조금씩 비워져 간다.

• 화두를 통해서 기운이 오를 경우에는 화두를 순서에 맞게 든다

화두가 마음속 깊이 걸리면 놓으려고 해도 놓을 수가 없다. 그러나 기운이 오를 경우에는 생각을 보류하고 놓는다. 그래도 안 되면 운동이나 예술 활동 등에 몰두함으로써 생각과 기운과 힘을 놓아야 한다. 화두는 정신이 맑을 때 드는 것이 좋다. 묵묵히 단전에 마음을 두어서 마음이 가라앉고 맑아지면 그때 화두를 꺼내어 궁굴리고 다음에도 또 그렇게 하다 보면 화두가 열린다.

원불교에서는 입정 후에 5∼10분 간 의두·성리연마 즉 화두를 든다. 생각을 많이 한다고 마음이 밝아지는 것이 아니라 오히려 더 어두워진다. 생각의 문을 닫아서 맑아지고 힘이 쌓여 기틀을 따라 비춰 보면 자연스럽게 열려 간다. 대산은 "청정하고 걸림 없는 지혜는 다 선정으로 인해서 나온다."라고 하며 맑은 정신으로 사색에 힘써야 대정각 大正覺에 도달할 수 있다고 했다. 그렇다고 원불교 사람들은 다 화두를 타파해서 견성을 하였는가 하면 그렇지는 않다. 화두를 크게 걸 수 있는 사람이 그렇게 많지는 않다. 도道에 간절한 발원이 있어야 하고 그에 따른 정성심이 있어야 하는데 모두가 그렇게 되기란 쉽지 않다. 화두란 그냥 건다고 열리는 것이 아니라 걸고 생각하고 열린 만큼 실천하려는 노력이 있어야 열리고 또 열려서 확 열린다. 그렇지 않은 화두는 한갓 생각으로 헤아리는 사량思量에 불과하다. 화두는 누구든지 노

력하는 자에게 열린다.

• 기운을 통하여 내린다

상기가 가시지 않는 사람은 백회호흡을 한다. 백회호흡은 그동안 교
무들이 많이 해 온 호흡이다. 백회호흡을 올바르게 해낼 수 있으려면
어느 자세에서든지 단전으로 호흡을 편안하게 할 수 있을 정도가 되어
야 기체에 걸리지 않고 해낼 수 있다. 그러나 단전호흡이 숙련되지 못
한 사람도 백회호흡을 응용하면 할 수 있다.

하늘에는 생기生氣가 있다. 만물을 살리는 기운이다. 이 기운을 머리
위로 뒤집어써서 아래까지 내린다. 이것을 매일 10분 이상 한 달가량
만 해도 머리가 점차 서늘해지면서 기운이 아래로 내려앉게 된다. 이
방법은 몸의 기 순환이 잘 안 되는 사람에게 좋은 방법이다. 더 나아가
손 가운데에 마음을 실어서 머리로부터 아래로 쓰다듬듯이 내리면 더
욱 빠른 효과를 볼 수도 있다.

선객들 가운데 아이의 출산으로 기가 흩어졌거나 몸의 기가 순환이
잘 안 되어 어깨, 팔 등이 결리는 사람들에게 이 방법을 적용한 결과 한
두 달 내에 효과를 보았다.

그 외에 법륜대法輪臺를 굴리는 방법도 있다. 대산은 의두연마화두를
하다가 상기되었을 때 요가를 하거나 법륜대를 굴리고 좋아졌다고 했
다. 특히 법륜대를 굴릴 것을 권장한다. 법륜대는 지름이 3cm 내외가
되는 원통형의 막대인데 이것을 발에 대고 굴리는 것이다. 발에 온몸
의 기운이 연결되어 있어서 상기를 내릴 뿐 아니라 내장이 좋아지고

피로가 풀리며 기의 순환을 원활하게 해 준다.

3) 탈장

탈장은 장이 내려앉은 것을 말한다. 무리하게 단전 아래로 힘을 주어 호흡을 해서 생긴다.

4) 위하수

위하수는 위가 아래로 내려앉은 경우다. 식사를 하고 바로 선을 무리하게 할 경우에도 생긴다. 선을 하려면 되도록 식사 후 2시간이 지나서 해야 한다. 그러나 너무 많이 먹어서 거북할 정도의 식사량이 아니라면 식사 후 2시간 전일지라도 5분 안팎 동안 단전을 바라보는 정도의 단전주호흡을 하거나 쉬는 선을 하는 것은 무방하다.

초심자의 경우, 단전주호흡의 감각을 찾아서 유지하려 할 때에는 간헐적으로 호흡을 해서 그 감각을 잃어버리지 않도록 한다. 이렇게 되고자 한다면 수시로 간단하나마 호흡을 해야 하는데 식사 후라도 몇 분간의 호흡은 괜찮다. 혹 위가 아래로 처진 경우에는 물구나무서기를 하루에 한두 차례 하면 위하수를 치료하는 데 도움이 된다.

5) 요통

선하는 자세가 자연스럽지 못하거나 바르지 못해도 허리가 아플 수 있고, 선하는 자세에 신경을 너무 써도 몸이 경직된 나머지 허리가 아플 수 있다. 허리를 너무 곤두세워도 허리에는 좋지 않다. 호흡이 잘되면 허리를 조금 구부려도 괜찮다. 나중에 단전에 기운이 어리고 그 단전에 마음이 머무르다 보면 기운이 점차 몸을 고르는 경우도 있다. 선을 할 때는 몸이 부드러우면서 자세가 반듯하면 좋다. 자연스럽게 허리를 세우고서 다시금 힘의 군더더기를 빼면 자세가 부드럽고 반듯하게 됨을 느낄 수 있다.

이뿐 아니라 앉는 다리 모양에 따라서도 허리가 아플 수 있다. 한쪽 다리만을 계속 올려놓고 선을 했을 경우이다. 예를 들면 오른쪽 다리를 왼쪽 다리 위에 올려놓고 몇 달, 혹은 몇 년을 할 경우 골반이 비틀어져서 허리에 영향을 미친다. 이상적인 것은 다리 모양을 하루의 주기로 번갈아 바꿔 가면서 선을 하는 것이 좋다.

또한 옆으로 누워서 하는 와선臥禪을 잘못했을 경우에도 요통이 생길 수 있다. 와선은 다리를 잘 받쳐서 해야 한다. 한쪽으로만 누워서 몇 년을 했을 경우에 부작용이 생길 수 있으므로 좌우로 번갈아 누워 가며 해야 부작용 없는 와선의 효과를 본다.

좌선 전에 주의해야 할 일

공복이 좋다

음식을 배부르게 먹은 후 시간이 지난 지 얼마 되지 않아서 선을 하게 되면 속이 더부룩할 뿐 아니라 호흡하기가 곤란하다. 그럼에도 불구하고 호흡을 계속하면 위가 처지거나 기체 현상을 초래할 수도 있다.

선은 식사를 하고 난 뒤 한두 시간 지나서 해야 한다. 그래야 몸에 무리가 되지 않고 편안하다. 새벽에 선하는 사람은 되도록이면 전날 잠자기 전 두 시간 내에는 음식을 먹지 않는다. 먹게 되면 속이 더부룩하여 선하기가 힘들다. 그런데 소화력이 좋은 사람은 저녁 식사를 일찍 했을 경우 새벽에 배고파서 좌선에 집중하지 못할 수도 있다. 이렇다 보니 저녁에는 무조건 먹지 말라고 단정할 수 없다. 다만 새벽에 좌선을 하는데 속이 거북할 정도라면 저녁 늦게 식사하는 것을 조심하자는 뜻이다.

양치질을 하는 것이 좋다

음식을 먹은 후에는 입안이 텁텁하기 마련이다. 그대로 선을 하면 호흡할 때마다 입에서 음식 냄새가 날 수 있다. 아울러 마음까지도 상쾌하지 않게 된다. 양치질을 하는 것이 좋다고 하니까 새벽에 일어나서 하는 사람도 있는데 그럴 필요는 없다. 입에서 남다르게 냄새가 나면 몰라도 저녁에 양치질을 했으면 아침엔 물로 헹구는 정도가 좋다. 치약 냄새도 선하는 데 그리 좋지 않기 때문이다.

운동을 충분히 한다

대산은 "좌선 10분이 요가 1시간보다 낫다."고 하였다. 물론 좌선 10분 동안 마음과 기운이 전일하면 아래에 있던 물기운은 오르고 위에 있던 불기운은 내려 간다. 그러면 수화水火의 기운이 잘 어울려 신진대사가 원활해지고 몸 기운도 골라 맞는다. 이런 좌선을 누구나 잘하면 좋으나 마음먹는 것처럼 쉬운 일이 아니다. 선력의 절정에 이른 사람이라면 몰라도 그렇지 않은 사람은 평소에 요가나 운동부터 해야 한다. 땀을 주기적으로 적당히 흘리는 것이 선하는 데 좋고 건강에도 많은 도움이 된다. 특히 혈기왕성한 젊은 사람인 경우 요가도 좋지만 운동을 권하고 싶다. 요가는 쓰지 않는 근육을 풀어 주고 신체 균형을 고르게 한다. 하지만 한참 근력을 키우고 넘치는 혈기를 조절하는 데는 운동 이상 더 좋은 게 없다. 신체에 무리하지 않는 범위에서 땀 흘리도록 운동을 하면 안에 쌓인 스트레스가 풀리고 집중력이 생긴다. 뿐만 아니라 신체의 근력이 강화되고 신진대사가 원활해진다.

오늘날 사회는 많은 생각이 요구되는 환경이다 보니 일상생활에서도 생각이 많고 복잡한 것이 습관으로 자리 잡는다. 지나치면 순수성마저 잃게 되고 불면증이 생길 수도 있다. 특히 지식인의 경우 마음이 솔직 담백한 가운데 지식 활용을 잘하려면 운동이 꼭 필요하다. 적절한 운동은 생각과 감정을 단순하게 만드는 효과도 있지만 나약해진 심신을 건강하게 만든다. 의지가 약해서 알아도 실천을 못하는 사람이 운동으로써 의지력을 키워 가는 경우를 종종 보아 왔다.

수행자에게 건강은 아주 중요하다. 운동을 하면 근력이 키워지고 혈기가 조절되며 신체 균형이 고르게 된다. 나이가 좀 있다면 요가를 주로 해 보자. 나이가 들어 가면서 신체가 노화되어 뼈가 굳게 되고 유연성이 떨어진다. 그때그때 나타나는 것이 나잇살과 사십견이니 오십견이니 하는 통증이다. 요가를 꾸준히 하면 이런 통증은 미리 예방할 수 있다.

탐식을 하지 말자

배우는 시기에 주로 채식을 하다가 돼지고기 볶음을 실컷 먹은 적이 있다. 그 후로 왠지 모르게 정신이 맑지 못한 느낌을 받았다. 그 당시는 간혹 머리가 맑아지면 정신이 평소보다 몇 배나 더 초롱초롱하게 맑아져서 영의 세계를 느끼고 보곤 했었다. 정신이 맑고 어두워짐을 상당히 예민하게 느낄 수 있었기에 확연한 차이로 다가왔다.

그런 후 며칠이 지나서 고기반찬은 아니나 맛있고 귀한 음식이 나왔다. 그런데 이번에도 정신이 어두워지는 느낌을 받았다. 음식을 대하는 마음을 살펴보니 음식에 욕심을 내고 있었다. 즉 정신을 어둡게 하는 결정적인 요인이 탐식이었다는 것을 알았다.

몇 년이 지나 또 한번 정신이 엄청나게 탁할 때가 있었다. 동지들과 함께 영암의 월출산에 갔을 때다. 월출산에 가기 전 영산성지에서 축구를 하다가 무릎 인대를 다쳐 산에 오르지 못하고 몇몇 동지들과 영암 읍내에 머무르게 되었다. 그때 아는 분이 살아 있는 세발낙지를 잔뜩 가져왔다. 처음엔 내키지 않으나 먹다 보니 익숙해져 맛을 느끼고 있었다.

그날 이후 돼지고기를 탐식했던 것에 비할 바가 아닐 정도로 정신이 혼탁해졌음을 느끼게 되었고 그 후로 한동안 영문靈門*이 열리지 않았다.

음식을 먹을 때, 될 수 있는 대로 죽음에 이르러서 아픔이 간직된 고기와 살아 있는 것을 먹지 않는 것이 좋다. 채식일지라도 탐식을 하지 말아야 한다. 맛있게 먹는 것과 탐식은 다르다. 탐식은 음식에 욕심을

---

*영문靈門 : 신령스런 마음이 자유자재로 드나드는 문이란 뜻으로 정신수양을 통해서 얻은 마음. 정신수양 공부를 오래오래 계속하면 마침내 영문이 열린다.

내어 염치없을 정도로 집착하는 것이고, 맛있게 먹는 것은 음식에 대해 감사한 마음으로 맛있고 즐겁게 먹는 것이다. 맛있는 식사는 건강한 삶을 영위하는 데 대단히 중요하다.

이후로 고기 먹는 양이 줄어들고, 먹고 싶은 마음도 별로 일어나지 않았다. 고기를 먹지 말라고 하는 것은 '자비심을 잃을까' 염려되는 것이 가장 크다. 동물이 죽을 때의 한恨과 업연業緣을 고려하는 것은 그 다음이다.

대부분 수행자에겐 채식이 좋다고 한다. 그러나 채식도 탐식을 하면 고기를 담박하게 먹는 것보다 좋지 않다. 고기도 건강을 위해 먹는 것은 나쁘지 않다.

새벽좌선이 좋다

사람마다 자기 나름대로의 생활 리듬이 있다. 일찍 자고 일찍 일어나는 사람과 늦게 자고 늦게 일어나는 사람이 있다. 여기서 일찍이 몇 시부터인지 기준을 정하기는 모호하지만 원불교 도량상규道場常規는 저녁 10시에 자고 아침 5시에 기상하도록 되어 있다.

오늘날에는 사람들의 대부분이 밤 늦게 자고 아침 늦게 일어난다. 물론 이 가운데에서 일찍 자고 일찍 일어나는 사람도 있지만 아침 늦게 일어나는 사람에 비하여 많지 않다. 많은 사람이 늦게 자고 늦게 일어난다지만 이것을 체질로 여길 필요는 없다. 병에 의한 것을 제외하곤 습관은 어느 정도 바꿔 갈 수 있다.

수도修道에 적합한 기준의 생활 리듬은 원불교 도량상규에 의한 것이 바람직하다. 일반 사람들이 꼭 맞출 수는 없지만 이를 토대로 조절하면 심신이 건강해진다.

저녁에 밤의 부드러운 기운을 보존하고 하루의 기운이 움트는 새벽에 좌선을 하는 것이 좋다. 밤 12시를 넘겨서 자고 늦게 일어나는 생활 리듬으로 마음을 다스리고자 한다면 어려움이 많다.

아침 일찍 일어나 선으로써 마음을 안정시키고 기운을 모으면 든든하다. 처음으로 선을 하는 사람들은 일상에서 벗어난 색다른 경험만으로도 상쾌해진 마음을 느낄 수 있다. 이와는 달리 매일 새벽좌선을 하다가 못하는 날에는 마음이 허전하다. 이것은 자신도 모르는 가운데 마음이 안정되고 힘이 쌓였다는 증거다.

심신을 너무 피곤하게 하지 말 것

마음과 몸이 너무 피곤하면 선이 안 된다. 이때는 선보다는 휴식이 필요하다. 피곤함을 선으로 푸는 사람도 너무 피곤하면 선으로도 안 된다.

선을 하는 사람들은 일상생활에서 기운을 다 쏟아 내지 않는다. 흔히 진을 뺀다는 말이 있다. 사람에게 기의 밑바탕이 되고 있는 진기眞氣가 있는데 이 진기가 빠지면 달리 회복할 방법이 없다. 아무리 피곤할지라도 진기는 있어야 다시금 진기를 근원으로 해서 기운을 모을 수 있다.

진기는 또 다른 기의 기틀이 되는 것이자 기를 받아들일 수 있는 힘이다. 마치 몸이 아주 안 좋으면 보약을 먹으려 해도 몸에서 받아들이지 못하는 것과 같다. 진력盡力하면 뒤에 가히 볼 것이 없다는 법문도 있는데 그 뜻이 위와 같다고 할 수 있다.

화장실에 다녀오는 것이 좋다

대소변을 해결하지 못해서 속이 더부룩하면 선하는 마음이 편안하지 못하다. 기운이 아래로 향하기 때문에 요도나 장에 무리를 준다. 따라서 선을 하기 전에는 화장실에 꼭 다녀온다.

학업기의 일이다. 선하기 전 이른 새벽에 일어나서 화장실에 가는 후배가 있었다. 소변이 아닌 대변을 본다고 했다. 이 친구는 좌선하는 동안에 좀처럼 졸지 않았다. 아침 일찍 일어나서 볼일을 보며 잠에서 완전하게 깨어나는 모양이다. 좌선을 잘하기 위해서 좌선 전에 이 정도의 정성을 들일 수 있어도 절반의 성공이라 할 수 있다.

잠을 잔 곳에서 좀 떨어진 곳이 좋다

밤새 밀폐된 공간 속에서 잠자며 내뿜은 공기가 있어 그 자리에서 그대로 선하는 것은 바람직하지 않다.

새벽좌선은 선의 분위기가 갖추어진 교당이나 선방을 찾아서 하는 것이 좋다. 교당이나 선방이 멀면 집안에 선방을 별도로 조성하는 것도 괜찮다. 선방은 가능한 단순하고 깨끗하게 정리하여 마음이 평온하도록 도움이 되는 쪽으로 조성한다.

이것이 어려우면 잠자던 곳의 창문을 열어 놓고 환기시킨다. 환기시킬 동안 입가심을 하고 대소변도 보고 나서 창밖을 향해 기지개를 펴면 정신이 상쾌해지는 데 도움이 된다.

혼자 산에 가서 선하는 것을 삼가자

기운이 약한 사람은 산에 혼자 가서 선하는 것을 조심해야 한다.

산에는 많은 신장神將이 있는데 그 영혼들은 기운이 엄청 세다. 무당들이 신 받기 위해서 산속 큰 바위 밑에서 접신하려는 것도 이 때문이다. 접신이 되면 신을 불러 굿하고 점쳐서 먹고사는 데 도움이 될지 모르지만 신장이라고 하는 그 영혼의 지배를 받게 된다. 즉 노예생활이 되니 결코 좋거나 행복할 수 없다.

초심자가 산에서 선하다가는 영혼들로부터 해코지당할 수 있다. 산에서 선을 하려면 정법에 대한 확신과 견고한 의지가 있어서 어디에도 흔들리지 않아야 한다. 이 정도의 마음이 되려면 초보 수준은 넘어야 가능하다. 그렇다 해도 영혼 등에 대한 두려움이 일순간 들면 그 다음부터는 걷잡을 수 없다. 즉시 일어나 다른 활동을 해야 한다. 두려움이 생기면 영혼이 작아지고 힘이 없어진다. 이때 해코지 당하기 쉽다.

초심자가 산에서 선하고 싶다면 스승이나 도반道伴과 함께한다. 두려움에 사로잡힐 염려 없이 스승의 기운에 보호를 받을 수 있어서 오히려 좋은 기회가 될 수 있다.

수행을 어느 정도 해서 마음에 힘이 생기면 산에서 혼자 선을 하는 것도 좋다. 진리를 모시고 기도하는 마음으로 하면 된다. 맑은 공기와 한적한 환경 그리고 좋은 기운이 어린 곳에서 선에 몰입하는 것은 선 수행 과정에서 필요한 면도 있기 때문이다.

듣고 생각하고 말하는 것을 존절撙節히 하자

진리에 의한 생활을 하기 위해서는 적지 않은 마음의 힘이 필요하다. 마음에 힘의 근간을 이루는 것이 정력定力이고 단丹이다. 그래서 선지자들은 선을 하면 좁쌀만 한 영단靈丹이 쌓인다고 했다.

이 영단의 소진을 줄이려면 단을 상하지 않을 정도로만 듣고 생각하고 말해야 한다. 마음 씀씀이를 영단에서부터 우러나오는 그대로 발현시키면 영단이 오히려 커 간다. 그러나 심혈을 기울이는 일에는 영단의 손실이 있을 수밖에 없다. 영단은 쓰기 위해서 모으는 것이므로 써야 될 일에는 써야 한다. 듣고 생각하고 말하는 것에 정력 소비가 많다. 듣고 말하고 생각하는 것을 아끼는 것은 영단을 큰일에 쓰기 위해서다. 천지자연과 많은 사람을 위하는 일, 정신의 근간을 이룰 수 있는 틀, 보이지 않는 세계까지 인도해 낼 수 있는 일 등이 큰일에 속한다.

일반적인 안목에서는 일의 양으로 크다는 척도를 삼고 조금 더 마음이 열린 사람은 근본과 본질을 위하는 일을 큰 척도로 삼는다. 그러나 보이지 않는 세계에 관한 일이라면 왠지 고개를 갸우뚱거린다. 현실 세계보다 보이지 않는 세계가 더 크다는 것을 모르기 때문이다. 사실 보이지 않는 영혼의 세계도 이 세상과 다르지 않다. 이 세상이 움직여 지는 모든 것은 영혼이 진정 바라는 것으로부터 비롯된다. 영혼이 인간의 몸에 깃들면 마음이라고 하는데, 이 마음작용이 세상의 근원이자 중심이다. 이 이치를 알면 세상의 그 무엇보다 영성계발을 가장 중요시 여긴다. 영성을 생각하는 사람이라면 듣고 생각하고 말하는 것을 존절히 하지 않을 수 없다. 마음을 함부로 지녀서 영성이 많이 흩어지게 되는데 어찌 마음가짐을 조심하지 않을 수 있겠는가. 듣고 생각하고 말하는 것은 공부의 정도에 따라 깊이와 폭이 다르다.

일반인은 칭찬을 들으면 좋아하고 비난을 들으면 몹시 언짢아하여 밤잠을 설치게 된다. 그러나 공부를 많이 한 사람은 정당한 칭찬이라면 감사하고 정당한 비판이라면 감수하고 참회한다. 정당치 않는 일이라면 변명할 자리에서는 변명하지만, 그렇지 않은 감정에 의한 비난이라면 듣고 잊어버린다. 또한 일반인은 말을 듣지만, 수행자는 말의 이면까지 듣는다.

정산은 어느 날 한 제자를 불렀다.
"할머니가 밤에 어떠하신지 살피고 와라."
제자가 할머니께 다가가서
"할머니 어떠세요?"

"괜찮아. 지금이 겨울이야?"

"아니 늦봄이요."

제자가 할머니를 살피고 다시 정산한테 왔다.

"할머니가 노망이 들었나 봐요."

"왜?"

"글쎄 겨울이냐고 물으시잖아요."

"다시 가서 자리가 춥지 않은지 살펴보고 와라!"

제자가 다시 할머니 방에 다녀와서는

"찹니다."라고 한다.

"그렇지, 춥다고 하신 말씀이다. 불을 지펴 드려라."

일반 사람과 다른, 성현의 심법心法이다. 일반 사람은 말을 듣는다면 성현은 말의 이면을 살피는 지혜의 눈이 있다.

이토록 듣고 생각하고 말하는 것에도 차이가 많다. 처음부터 존절히 길들여 가다 보면 점점 도가 익어져서 행동하는 것에 법도가 있게 된다.

좌선을 하기에 알맞은 곳

좌선을 하기로 하면 좋은 곳이나 좋지 않은 곳을 특별하게 가릴 것은 없다. 중요한 것은 하고자 하는 마음이기 때문이다. 그러나 대부분의 사람들은 환경의 영향을 받는다.

선이란 특별한 서원을 지닌 사람과 상근기上根機*인 사람만이 하는 것이 아니다. 때로는 호기심으로 하려는 사람도 있고, 주위의 인연 따라 선을 접하다 보니 자신도 모르게 분위기에 휩쓸려서도 한다.

상근기인 사람은 어떠한 여건에서도 선을 지속적으로 하겠지만 일반 사람들은 한두 달 이상을 이어 가기 어렵다. 이런 사람들에게 선에 흥미를 갖도록 분위기를 만들어 준다면 선의 묘미를 차츰 알게 되고 이

*상근기上根機 : 수행을 할 수 있는 바탕을 상, 중, 하로 나누었을 때 가장 뛰어난 지혜로 최고 경지에 쉽게 오를 수 있는 사람.

후로는 누가 하지 말라고 해도 스스로 마음을 내어서 한다. 결국에는 마음의 자유를 얻고자 노력할 테니 이처럼 거룩한 일이 어디 있을까 싶다.

그런데 선하기에 좋은 조건을 만들거나 찾아서 하는 것이 초심자에게는 필요하지만 때로는 역경을 느낄 만한 곳도 괜찮다. 역경 속에서 힘을 기를 수 있기 때문이다. 역경 속에서 함몰되지 않고 마음공부를 하면 경계가 없는 곳에서 마음의 힘을 쌓는 것보다 훨씬 더 크고 세다.

너무 덥지도 춥지도 않은 곳

선은 호흡과 기운을 고르는 데에 따라 느낌이 예민하게 작용한다. 때문에 온도에 따른 변화를 적절히 하는 것은 아주 중요하다.

선하는 곳이 너무 더우면 기운이 흩어지기 쉽고 너무 추우면 몸이 움츠러들어 경직되기 쉽다. 초심자는 선하는 곳이 너무 덥거나 추우면 선에 대한 느낌이나 재미보다는 인내심을 시험하는 기분으로 선을 하게 된다. 즉 선을 고행으로 받아들일 수밖에 없어 오히려 선에 흥미를 떨어뜨린다.

사람마다 체질이 다르기에 같은 온도에서도 느끼는 정도가 다르다. 선을 함께하는 곳이라면 불편을 극소화시키는 방법을 찾아야 되지만, 대체로 앉아서 땀 흘리거나 한기寒氣를 느끼지 않을 정도면 된다.

여름의 실내 온도를 겨울처럼 낮춰도 신체 리듬에 좋지 않고, 겨울의 실내 온도를 여름처럼 덥게 해도 걸맞지 않다. 여름에는 방에 자연 바람이 솔솔 불어와 땀을 약간 식힐 정도면 좋고 겨울에는 한기를 느끼지 않을 정도면 무난하다. 만약 난방을 하려면 히터보다는 온돌이 낫다. 공기가 좋을 뿐 아니라 아랫공기가 따듯해서 좋다.

선을 할 때는 한두 시간 가량을 앉아 있게 되는데 방석 없이 차가운 곳에 오래 앉아 있으면 변비나 치질 등이 생길 우려가 있다. 바닥이 차가울 경우에는 한기를 방지할 정도로 두터운 방석이 좋다. 설령 한기가 없어도 오래 앉아 있으려면 바닥에 살이 배기지 않을 만큼의 편안한 방석을 선택한다.

공기가 잘 통하는 곳

선하는 곳은 밀폐된 공간보다는 될 수 있는 대로 공기가 잘 통하는 곳이어야 한다. 만약 밀폐된 공간이라면 공기 정화 장치를 잘하거나 공기를 자주 순환시켜 주는 것이 좋다.

여름에 공기가 잘 통하는 곳은 모기가 있어서 방해를 받는다. 모기가 한두 마리라면 한 곳에서 실컷 먹고 가라고 놔둘 수도 있지만, 모기가 떼로 모이면 선하기 아주 곤란하다. 또는 체질에 따라서 모기에 물리면 부작용이 심한 사람도 있다. 이런 사람은 모기라면 질색한다. 선 시간 내내 모기에 대한 공포에 사로잡히지 않으려면 모기를 차단할 수 있는 공간이 좋다. 모기가 많은 곳이나 야외에서는 모기장을 설치하는 것도 바람직하다.

야외에서 상시로 선을 하는 사람은 간이 모기장을 만들어서 그 속에서 하면 아주 좋다. 인도에서는 큰 양산과 같은 것에 방충망이 달려 있어서 그것을 펴고 앉아서 수행을 한다.

어수선하지 않으면서 정돈된 곳

선을 하는데 마구간이면 어떻고 창고면 어떤가. 눈 감으면 선방인데 말이다. 이처럼 장소에 구애받지 않을 정도가 되려면 선에 어느 정도의 경지에 이르러야 한다.

초심자에 있어서는 환경에 따라 선을 하고 싶은 곳과 그렇지 않은 곳이 있다. 정돈이 잘되고 소음이 적은 공간에서는 선하고 싶은 마음이 살아나지만, 반대로 주위가 산만하면 마음이 산란해져서 하려는 마음마저 잃기 쉽다.

선하는 공간에서 마음이 편안함을 느낄 수 있도록 하여 그 공간을 다시 찾고 싶은 마음이 일어나게 하는 곳이 좋다. 그 지역의 정서에 따른 전통문양을 살려서 편안함을 위주로 디자인하면 어머니 품속처럼 포근함을 준다. 그러나 상황이 여의치 않다면 그 공간을 깨끗하면서 단순하게 정리하는 것만으로도 아주 훌륭한 선방이 된다.

기운이 어리는 곳

수행자가 얼마나 못났으면 선하는 곳을 가릴까. 선이란 환경의 좋고 나쁨보다는 모름지기 자신의 마음에 달린 것인데…… 백 번 옳은 말이다. 그러나 장소에도 기운이 어리는 곳이 있다. 지형에 따라 기운이 다르다. 지형보다 수도를 많이 한 사람이 있는 곳이나 많은 사람들이 선을 하는 곳에는 살아 있는 좋은 기운이 어린다. 지형이나 건물에 따라 기운이 모인 곳이 좋다고 하나 사람의 의지만큼 더 좋은 여건은 아니다.

선하기에 좋은 기운을 순서 따라 살펴보면, 첫째가 주세성자*主世聖者가 계신 곳이다. 이곳은 이루 말할 수 없을 정도의 큰 기운이 뭉치므로 단연 으뜸이다. 수행자의 관점에서 보면 천지의 도수를 돌릴 정도다. 그 기운은 천지를 대신하여 실력을 행사할 수 있는 경지에서 나오는 것이니 상상할 수 없을 만큼 좋다.

그 다음은 수도 적공하는 스승이 계신 곳이다. 그 옆에만 가도 마음이 편안하고 숙연해질 뿐 아니라 사심 잡념이 녹아난다. 그래서 뭇 대중들이 선진자先進者를 친견하려고 하는 것이다.

다음은 대중이 함께 선을 하는 곳으로 이곳에는 상서로운 기운이 모인다. 혼자 선하면 잘할 것 같으나 그렇지 못하다. 함께할 때 게으름

---

*주세성자主世聖者 : 한 시대 선천과 후천을 책임질 만한 성자.

이 생겨도 서로 마음을 챙기고 부추겨 가며 선할 수 있다. 또한 선 분위기에 휩쓸려 자기도 모르게 젖어 든다. 선지자의 기운이 나를 감싸안아 키워 주는 기운이라면 더불어 선을 하는 기운은 친구와 같이 편안하면서 옆에서 도와주는 기운이다.

이 밖에 선을 어느 정도 해서 숙련이 되고 일생에 해야 할 일을 대략 마쳤으면 일상에서 벗어나 마음의 여유를 가져 봄직하다. 기운이 좋은 곳을 만행하듯 찾아서 선을 해 보면 선의 또 다른 맛을 느낄 수 있다.

심화

좌선의 깊은 경지를 체득하고 내면화 과정을 거쳐서 삶에서 활용하는 일체를 묶은 과정이다. 깊은 경지에 어쩌다 한번 든 정도가 아니라 열 번을 앉으면 예닐곱 번은 선정에 드는 경지를 말한다. 또한 선이 내면 깊은 곳에 자리하여 삶의 바탕을 이루고, 삶 속에서 진리의 인격으로 세상에 드리우는 수행길이다.

망념의 정보와 의식의 깊이

쓸데없는 생각이 곧 지혜란 뜻인
'번뇌煩惱 즉 보리菩提'

사람이 살아 있기에 번뇌도 있다.
번뇌를 바라보며 그 소종래지내 온 내력를 찾아든다.

삶 속에서 흔들렸던 마음의 흔적들이
가만히 앉아 생각과 감정이 가라앉게 되니
마음 깊은 곳에 있는 것조차 선명하게 드러난다.

마음을 세밀하고 깊이 이해하여
흔적을 지우고 키울 수 있는 좌선은
선정禪定에 이를 수 있는 또 다른 정밀한 수행법이다.

마음의 흔적이 사라지며 어느덧 성품에 이르자
번뇌는 어느새 보리가 된다.
보리는 번뇌의 에너지를 버리지 않고 승화시킨 산물이다.

좌선을 하는 목적은 원적무별圓寂無別한 진경眞境에 이르고자 함인데 이는 마음에 분별이 없는 고요한 상태에서 상쾌함이 있는 경지에 이른 다는 뜻이다. 한마디로 '비움'이다. 좌선을 통해 의식이 깨어 있는 상태 에서의 비움은, 삶에서 비움을 가능하는 방법 가운데 가장 근원이 된 다. 비움에 깊이를 더하다 보면 그 과정에서 마음에 힘이 쌓일 뿐 아니 라 진리와도 하나를 이룬다. 하나 된 경지에서 근본지혜가 열리면 일 반적인 생각으로는 상상하지 못한 부분까지 통찰할 수 있다.

좌선을 할 때의 모든 생각은 망념이자 번뇌다. 감정즐거움, 성냄, 슬픔, 기쁨, 사랑, 미움, 욕심과 생각옳고 그름, 이롭고 해로움은 물론이고 그 가운데 좋고 긍정적 인 것도 마찬가지다. 감정과 생각은 선정에 드는 데 방해가 되기도 하 지만, 감정과 생각을 알아차림을 통해서 비우는 연습이 되지 않으면 일상에서 필요 이상의 감정과 생각이 일어날 때 제어하지 못한다.

좌선을 할 때 비우는 연습을 많이 한 사람은 설사 누군가가 사랑스럽 거나 미울 때 그냥 '마음을 놓자'고 생각하는 즉시 놓아져서 삶 속에서 번뇌를 달고 살지 않는다. 이 정도가 되면 마음에 힘 있는 사람이다.
마음 비움에 감각이 있는 사람은 미움 따위는 이미 넘어섰고 사랑하 는 마음 떼기를 오히려 어려워한다. 그 가운데 자식에 대한 애착마저 놓을 수 있다면 거의 다 놓아 가는 사람이다.

정신이 건강한 사람이라면 누구나 열정이 있다. 열정이 있기에 하고 자 하는 마음이 있고, 성숙하지 못한 상태이다 보니 과불급이 따를 수밖에 없다. 과불급의 대체적인 원인은 관념과 욕심 그리고 잘못된 습관이다. 바람직한 모습이라면 비움을 바탕으로 한 열정이고 그 열정은 비움에 의한 발현이다. 일이 없을 때야 비움에서부터 열정으로 연습과 삶을 번갈아가며 단련하지만, 일이 있을 때에는 일에 의한 비움으로 균형을 잡아 간다. 즉 일이 없을 때는 자성반조自性返照*에 의한 목적반조目的返照**가 되고 일이 있을 때에는 목적반조에 의한 자성반조가 된다.

삶이 없는 비움은 목석처럼 효용성 없는 비움이 된다. 비움은 삶을 품어야 영롱하고 담뿍하다. 이것이 비움이 비움에 그쳐서는 안 되는 이유다. 좌선 중 마음 비움만을 능사로 여기면 꼭 알아서 공부해야 할 과정을 지나쳐 버리고 만다.

좌선을 하는데 감정과 생각이 일어나는 것은 그만한 이유가 있다. 살아 있는 사람이기 때문이다. 사람마다의 공부의 정보가 그 망념에 들어 있다. 그래서 좌선 중에는 알아차림을 통해서 놓아야 할 것이 있고, 깊은 이해를 통해서 놓고 비워야 할 것이 있다.

좌선을 할 때 마음을 단전에 두는데 처음에는 호흡과 더불어서 두다가 단전에 기운이 쌓이면 마음이 단전에서 산다. 그러나 입정入定에 필요치 않은 생각들이 있어졌다가 없어지고, 또 있어지는 것이 끊임없이 되풀이되기도 한다.

---

*자성반조自性返照 : 일이 없을 때 준비하는 마음공부로 성품을 돌이켜 생각하는 것.

**목적반조目的返照 : 일이 있을 때 활용하는 마음공부로 목적을 돌이켜 생각하는 것.

그래도 마음의 중심은 단전에 두어야 한다. 비움에 이르는 과정에서 마음의 힘과 지혜가 생기기 때문이다. 이때 망념이 선정을 가로막는다면 망념에 다가서서 망념의 정보를 분석해 보아야 한다. 망념에 대한 깊은 성찰로 의식의 과정을 이해하면 망념 대부분이 해결되어 비움으로 다가서는 데 훨씬 수월하다.

표면의식관심사

좌선을 처음으로 접하는 사람들은 익숙하지 못한 상태에서의 긴장감이 있기 마련이다. 이 긴장감이 오히려 해야 할 과제에 망념 없이 집중할 수 있도록 한다. 이 과정을 순일하게 이행하는 시간을 많이 가질수록 좌선 수행에는 그만큼의 진전이 있다.

망념은 좌선을 하는 데 어느 정도 익숙해지면서 찾아온다. 처음의 망념은 의식의 표면에 형성된 것으로서 대부분이 현안들이다.

교당에서 충분한 준비 과정 없이 좌선을 하게 되면 남성의 경우 밖에 세워 둔 자동차 때문에 전화가 오지 않을지 생각이 들고, 여성들은 집에서 서둘러 나오느라 가스밸브나 현관문을 제대로 잠갔는지 등이 가장 많이 생각난다고 한다. 이 밖에도 최근에 해야 할 일, 섭섭했던 일, 칭찬받은 일, 갖고 싶은 것 등이 생각난다.

망념으로 나타나는 생각들로 자신의 현재 관심사가 무엇이고 어떤 것에 과민반응을 보이는지 알 수 있다. 하지만 좌선 초기에 나타나는 이런 것들은 마음속 깊은 곳에 자리한 것이 아닌 경우가 많다. 알아차림을 통해서 놓을 수 있는 것들이다. 관심사와 어떤 일에 대한 과민반응은 현재 의식의 방향을 말해 준다. 수행을 시작함으로써 의식의 방향이 수정되는 때라 알아 두기만 하면 된다. 좌선 시간의 모든 생각은 망념이라고 전제하였기에, 알아차리기만 하여도 망념의 대부분은 저절로 사라진다.

망념이 사라졌다고 해서 아주 없어지는 것이 아니라 종류를 달리하면서 나타나기도 하고 때로는 같은 것이 사라졌다 나타나기를 반복하기도 한다. 이때는 알아차림만으로도 망념이 사라지는 번수가 줄고 하면 할수록 사라지는 속도도 빨라진다. 그리고 단전에 따른 호흡이 고요하고 마음이 단전에 머무는 시간도 늘어난다. 이에 비례하여 기운도 점차 안정되어 간다.

▶ 열정, 해야 할 일, 연구과제, 성취감(보람), 호기심, 칭찬 등

거친번뇌거칠고 무거운 번뇌

알아차림을 통해서 웬만한 번뇌는 잦아들게 되는데 유독 반복되어서 나타나기도 하고 한번 들어오면 좀처럼 사라지지 않는 번뇌가 있다. 충격을 받았던 경우와 기질의 특성상 아주 싫어하는 모습 등에 대한 잔상이다.

그림을 그린 지 꽤 오래된 사람이 그림의 한 경지에 올라서 다른 전

문 화가와 비평가들로부터 호평을 받고 있는데 그림을 잘 모르는 주위 사람들로부터 자신의 그림을 하찮게 취급받으면 황당하기도 하고 마음에 걸리게 된다. 이런 경우에 상대의 얇은 의식과 예의 없는 행동이 마음에 걸려 좌선 중에 자꾸만 나타나 오래 머물 수도 있다.

이 마음 역시 망념이라 여기고 알아차림을 통해 없애다 보면 어느덧 망념의 흔적마저 없어져 버린다. 나중에는 어느새 그 사람을 이해하고 있다. 그 사람이 그림에 대해 모르고 상대에 대한 배려를 어떻게 하는지도 몰라서 그랬으리라 생각하면 섭섭했던 마음도 어느 정도 삭이게 된다. 그 다음 마음의 찌꺼기는 알아차림이란 수행을 통해서 놓으면 훨씬 수월한 것은 물론이고 사람에 대한 이해도 깊고 넓어진다.

▶욕심(재색명리), 비난, 두려움 등

미세번뇌옅으면서 떠도는 번뇌

거친번뇌가 사라지면 옅은 망념 하나가 지나가다 스스로 사라지고 또 다른 번뇌가 생겨났다가 이내 사라지는 것이 어쩌다 한번씩 반복을 하는데 마치 파란 하늘에 구름 몇 개가 두둥실 떠서 노닐 듯한다.

이런 번뇌는 마음이 편안할 때 나타난다. 구름 한 점 없이 파란 하늘의 기류보다 구름 몇 개가 머무르듯 떠 있을 때가 더 편안하듯이 우리 마음도 마찬가지다. 번뇌를 성가시게만 여길 필요가 없다. 단전을 챙기다가 어느덧 망념이 드리우면 그때 '망념이 왔구나!' 하면 미세번뇌는 스스로 사라진다. 단전만을 챙기고 있을 때보다 이 망념이 자리했다가 사라지면 오히려 단전기운이 더 편안해졌음을 느낄 수 있다.

이러한 이치를 아는 사람은 단전을 챙겨도 편안하지 않으면 망념과 어느 정도 놀아 주다 보낸다. 그러다가 편안해지면 단전에 마음을 전일하게 둔다. 단전에서 마음이 머무는데 훨씬 편안해짐을 느끼기도 한다.

거친번뇌가 사라지고 미세번뇌에 이르러도 미세번뇌로만 계속 유지되는 게 아니다. 어느 날 다시 거친번뇌가 찾아온다. 그렇게 거친번뇌를 거르고 미세번뇌에 이르기를 헤아릴 수도 없이 반복한다. 수행의 과정을 이처럼 반복하며 차츰 경지에 오른다.

▶ 스쳐 가는 생각(편안한 번뇌), 개의치 않는 사안,
　의미 없는 생각(칭찬이나 비난에 반응이 약함), 다반사 등

잠재의식맺힘

거친번뇌와 미세번뇌를 오가며 번뇌가 대체로 잦아들었는데 간혹 지난날의 기억이 올라와서 사라지지 않는 경우가 있다. 알아차림을 통해서 겨우 없앴나 싶으면 어느 날 다시 올라와 있기를 반복한다.

이런 번뇌의 대부분은 지난날의 상처나 좋은 추억이 마음 깊은 곳에 자리했지만 마음의 표면으로 드러나지 않아서 몰랐다가 자신도 모르

게 고개를 내민 것이다.

어린 날에 입은 마음의 상처나 열등감이 있으면 일상에서도 유사한 일에 도드라지게 과민반응을 한다. 또한 어려서는 잘해서 칭찬을 받았는데 지금은 자신감이 없어진 경우엔 주로 남이 잘되는 꼴을 못 본다.

상처와 열등감은 일상에 나타날 때 지난날의 모습 그대로 드러나는 것이 아니라 다른 가면을 쓰고 나타나는 경우가 더 많다. 때문에 일상생활을 할 때에는 잘 알 수 없으나 좌선 중에는 있는 그대로 나타난다. 이런 번뇌는 삶에 대한 깊은 이해를 통해야 하는 것은 물론이고 현실을 직시해야 하는데 오래된 번뇌이니만큼 잘 사라지지 않는다.

세상 사람들이 모두 성숙하지 않은 것이 보편적이고 당연하기에 자신에게 실수할 수 있다. 그러나 자신도 살아오면서 많은 실수를 했을 것이라는 사실을 인정할 필요가 있다. 그렇게 되면 자신뿐 아니라 다른 사람들의 실수도 세상에 얼마든지 있을 수 있는 일로 이해하고 포용하는 성숙한 마음을 지니게 된다.

사람이 성장해 가는 데에는 각기 나름의 다양한 환경이 있고 또 사람마다 특성이 있으며 잘하고 못하는 것이 있음을 이해하는 데에 이른다. 그런 환경이 자신에게 이토록 단단한 마음을 지니게 했을 뿐 아니라 좋은 장점과 특성으로 세상에서 한 역할을 하게 된 계기였음에 감사히 여길 줄도 안다. 이제는 환경을 탓하기보다 이 상황에서 나의 영적 성장을 위해 어떻게 해야 하는지를 생각하는 데 이른다.

삶과 자신을 이해하면 지난날의 잠재의식은 눈 녹듯 사라지는데 그 사라짐이 자신의 내면에 잠재의식으로 자리하기까지 오랜 시간이 걸릴 수 있다. 잠재의식마저 정화가 되면 마음이 안정되고 인격에 모자람이 채워지며 두루 균형을 이루어 간다.

▶과거에 있었던 일, 상처, 과거의 추억
  (잘해서 칭찬 받은 일, 잘 살았던 일, 행복했던 일) 등

무의식

잠재의식이 어느 정도 정화됨과 아울러 전혀 경험하지 않은 일이 떠오른다면 전생의 일이다. 그 일을 알아차려 잠재의식을 정화하듯 하면 사라진다. 그러나 무의식은 잠재의식과 좀 다른 시각에서 바라봐야 한다. 삶의 이해를 넘어서서 진리와 영생에 대한 이해를 해야 현실의 삶을 제대로 인식할 수 있다. 왜냐하면 무의식에 담긴, 진리와 영생에 걸쳐 깃든 마음의 정보를 이해하지 못하면 삶의 표면적인 것에 속아서 기약없이 헤맬 수밖에 없기 때문이다.

가령 전생에 어떤 환경과 인연 속에서 뭔가에 상처받은 것은 그렇게 중요치 않다. 살아오면서 얼마든지 있을 수 있는 일이고 삶의 연장선에서 오늘날의 삶에도 영향을 미칠 수 있다. 이것은 인생을 마치 다람쥐 쳇바퀴 돌 듯 바라보는 관점이라 별 의미 없는 추억에 불과하다. 하지만 진리적인 관점에서 영적 가치로 접근해 보면 관점의 차원이 다른

만큼 성장의 계기로 삼을 필요가 있다.

　지금의 가족들이 전생의 인연인데 상처를 주어서 되갚는 상태라 하더라도 달게 받는다면 해소의 차원에서 해탈에 그치고 만다. 하지만 인과는 그리 단순하지가 않다. 전생에 내가 그리했던 것은 성숙하지 못한 인격이었기 때문이다. 인격을 이 기회에 높여 갈 수 있는 수행을 하지 않는다면 여전히 제자리를 맴도는 착심의 궤도에서 벗어날 수 없다. 인과로 가족이 올 때는 공부시켜 보려고도 왔는데 보응만 하고 공부는 안 하는 꼴이다. 이때 마음공부를 해야 자신이 훌쩍 큰다. 마음공부는 진리의 인격으로 거듭나는 것이 목적이 되어야 한다. 진리적으로 접근을 하면 그 일은 어렵잖게 해소할 수 있을 뿐 아니라 오히려 감사히 여기는 계기가 된다.

　이 무의식은 전생의 일만 있는 것이 아니라 창조적 감성을 일깨우기도 한다. 자신이 관심을 가졌던 학문, 예술 등에서 나타나는데 여기에서 움트는 감성은 만들어지는 게 아닌 낳는 것이라 인생의 예술에 극치를 이룬다.

▶생각이나 경험이 없었던 일, 데자뷔, 전생의 일 등

존재

번뇌가 사라지며 번뇌하는 주체도 사라진다. 그리고 사라진 세상만이 존재하는데 자신이 이미 그 존재가 되었다. 마치 단전에서 마음이

204

전일해지다가 단전도 없고 나도 없이 다른 차원 속으로 들어가서 존재
하는 것처럼 말이다.

그 세상은 그동안의 삶 속에서 느끼는 세상이 아니다. 우주의 깊은
이치 속이다. 그곳에서 하나가 되어 깨어 있다.

▶사라짐, 하나 등

의식의 발달_{마음의 경로}

존재_{성품}에서 인식하고 구분하며 이름을 짓는다_{분별}. 그곳에서 기호
와 특성 그리고 생각에 따라 좋고 싫어함이 생기고_{차별}, 좋아하는 것을
가까이 함으로써 '습관'이 생긴다. 어떤 습관으로 생활하느냐에 따라
'인격'을 이루고 그 인격의 삶이 '인생'을 구성한다.

보통 사람들은 차별에서 마음을 쓰고 지성인은 분별에서 마음을 쓴
다. 그러나 현자는 비움에서 마음을 쓰고 성자는 성품에서 마음을 쓴다.
이름에 속지 않아야 관념에 사로잡히지 않고 있는 그대로 볼 수 있다.

비움으로의 회복

사람으로 태어나 교육을 받는 것은 성장하여서 스스로 사회 성원으

로 살아가기 위함이다. 학습의 과정은 삶을 살아가는 데 많은 도움이 되기도 하지만 천성을 상하게도 한다. 배움으로 많은 지식을 쌓지만 관념도 아울러 생길 수 있다. 그리고 지식이나 재능을 단련하여 잘하는 일도 있게 되나 한편에 집착을 낳기도 한다. 관념과 집착은 삶의 균형을 잃게 만든다. 균형감 없이 살아가다 보면 삶이란 것이 오히려 경험의 오류를 가져올 수도 있다. 이것이 의식을 한편에 기울어지거나 비뚤어지게도 한다.

이처럼 성장하면서 배우는 이면엔 어두운 그림자도 함께한다. 이 밖에 외부로부터 상처도 입는다. 삶 속에서 일상의 의식이 세파에 어울리며 입게 되는 많은 상처와, 그 사회의 통념으로 길들여진 잘못된 습관이 자리 잡아 간다.

여기서부터는 다시 비움으로 회복하는 과정이 필요하다. 마음은 비우겠다고 해서 바로 비워지지 않는다. 일상에서 참는 연습을 하고 그 다음에는 멈추어서 놓고 비워 가는 과정을 거쳐 비움으로 존재하는 데 이른다.

■ **참음**수식과 염불

관념과 욕심 그리고 습관은 어떠한 방향으로 치닫고자 하나 어떤 행동 양식을 지닌다.

자신의 관념에 벗어나면 틀렸다 하고 욕심에 차지 않으면 화를 낸다. 어떤 일에는 과거의 습관대로 반응한다. 이러한 것을 멈춰야겠다고 다

집해도 잘 안 된다. 이럴 때는 무조건 참는다. 설사 참았다고 해도 마음 안에서부터 계속 요동친다. 때문에 숫자를 세든지 염불을 하든지 하며 시간을 끌어서 마음이 가라앉기까지 기다리는 것이 중요하다.

이 참음은 해소가 되는 것이 아니다. 반드시 다른 행동으로 표출된다. 주변에서 "참다 참다 보니 별일 다 있다."며 그동안 참고 삭였던 감정들을 한꺼번에 폭발시키는 것을 흔히 볼 수 있다. 그래서 참은 다음에는 이해의 과정을 통해 반드시 해소하는 작업이 필요하다.

■ 멈춤판단 중지

참는 것이 마음 안의 에너지가 어떠한 방향을 갖고 요동치는 상태라면, 멈춤은 마음이 방향을 놓은 상태에서 에너지만 움직이는 형태다. 어디론가 치닫고자 하는 마음의 방향만을 놓아도 자신과 다른 사람에 대해 객관화시킬 수 있다. 또한 그 사람의 세정까지도 살필 줄 알게 되어서 바람직한 방향에서 마음을 정할 수 있다.

그러나 멈춤의 과정도 그리 쉽지만은 않다. 마음의 방향이란 어떠한 관성을 이룬다. 그 관성을 멈추는 것은 마음에 많은 힘을 필요로 한다. 처음에는 잘 멈춰지지 않아 '판단 중지! 판단 중지!'를 되뇌면서 멈추어도 조금만 방심하면 마음은 지난 습관에 따라 움직인다.

특히 생각의 멈춤은 삶을 지혜롭게 살아가는 데 기반이 된다. 자신에게 누군가가 이야기하면 그 상황에서 그 말에 대한 것만을 생각해도 되는 일이다. 그런데 생각에 생각을 더해서 한참을 생각하면 나중엔 아주 엉뚱한 결론을 내리고 오해하는 경우가 많다.

친구가 자신에게 그 옆에 있는 사전을 가져와 달라고 했다. 자신이 가져가지 못할 상황이라 여겼다면 주위 상황을 살펴보거나 물어보면 된다. 그런데 '쟤가 나를 얕잡아보는 건가.' '나의 어떤 점이 못나 보여서 그렇지.' '혹시 우리 집이 가난해서 그런가.' '그럼 자기네 집은 얼마나 잘 살아서……' '좋아, 그럼 어디 두고 보자! 나중에 돈 벌면 복수할 거야.'

위의 예에서 알 수 있듯이 친구의 부탁 하나에, 생각에 생각을 보태 친구를 원수로 만든다. 망령된 생각이 이어지지 않도록 판단을 중지하고 있는 그대로를 직시해야 할 일이 이 세상엔 아주 많다.

■ **놓음**이해를 수반

참고 멈추어서 바람직한 방향으로 마음을 지녔다 해도 마음의 번뇌가 사라지지 않는 경우가 있다. 그 마음의 근원에 하고자 하는 마음이 있기 때문이다. 이 마음이 없으면 참고 멈추어야 할 것도 없다. 만약 이런 마음마저 없다면 죽은 사람과도 같다. 하고자 하는 욕심이 있는 아이들이 공부도 잘하고 성장해서 사회에서의 영향력도 그만큼 크다. 그 욕심은 다른 한편으로 자신과 다른 사람을 괴롭히는 원인이 되기도 한다. 하고자 하는 마음속에 삿된 마음도 아울러 생기기 때문에 하고자 하는 마음을 남기고 삿된 마음을 버리는 것이 수행이다.

욕심에는 열정과 염치없이 가지려는 마음이 공존한다. 염치없다는 것은 취하는 방법이 바르지 않다는 것과 다른 사람을 배려하지 않는 것을 일컫는다. 여기에서 삿된 욕심을 없애려면 자신과 사회를 은혜로운 관계로 균형을 맞출 수 있는 지혜가 필요하다. 나아가 진리에 의한 지혜라야 모두를 감싸안을 수 있는 지혜가 된다.

또 한 가지는 나의 욕심 때문은 아니지만 객관적인 판단으로도 이해할 수 없게 행동하는 사람으로 인하여 마음이 산란해지는 경우다. 사회는 사람들이 상식적이고 예의 바르기를 원하지만 세상 사람들 모두가 상식적이고 예의 바르지는 않다. 그런 사람이 오히려 적은 편이다.

참으로 이상한 것은 상식적이고 예의 바른 사람과 그렇지 않은 사람 가운데 누가 행복한지를 살펴보면 같다는 점이다. 예의 바른 사람이 비상식적이고 예의 바르지 않은 사람을 보면서 받는 스트레스와, 예의 바르지 않은 사람이 형편없는 자신으로 인하여 받는 스트레스의 정도가 서로 비슷하다.

바람직한 모습이란 내 자신은 상식적이고 예의 바른 행동을 하고 남을 바라볼 때는 그럴 수 있다는 마음으로 살아가는 것이다. 운전을 바르게 하되 다른 사람의 미숙한 운전에 관용을 베풀 뿐 아니라 방어운전을 염두에 두는 것과도 같다. 삶과 인간에 대해 폭넓고 깊은 이해가 되는 만큼 사회와 다른 사람에게 맺혔던 마음이 놓아져 간다.

■ 비움선정

이해를 충분히 해서 맺힌 마음을 놓아도 마음이 무의식에 남기도 한다. 다른 사람의 잘못이 이해가 될지라도 인간적으로 '너무했다'는 감정이 마음의 깊은 곳에 자리하는 경우이다. 머리로는 이해되지만 감정적으로 섭섭함이 무의식으로 들어가 남는다. 이런 마음은 진리적인 인과로 풀어 가야 하는데 이때는 선정禪定을 통한 마음 비움과 힘이 필요하다.

상대방의 행동이 섭섭함으로 다가오면 우선, 상식적인 관점에서 풀어 간다. 자신과 상대방의 잘못을 객관적으로 짚을 수 있어야 자신의 잘못이 있을 때 그런 일을 반복하지 않는다. 그리고 상대가 일반적인 관점에서 그럴 수 있는지도 여유 있는 시각으로 바라보게 된다. 그가 여래부처님가 아닌 이상 일반 사람으로서 환경과 처지에 따라 충분히 그럴 수 있다. 이것을 이해하지 못하면 세상을 살아가는 모든 곳에서 상처 입고 힘들 수밖에 없다. 스스로가 사회의 크고 작은 일에 어느 정도의 면역성을 가질 필요가 있다.

어쩔 수 없는 일이거나 이왕 벌어진 일이라면, 전생의 일로 여기며 감수하고 공부하는 마음으로 다가서는 게 정신 건강에 좋지만 진리적으로도 바람직하다. 일이 생겼을 때에 다른 사람에게서 원인을 찾기보다는 나쁜 일에 참회기도를 올리고 좋은 일에 감사의 기도를 올리는 사람이 있다. 이것은 전생에 내가 마음의 상처를 주었거나 당시에 어리석었기 때문에 몰라서 그런 것인 줄 알고, 참회하며 공부하는 마음으로 다가서는 모습이다.

마지막으로는, 선정을 통한 비움이다. 알면서도 비워지지 않는 경우는 마음에 힘이 없거나 마음의 바탕을 비우지 못했기 때문이다.

수행의 초기에 스승님의 가르침을 따라 도반들과 함께 공부하다 보면 분위기에 젖어 빈 마음이 되기도 한다. 그러다 일상에 돌아와서 생활하다 보면 어느덧 경계에 휩쓸려 예전처럼 살아간다. 이젠 보는 눈들이 생겨서 번뇌 가득한 자신이 맘에 들지 않지만 곁에서도 마찬가지다. 마음을 비워 보라고 조언을 하면 "나도 아는데 잘 안 된다!"라고 한다. 이것은 마음에 힘이 없는 것을 의미한다.

　물론 삶에 큰 변화를 가져오는 경계는 있다. 그동안 자신의 힘으로 이겨 내던 것보다 큰 경계는 자신을 키워 가는 데 필요하다. 이런 경계가 가혹하지만 그래도 이길 만하니까 찾아온다.

　일상의 범주를 넘어선 큰 경계가 아니기에 수행의 기초를 잘닦아 왔다면 능히 비울 수 있는 경계다. 그럼에도 불구하고 넘어서지 못하는 경우가 종종 있다.

　비움에 힘이 있다면, 작은 경계는 쉽게 넘어가고 큰 경계에서도 무너지지 않다가 이내 넘어설 수 있다. 그래서 수행자는 자신의 정서 상태를 보다가 힘이 부족하다 싶으면 평소보다 몇 배의 수행 시간을 가져야 한다.

　비움은 무의식의 정화다.

관심선법觀心禪法

이 단계부터 성리와 자신이 하나가 되도록 성리공부를 한다. 좌선으로는 기운과 호흡을 고르게 조절調氣, 調息하고, 단전에 마음이 오롯하게 머문다精神一到. 그리고 미세하게 떠도는 번뇌마저 놓는다. 마음을 챙겨 수행하던 한마음이 결국에는 한마음이란 것도 없는 경지에 이른다.

관심 1. 미세호흡법微細呼吸法
관심 2. 독야청정獨也淸淨
관심 3. 선정삼매禪定三昧
관심 4. 자성관조自性觀照

관심선법의 공덕結果

미세호흡의 과정을 충실하게 밟아 가면 호흡이 미세하고 편안하여 비로소 선의 편안한 느낌을 알게 된다. 이때부터는 영기靈氣를 모을 줄 알아서 수행하면 할수록 영단이 커져 간다. 선하는 보람도 있어 흥미를 갖고 꾸준히 할 수 있다.

아울러 마음이 잦아들어 평온해지고 정서가 안정된다. 종로의 한복판에 있을지라도 마음을 안으로 거둬들여서 태고의 정적을 느낄 정도다. 설사, 마음이 산란해질지라도 선을 통하여 가라앉힐 수 있다. 선에 재미를 느끼고 마음을 조절할 수 있기에 가능한 것들이다.

정성을 들여 선을 꾸준히 하다 보면 선정삼매에 들어서 처소도 잊고 나도 잊는 돈망頓忘의 경지에 든다. 나아가 영단이 뭉쳐서 자성에 이른다. 하지만 진리인식이 부족하면 선정에 들어도 선에 따른 정보를 얻지 못한다. 선정에 따른 근본지혜가 발현될 때 진리인식에 비례하여 진리의 문이 열리는데 진리인식이 부족하면 초월적 체험에 그치고 만다.

선을 제대로 함으로써 일상생활에 나타나는 모습은, 마음이 편안한 가운데 관념과 욕심에 집착하는 마음이 줄어들고 항상 맑고 바르게 되어 간다. 생활을 하며 보고 듣고 말하고 행동하는 데에도 선후先後 본말本末의 순서가 있다. 이때부터는 마음가짐이나 씀씀이로 인하여 건강을 잃거나 다른 사람을 힘들게 하지 않는다. 오히려 혈맥이 원활하여 얼굴에 생기가 돌고 윤택하기까지 한다.

마음공부의 정도

좌선의 깊은 경지를 체험하는 것과 더불어 속 깊은 공부성리공부를 한다. 그동안 듣고 보고 배워 오던 진리를 깊이 이해하고 본질에 다가서서 삶을 향해 풀어 간다.

마음의 방향이 항상 영혼의 진급에 있고 세상을 위하는 데 있다. 타인에게 사로잡히지 않기에 시기와 질투가 마음에 자리하지 않는다. 마치 마음이 진리에 있는 사람은 재색명리가 소꿉장난처럼 여겨지는 것과 같다.

진리를 벗 삼아 살아가는 사람은 자기 관리를 잘한다. 마음과 건강 그리고 생활에서 진리를 담기 위해서다. 생활 모습을 보더라도 절도에 맞다. 전체와 근본을 살필 뿐 아니라 흐름의 묘미가 있고 모습이 자연스러우며 법도가 있다. 그리고 매사에 생명력이 느껴진다.

선의 깊은 경지와 더불어 성리로 살기에 삶에 진리의 흐름이 있다. 흐름 따라 심신을 맡기듯 살아간다. 큰일에도 크게 당황하지 않고 작은 일이라도 정성스럽다. 그러나 여기 관심선법의 공부로는 해탈이 아닌 느끼는 정도에 머문다.

■ 조심해야 할 것

어느 정도 알아 가며 색다른 체험虛靈을 할 수도 있다. 스스로도 자신감 있고 다른 사람에게 이야기하면 따르는 사람도 생긴다. 한편 공부에 정체감이 있어서 자신에게도 실망한다. 하지만 다른 사람도 다 그럴 것으로 여긴다. 그러면서 신심信心·공심公心·공부심工夫心과 서원의 탈을 쓰고 스승까지도 저울질을 한다.

마음 씀씀이로는 능能한 사람을 싫어하고 잘못한 사람을 용서치 않는다. 비아냥거리거나 속단하거나 자행자지하는 경우도 있다. 게다가 일방에 치우치고 고집을 부린다. 한마디로 중근*이라 하는데 수행의 큰 고비이니만큼 조심해야 한다. 스승과 도반이 있어야 어렵지 않게 넘는다.

크게 꺼리는 일대기사大忌事로서는 남의 수행길을 막거나 정신을 피폐하게 만드는 일이다. 그리고 살殺·도盜·음婬인데 이 정도의 수행 수준에서는 이런 일을 하지 않는다. 무관사無關事도 마찬가지다. 자신과 관계없는 일, 즉 자연의 먹이사슬 등에 함부로 관여하지 않는다.

이 모든 것은 작은 선小善과 작은 지혜小智에 만족하는 데에서 나타난다. 뜻을 크게 품고 수행을 하면 자연스럽게 해결되어 간다.

성리연마性理研磨

원불교에서는 새벽좌선 말미에 "의두疑頭·성리性理를 들겠습니다."라고 한다. 정신이 맑을 때 화두를 잠깐 드는 모습이다.

의두와 성리는 대체로 같으나 의두는 천조天造의 대소유무大:근본, 小:현

---

*중근中根 : 아주 지혜롭거나 순박하지도 않은, 의심 많은 수행자가 어느 정도 수행길을 알아 가다 보면 생기는 마음 상태.

상, 有無: 변화의 이치와 인간의 시비이해(是: 옳고, 非: 그르고, 利: 이롭고, 害: 해로움)의 일이며 과거 부처나 조사의 화두 중에서 의심이 나는 제목을 연구하여 감정을 얻게 하는 공부다. 이는 연구의 깊은 경지를 밟는 공부인에게 일과 이치를 명확히 분석할 수 있는 지혜를 얻도록 한다.

반면, 성리는 우주만유의 본래 이치와 우리 자성(自性)의 원리를 해결하여 알자는 것이다. 의두는 원불교『정전*』의 의두요목에 총 20조항이 수록되어 있고 성리는『대종경**』의 성리품에 총 31장이 수록되어 있다. 이 가운데 하나를 마음속에 의심 걸어 관조(觀照)로써 깨쳐 알자는 것이다.

사실 일반인에게 있어서 의두(疑頭), 성리(性理), 화두(話頭) 등을 표현하는 것이 현실 세상과는 거리가 먼 말처럼 들릴 수 있다. 필자가 고등학교 시절, 신문에 이상한 글이 실렸다.

"산은 산이고 물은 물이다." 유치원생도 아는 글이었다. 이것을 가지고 세상이 술렁이다니 도무지 이해가 되지 않았다. 그런데 문제는 그 아래에 있는 글이었다. "산은 산이 아니고 물은 물이 아니다." 얼토당토 않은 글이라 나로서는 '멍'해질 수밖에 없었다.

한두 해 지나서 구산(서광덕 교무)으로부터 성리 해석을 들었는데 '아니 그렇게 속 깊은 뜻이……' 기가 막힐 정도였다. 난이도 높은 언어의 예술을 듣는 듯했다. 난 수행을 얼마만큼 해야 저렇게 되나 싶었다.

간사(불교의 행자와 같은 사람) 시절, 연중 휴가철을 맞아 원불교 최고 지도자인 대산 종법사를 찾아가 며칠씩 지냈다. 법타원은 법을 항상 바른 맥

---

*정전正典 : 원불교의 가장 근본이 되는 경전. 원경.
**대종경大宗經 : 소태산의 법설집. 통경.

에 대고 바른 수행을 하라는 뜻으로 보내는 것이었다. 그 다음부터는 학생이 되어서도 방학 때면 "이제 어디 갈래?"라고 물을 경우 종법실 법무실이라고 대답했다.

대산은 저녁 공양을 하고 나서 행선걷는 명상을 하는 데 시간 활용이 언제나 한결같았다. 앞에서 시자侍者 한 사람만 먼저 가며 길을 살피고 나머지 사람들은 그 뒤를 따라간다. 도착한 곳은 나무 아래에 마련한 야단법석들에 차려진 법 자리이다. 그곳에서 필자에게 감상담을 하라는 것이다. 그때 무엇이라 했는지 확실치 않지만 아스라이 생각나는 것은 "꽃은 꽃일 따름입니다. 있는 그대로를 보는 것인데요. 관념의 울을 벗어버린 그것입니다."라고 했다. 대산은 이 말을 듣고 아무 대답 없이 언제나 그렇듯 입가에 미소를 머금고 있었다.

그 후, 공부해 가면서 그때 '종법사께서 나를 얼마나 가소롭게 생각하셨을까!' 싶어 송구한 마음에 머리를 긁적였다. 성리를 연마하면 할수록 가슴속에 스며드는 느낌이 다르게 다가온다. 같은 성리 문구에 같은 해석이 나올지라도 깊어지는 느낌이 다르다. 그래서 성리는 머리로 하는 게 아니라 가슴으로 해야 하는 것을 그때 느꼈다. 머리로 하는 성리는 언어의 유희에 지나지 않는다. 가슴속에서 저며 오는 간절함이 없는, 빈 껍데기에 불과하다.

지식에 접근하여 분석으로써 안다면 한갓 지식일 따름이다. 엄밀하게는 지식의 기억일 뿐이다. 성리는 가슴속 울림으로 솟아나야 한다.

달리 표현하면 성리는 체험 지식이다. 나아가 깊은 내면의 체험에 따라 성리가 열리면 비로소 깨달음이라고 한다. 또한 깨달음에 의한 행동으로써 진리가 실증實證되는 것을 '증득證得했다'고 한다. 그리고 깨달음이 그대로 발현된 것을 '나투었다'고 시어詩語처럼 표현한다.

의두 성리를 체득하는 정도와 특성에 따라 마음의 근본 도리道理를 중시하는 여래선如來禪, 마음의 나타남을 위주로 하는 조사선祖師禪, 마음의 근본과 나타남은 물론이고 그 경로를 일일이 분석하는 의리선義理禪으로 나눌 수 있다.

수행자의 초기에는 경전을 분석적으로 배워 대체를 이루고 나서 진리의 깊이와 소종래所從來를 알기 위해 의두공부를 한다. 이것이 의리선이다.

사회 성원으로 자라면서 지식에 의한 관념 틀도 아울러 생긴다. 이러한 현실을 진리의 눈으로 객관화하여 보게 된다. 이것이 조사선이다.

그 다음에는 화두의두·성리를 한 문구로 마음에 걸어서 궁굴리며 찾아야 자기 것이 된다. 화두를 든다고 하여 자나 깨나 생각만 하는 것이 아니라 가슴속에 걸어 두었다가 좌선 말미에 머리가 맑아질 때 궁굴린다. 진리에 의한 눈으로 세상을 보다가 화두가 깊어지거나 선정을 통해 진리와 내가 사라져서 우주의 본원과 인간의 본성 자리에 들게된다. 이것이 여래선이다.

그러나 본성에만 그치면 목석과 다름없다. 진리의 내면화가 이루어져야 한다. 그동안의 배움과 삶 그리고 객관화된 세계와 그 근원이 한

데 어우러져서 진리로 재탄생되어야 한다. 이것이 여래선에서의 내면화 과정이다.

진리인식이 선정을 통해 동화되어 진리와 하나 된 앎으로 발현된다. 또한 삶에서는 여래선을 바탕으로 삶을 실현해 가며 은혜로 창출하는 것이 조사선이다. 즉 근본자리에서 터져 나온 근본지혜와 그것이 현실에 그대로 발현되는 것을 알고 체득해 가는 것을 아울러 조사선이라고 한다.

조사선까지 다 체득하고서는 다시 의리선으로 나온다. 의리선으로 점검해 보며 자기가 자기를 알게 되고 또 스승에게 깨달음을 인가받을 수도 있다. 또한 도반과 더불어서 의견을 나누어 깨달음을 나누고 함께 삶의 모습으로 나타내기도 한다. 앞으로는 나 혼자만 깨쳐서는 안 된다. 외롭고 작다. 도반과 더불어 수행하고 깨쳐야 원만해질 뿐 아니라 세세생생 진급할 수 있고 세상도 좋아진다.

이 진리를 정리하여 삶과 진리에 조금이라도 괴리가 있는 것이 무엇인지 찾아내고, 세상 사람들이 진리를 이해할 수 있도록 정리하여 가르치는 것 또한 의리선이다.

선사禪師가 교학에 밝아야 하는 이유는 자신의 수행과 진리에 호리라도 괴리감이 없는지 살피기 위함이다. 이런 과정이 선사의 교학을 그만큼 실질적이고 살아 있게 한다. 수행은 의리로 시작해서 조사와 여래로 가지만 진리 실현의 모습으로는 여래에서 조사, 의리로 나온다. 원불교와 같이 깨침을 목적하는 종교에서는 의두^성리를 아주 중요하게 여긴다.

성리연마를 할 때는 수학 문제를 풀듯 기틀을 따라 한 올 두 올 풀어

가는 것이 아니다. 가슴속에서 뭉쳤다가 툭 터져 나오기도 하고 또 스르르 녹아나서 일체 걸림이 없어야 한다. 이것을 보고 '밑살이 쏙 빠졌다'고 일컫는다. 만약 성리 소식을 알고 마음속에서 걸림이 있다면 진정한 깨달음은 아니다.

경계가 없는 나만의 공간에서 혼자 있을 때 마음에 어떤 관념과 욕심의 흔적도 없다면 성리는 여기에서부터 시작된다. 즉 빈 마음을 일컫는데 이것을 초견성初見性이라고 한다. 그리고 단순한 경계 속에서 관념에 사로잡히지 않고 천조의 대소유무에 따라 마음이 작용하는 것을 중견성中見性이라 하고, 변화무쌍한 경계 속에서도 마음이 하나도 흐트러지지 않은 상태로 천조의 대소유무에 따라 시비이해를 건설하는 것을 상견성上見性이라 한다.

이 경지가 되어야 견성 즉 성불했다고 할 수 있다. 이것이 돈오돈수頓悟頓修의 경지다. 그렇지 않은 상태에서는 견성 후 성불의 과정이 필요한 돈오점수頓悟漸修가 될 수밖에 없다.

근기에 따라 바로 돈오돈수를 하는 사람도 있으나 이는 전생에서부터 수행을 많이 한 사람이라야 가능하다. 다른 측면에서 보면, 단순히 알기 위한 화두를 드는 것은 기껏해야 돈오점수에 그치나 앎과 행을 동시에 닦아서 깨치면 돈오돈수가 가능하다. 앎과 행이 아울러야 화두가 생명력이 있을 뿐 아니라 크다.

이왕 수행을 하려면 교리와 자신의 마음속에서 원하는 것이 하나로 어우러져 한 문장이 되도록 한다. 그것을 가슴속에 담는다. 담겨진 화두가 삶에서 뒹굴며 일부는 풀어지고, 또는 선명하게 드러난다. 그리

고 남은 것은 농축되어 응축되다가 어떤 계기로 터져 나온다. 일순간
의 계기로 터져 나오기도 하지만 삶 속에 익어져서 어느덧 되어졌음을
알기도 한다.

관심 과정에서의 성리연마는 진리인식을 내면화하고 삶으로 엮어
가는 수행길이다.

[관심 1]

미세호흡법微細呼吸法

■ 호흡을 바라본다

단전주호흡으로 단전기운이 담뿍하고 튼실한 상태에서는 단전에 기
운을 불어넣기보다 단전을 바라보는 정도가 좋다. 그래도 단전주호흡
이 된다. 호흡 바라보기를 소홀히 하다 보면 단전에 기운이 뭉쳐서 힘
은 있으나 기운이 고르거나 편하지 않다.

이때부터는 단전기운의 느낌에 깨어 있으면서 호흡을 골라 주면 된
다. 깨어 있으면 망념이 드나들어도 모르게 망념의 존재가 희미해져
간다. 단전에 따른 호흡을 바라보면, 그동안 해 왔던 호흡이 좋기는 하
나 상대적으로 거칠었다는 것과 마음가짐에 따라 호흡에도 많은 차이
가 있음을 느끼게 된다.

그러나 단전주호흡을 무조건 등한시하고 바라보기만 하면 단전기운이 부실해져서 처음으로 돌아가 다시 하게 될 수도 있다. 호흡을 바라보라는 것은 단전기운이 담뿍하게 형성되었다는 것을 전제한 상태에서의 주문이다. 단전의 느낌을 되짚어 볼 때 기운이 없다면 미세호흡을 나중에 하고 단전주호흡으로 기운을 모아서 기감氣感을 느끼는 것이 먼저다.

미세호흡에 이를 정도면 단전의 좋은 느낌이 어떤 것인지 알고 점검하고 스스로 조절할 줄 알아야 한다. 그렇다고 미세호흡이 그리 약한 것은 아니다. 단전주호흡으로 단전이 튼실하면 단전기운을 유지 발전시킬 수 있을 정도는 된다. 자기호흡에 의한 수식법으로 단전이 튼실해지면 그 기운에 마음이 전일하게 살면서 놓치지 않으면 된다. 이 정도가 되면 간혹 급한 일로 단전기운이 소진될지라도 처음부터 되짚어오면 어렵지 않게 회복할 수 있다. 그동안 기초를 잘 닦아 놓았다면 그만큼 회복도 빠르다.

단전이 회복되면 다시 호흡과 기운을 세밀하게 바라보며 마치 아기 기르듯 길러 간다. 아이를 볼 때 옴짝달싹 못하도록 잡아 놓지 않는다. 아이가 성장하는 데 위험한 것은 치워 주고 필요한 것을 해 주면서 놀게 하면 잘 자란다. 이처럼 호흡과 마음에도 필요한 것을 해 주고 바라보기만 하면 된다.

미세호흡에 어느 정도 익숙해지면 망념이 다가온다. 망념이 생기면 '망념이 왔구나!' 하면서 지켜보면 망념은 어느새 물러간다. 그러나 망념에 사로잡히면 호흡에 따라서 듬직하게 차오른 기운이 사라져서 결국에는 기운의 흔적조차 찾기 어렵다. 망념에 사로잡히지 않고 단전주 호흡에 따라 기운을 보존하면 점점 단전에 기운이 충만해진다.

이때 찾아드는 망념은, 거칠고 왕성한 번뇌를 어느 정도 거른 미세번뇌다. 미세한 생각들이 머릿속을 흐르듯이 머물다가 다른 생각이 흐르듯 들어오는 등의 번뇌다. 이런 번뇌는 삶 속의 잔상殘像들이 지나가듯이 나타나기도 하고 전생부터 업에 간직된 무의식이 떠오르는 것일 수도 있다.

때에 따라서는 삶을 뒤흔드는 번뇌가 찾아오기도 하지만, 그 전에 거친번뇌를 어느 정도 닦아 놨기에 자주 일어나지는 않는다. 설사 들어온다 해도 그동안 비워 보기도 했고 비우는 힘도 생겨서 오래지 않아 비워 낸다.

미세번뇌의 대부분은 옅은 구름 같기에 마음에 짙게 드리워 있지 않다. 바라보기만 해도 되지만 이해를 해야 할 일이 있으면 깊은 생각으로 정리整理하면 된다. 즉 망념의 일부는 바라보면 없어지지만 생각이 흐트러지거나 혼란한 상태에 있는 것은 성리性理로 질서 있게 하라는 의미다.

거친번뇌와 미세번뇌는 보편적으로 자기를 지배하는 망념의 농도와 내용에 약간의 차이가 있다. 미세번뇌는 거친번뇌처럼 마음 위로 치솟지는 않으나 내면의 깊은 곳에 드리워진 것이 증오보다는 사랑일 경우가 많다. 미움은 어느 정도의 노력으로 지울 수 있으나 사랑하는 마음은 깊고 짙게 자리하고 있어서 떨쳐 내기가 여간 어려운 것이 아니다.

이런 번뇌는 생각으로서 완전하게 정리할 수 없다. 알아차리는 정도로는 안 된다. 깊이 있는 번뇌는 한두 번으로 없어지는 게 아니어서 덜어내고 또 덜어 내야 한다. 선을 할 때마다 망념을 놓고 진성을 기르려는 마음이 이어져야 내면 깊은 곳에서부터 번뇌가 눈 녹듯 사라진다. 이런 번뇌는 업의 덩어리이기 때문이다.

단전에 마음을 두는 데 단전 가운을 놓치지 않을 정도로 집중만 해도 선을 잘하는 것이다. 마치 누에가 실을 뽑는데 끊어질 듯 끊어질 듯하면서도 끊어지지 않는 것과 같기 때문이다. 이러다가 밝은 빛이 비치게 되면 어둠이 물러나듯이 망념도 사라진다. 내 마음에 밝음과 정성심이 있으면 망념은 저절로 물러난다. 밝음이 망념을 알아차리는 것이고 정성심은 마음이 오롯하여 놓치지 않는 것을 일컫는다.

이렇게 전일한 마음을 지니면 좋은 기운이 어린다. 학창 시절에 작은 골방에서 한두 해 선을 했는데, 어느 날 하루는 기독교 신앙으로 기도를 꾸준히 해 오던 누나 친구가 찾아왔다. 방에 들어와서는 기운이 너무 좋다며 두 손을 모으고 몸을 흔든다. 누구라도 열심히 신앙생활을 하면 기운 정도는 느끼는 것을 그때 알게 되었다.

그러나 좋지 않은 기운도 있다. 지나치게 가볍거나 무거운 기운도 있고, 탁하고 거칠고 깨진 기운 등도 있다. 거친 기운은 내단內丹보다는 외단外丹을 함으로써 생기고 쌓인다. 외단은 차력에 가깝다. 외단을 하더라도 내단에서 발현된 기운으로 자연스럽게 나와야 거칠고 탁하지 않다.

밖으로 보여 주려는 마음이 많다 보면 내단보다 외단을 많이 하게 된다. 내단을 해서는 신통이 쉽게 나타나지 않기 때문이다. 내단을 추구하는 것은 신통보다는 마음을 깊이 닦아 가며 자기 내면과 진솔한 대화를 위한 것이다.

또한 깨진 기운은 편안하지 못한 불규칙한 기운인데 불안하기까지 하다. 이런 기운은 호흡을 잘못해서 생기는 경우와 선을 잘하여 선력을 빨리 이루고자 욕심을 부릴 때 생긴다. 이와는 달리 선 수행을 하기 이전에 정서가 안정되지 못해 생기는 경우가 있다. 이런 사람은 체계적인 지도를 받아 가며 차분하게 배우길 권하고 싶다.

이 모든 현상들은 정법수행에 뿌리를 두고 없앨 것은 없애며 키울 것은 키우고, 수행의 과정대로 밟아 가면 그때그때 그 과정의 맛을 느낀다. 미세호흡에서는 호흡·기운·마음에 고요함과 순수함 그리고 편안한 느낌이 있다.

좋은 기운은 상한 기운과 달리 맑고 영롱하며 따뜻하다. 그리고 순수하고 고요하면서도 담뿍한 느낌이다. 이 기운이 서원誓願*과 더불어서 발하면 서기瑞氣가 되어 솟아오른다. 좌선의 방법에 따라서 순서 있게 차근차근 해 나가면 어느덧 바라는 대로 되어 있다.

■ 호흡을 고르는 것부터 배워야 한다

호흡 고르기가 끝나면 미세호흡을 해야 한다. 미세호흡에 이르려면 숨의 길이가 어느 정도는 되어야 한다.

---

*서원誓願 : 크게 하고자 하는 마음. 진급영적 성장. 성불. 제중.

수학 시절의 어느 날 호흡의 길이를 재어 보니 한 호흡이 2분이었다. 그래서 다른 사람도 이 정도로 훈련시키면 되겠다 싶었는데 일반 사람들을 대상으로 점검해 보니 2분까지는 필요치 않았다. 1분 남짓한 호흡으로도 단전을 단련하는 것은 물론이고 기운과 마음을 평온하고 전일하게 가져갔다. 그러나 보편적인 면에서는 들숨은 16초 정도가 적당했다. 조금 더 짧거나 길어도 된다. 아주 중요한 것은 하루에 30분 이상씩 1년을 꾸준하게 할 수 있느냐이다.

숨이 긴 것으로 판단하면, 해녀들은 숨의 길이가 5분이나 되니 해녀가 선을 잘하는 게 된다. 선은 호흡의 길이보다 정성스럽게 했느냐가 더 중요하다.

호흡을 수행의 순서에 따라 정성스럽게 하다 보면 지식止息을 느끼기 시작한다. 지식이란 억지로 참는 것이 아니라 숨을 들이쉬고 내쉬는 사이에 자연스럽게 잠시 멈추는 현상이다. 공을 높이 던지면 하늘에서 체공滯空하는 시간이 있다. 올라갔다가 내려오는 분기점에서 공은 멈추는 듯하다. 지식이라는 것도 이와 같다. 보통 사람이 숨을 들이쉬다 내쉬기 전의 그 찰나가 자연스럽게 길어진 것이라고 이해하면 된다. 이때는 내쉬는 숨조차 지식에 가깝고 미세하다. 그리고 멈추는 숨은 바람 한 점 없는 것처럼 허공의 주인이 되어 고요하고 한가한 느낌마저 든다. 또한 들이쉬는 숨은 한 모금의 샘물처럼 싱그러운 공기가 목을 맑고 부드럽게 적셔 주는 듯하다. 미세호흡이 점점 숙달되면 피부호흡에 가까워진다.

평소에 피부호흡을 느끼기는 어렵다. 선을 어느 정도 하여 호흡에 숙련이 되면 대중목욕탕이나 수영장에서 머리를 물속에 넣은 후 코로 숨을 쉬지 않고 피부로 쉬어 보면 조금씩 그 느낌을 알 수 있다.

피부호흡을 해도 내가 하고 있는지 잘 모른다. 그러다 조금 느껴질 때는 피부 끝이 예민해지는 듯하다. 그리고 물속에 있으면 자기도 모르는 사이에 폐기閉氣가 된 상태에서 호흡을 한다. 숨에 자유를 얻을 수 있는 데 도움되는 훈련이다.

■ 호흡이 미세하여야 좋은 기운을 지닐 수 있다

허공에는 기운이 어려 있다. 기운의 성분을 보면 대체로 세 가지로 구분해 볼 수 있는데 공기空氣, 생기生氣, 영기靈氣이다. 영기는 신령스러운 기운이고 생기는 생생약동하는 기운이다. 그리고 기운의 바탕과 틀을 이루는 것이 공기다.

호흡을 하는 데에도 무심하게 "훅훅" 들이쉴 수도 있지만 영기와 생기를 골라 마실 수도 있다. 방법은 간단하다. 그동안 여러 차례 언급했듯이 기운은 마음 따라 움직인다. 우주의 충만한 영기를 모은다는 마음으로 허공법계虛空法界*로부터 끌어들이면 신령스런 기운이 들어온다.

최소한 영기를 모으는 데는 어느 정도 마음과 호흡을 고를 수만 있어도 가능하다. 마음과 호흡이 거칠면 들이쉬는 숨에 편승한 기운 자체도 거칠어지기 때문에 신령스러운 기운을 끌어들일 수 없다. 이때부터

---

*허공법계虛空法界 : 허공을 진리의 입장에서 강조하는 말. 허공처럼 텅 비었으면서도 일체의 법을 다 포함한 진리의 세계. 곧 우리 인간의 청정 자성심自性心을 허공에 비유하여 이르는 말.

는 숨을 마신다는 것보다도 좋은 기운을 마신다는 느낌으로 해야 좋은 기운이 단전으로 들어온다. 이때가 심단心丹을 위주로 한 기단氣丹의 특성이 극명하게 느껴지는 때이다.

그동안 숨을 단전까지 끌어들인다고 하지만 숨은 폐로 쉰다. 엄밀하게 표현하면 단전으로 숨 쉬는 것이 아니라 느낌으로 하는 것이다. 단전으로의 숨은 깊은 숨과 함께 폐활량을 키운다. 또한 그와 더불어 단전에 기氣가 모이게 된다. 이런 자연스러운 호흡에서 더 나아가 숨을 들이쉬는 것과 동시에 영기만을 단전에 모아 갈무리할 수 있다. 이 기운은 일반적인 호흡의 기운과 달라서 단전이 돌같이 딱딱하게 되는 일은 없다.

기단은 호흡을 통하여 기를 강하게 모으고 또는 돌린다. 돌리는 것을 운기運氣라고 하는데 해 보면 정말 재미있다. 기운을 느끼게 되니 더욱 선에 흥미를 유발하여 지속적으로 하게 만든다. 또 하나 좋은 점은 건강에 상당한 도움을 준다는 것이다.

반면 심단은 단전에 기운을 주하는 것으로부터 출발하여 마음을 다스린다. 망념이 찾아왔을 때 알아차리고 마음의 내면을 다스리면 망념도 사라지고 진성眞性이 나타난다. 단전에 마음을 모아서 심력을 기르다가 마음이 맑아지면 들던 화두를 꺼내 본다.

그러다 마음을 맑혀 전일해지면 자신의 성품자리에 흠뻑 젖어 든다. 즉 무아지경에 든다. 성품자리에 젖어 들면 그 자리와 진리의 근원을 알게 될 뿐 아니라 근본지혜가 솟아나서 눈으로 볼 수 없는 영靈의 세계도 알고, 귀로 듣지 못하는 세계의 소리도 듣게 되며 내세에 대해서도 아는 등, 상상하지 못할 세계가 펼쳐지게 된다. 섣불리 신통을 바라는 것은 문제이지만 보이지 않는 세계에 대한 이해를 하는 데에는 아주 중요한 부분이다. 다만, 신통을 바라며 변색된 환영이 진짜인 양 자신을 현혹시키기도 하므로 주의할 필요가 있다.

진리의 세계는 보이지 않는 세계가 더 크다. 이 큰 세계를 보고 현실 세계에 맞춰서 열려 가는 인지에 맞게 법을 펼 수 있다. 그동안의 모든 성현들이 그렇게 했다. 소태산도 후천의 도수를 보아다가 법을 편 것이라 건강 차원에서의 수행하고는 비교조차 안 된다. 이 심단은 마음으로부터 출발하여 몸을 다스리니 서원과 정성이 지극하지 않으면 하기 힘들다. 시간도 많이 걸릴 뿐 아니라 진리의 모습을 보기도 어렵다.
작은 집은 몇 개월이면 짓지만 큰 집은 수십 년이 걸릴 수도 있다. 단전 중엔 심단이 크고 제대로 자리하기까지 시간도 오래 걸린다.

심단 가운데에서도 단전주선은 심신을 아울러 정진하게 함으로써 잘만 하면 건강에도 상당한 도움이 된다. 또한 단전에 마음 주하기를 놓지 않고 전일하기만 해도 자세가 골라 맞는다. 선을 잘하여 마음이 편안하고 단전기운이 차오르면 자연스럽게 온몸으로 흐른다. 나아가 온몸이 단전이 된다. 온몸에 기운이 어리게 되고 신체 부위 중 좋지 않은 곳은 좋은 기운이 풀어 준다.

독야청정獨也淸靜

나 홀로 마음이 맑고 고요하여 마음의 낙원을 느낄 수 있는 것은 선을 하다 보면 자연스럽게 나타난다. 이를 깊이 체험해 보는 것이 좋을 듯싶다. 이때는 시계가 지속적으로 요란하게 소리를 낼지라도 그 소리에 마음이 흐르지 않아 고요하다. 종로의 한복판에 있어도 태고太古의 정적靜寂을 느낀다. 이렇듯 밖의 경계에 동動하지 않고 마음이 한가롭고 여유가 있는 경지를 독야청정獨也淸靜 이라 한다. 이는 마음을 두호斗護할 줄 안다는 뜻이지 직접적인 경계에 대처하는 마음작용이 아니다.

■ 밖으로부터 오는 간접적인 경계

직접적인 경계란 자기의 신체가 훼손되거나 재색명리財色名利 등에 손해를 입는 것이다. 그러나 간접적인 경계는 이런 직접적인 경계와는 차이가 있다. 예 아닌 말을 듣거나 자신의 속을 뒤집는 얘기를 들었을 때, 또는 누명을 썼을 때는 마음속에서 울화가 치밀어 오른다. 이보다 강도가 강한 것이 이롭고 해로움의 기로에 서 있을 때다. 이때는 목숨을 불사하고 매달린다. 작은 해로움일지라도 자기에게 돌아오면 그동안의 경험과 지식을 기반으로 대처해 가는 데 급급하다. 또한 이로운 일이라면 체면을 불고하고 취하려는 경우가 대부분이다.

이와는 달리 체면을 중요시 여기는 사람은 옳고 그름에 따른 판단에 매달리는 경향이 있다. '바람직한 일이 무엇인지' 모색하는 것을 넘어서, 내가 옳아야 한다는 생각에 사로잡힐 때는 자신은 물론 남의 마음도 어지럽게 한다.

이런 현상은 정치가나 학자들에게서 많이 나타난다. '그 사람이 어떤 노력으로 어떻게 이뤄 가고 있다.'는 것은 쏙 빼고 한발 물러서서 있다가 일이 끝난 후에 평가하여 일을 해낸 사람들 위에서 군림하려고 한다.

그러나 진실로 명예를 아는 사람들은 목전의 명예보다는 속 깊은 명예를 중요하게 여긴다. 남을 함부로 비판하지도 않고 일을 함부로 벌이지도 않는다. 물론 너무 신중한 나머지 때를 놓치는 경우도 있지만 말이다. 이것은 완벽주의 성향을 지닌 사람이 실수하지 않으려 할 때 나타나는 현상 가운데 하나다. 자기 명예에 자기를 구속하게 되는 격이다. 이런 사람은 누명을 썼다든지 실수를 하는 등, 자신의 명예에 치명적인 일이 닥치면 몸과 마음이 크게 아픈 특성이 있다.

■ 안으로부터 일어나는 경계에 초연하는 연습

사람의 정서는 혼자 지낼 때 여실히 드러난다. 어떤 일을 어떤 모습으로 어떻게 하는지 보면 안다. 일은 관심사고 모습은 정서다. 그리고 행하는 것이 의식의 방향과 능력이다. 이 가운데 사람과 삶의 바탕을 이루는 것이 정서다.

홀로 있는 공간에서 마음 평온히 지낼 수 있는 사람은 많지 않다. 한 가하면 오만 생각에 휘둘리거나 심심해 못 견딘다. 이런 사람은 차라리 바쁜 것이 낫다. 혼자 있을 때, 편안하고 차분하게 자신의 일을 하거나 일 있을 때를 준비하는 사람은 대단하다. 공부의 기초와 자력이 섰을 뿐 아니라 수행자로서 성현의 빛으로 물들어 가고 있는 모습이다.

염색하려면 염색할 천이 잡티 없이 깨끗해야 하듯이 마음 바탕이 순연해야 그 위에 성현의 빛을 물들일 수 있다. 자신의 마음이 순연한지 가늠하려면 혼자 있을 때 자신을 보면 안다.

예로부터 혼자 있을 때를 삼간다는 뜻의 '신기독愼其獨'을 군자의 덕목으로 여겨 왔다. 이것은 진리를 언제 어디서나 마음속에 모시고 산다는 의미이자 진리와 하나가 되었음을 의미한다. 이것이 최고 경지에 이른 수행자의 심경이다.

일이 있거나 사람과 동물 등과 함께할 때는 생활을 무난하게 하는데 혼자일 때 생활 리듬이 무너지면 수행자로서는 생각해 봐야 한다. 그간의 생활 모습이 남으로부터 자신을 발견하려는 마음에서 비롯된 것일 수 있다. 상대심으로 남에게 잘하거나 못하는 원인은 욕심인 경우가 많다. 그런데 욕심으로는 꾸준히 잘할 수 없다. 욕심대로 되지 않으면 자연스레 남을 원망하게 되기 때문이다. 원망하는 것이 여의치 않으면 자괴감에 빠지거나 자학 증세로 나타날 수도 있다. 물론 욕심에 차지 않지만 잘해 줄 경우도 있으나 이것도 좋은 사람이고 싶은 마음으로 욕심을 누르는 것이라면 결국엔 몸을 상하게 하고 만다.

욕심과 상대심은 열등감을 부를 수밖에 없다. 인간은 우주의 구성체 가운데 하나라 잘하는 것과 못하는 것 그리고 가진 자와 못 가진 자 등 상대적 특성이 반드시 존재하기 때문이다. 그러나 자신이 영혼의 관점에서 가치 있다고 여기는 것에 삶의 초점을 맞추면 혼자 있을 때도 영적 가치의 삶으로 살아갈 수 있다.

수행자는 홀로 있는 연습을 해야 한다. 홀로 수행하는 마음과 습관이 되어서 홀로 앉아서 태고의 정적을 느끼는 것은 수행자라면 반드시거쳐야 하는 과정이다. 마음이 산란하지만 않아도 정적의 문에는 들어선다. 앉아서 수행하는 사람보고 무료하게 앉아서 뭐하냐고 비난할 수 있다. 그러나 까닭 있는 수행자는 앉아 있어도 그 속에 삶이 녹아 있다. 선 수행은 열심히 하는데 취사가 안 되는 것은 수행의 흉내만을 냈기 때문이다.

강태공이 곧은 낚싯대를 호수에 드리고 세상을 낚았다는 유명한 이야기가 있다. 강태공의 마음에는 굽은 바늘이 없다. 곧은 마음이 되어 세상을 건져 보고 또 건져 본 것이다. 세상을 건지려면 곧은 낚시가 아니고는 건질 수 없다. 곧지 못한 낚싯대에는 자기 욕심이 들어 있어서 안 된다. 곧은 낚시는 빈 마음이고 일심이 뭉친 마음이다. 이 마음이 발하면 천지와 더불어 함께한다.

■ 내면의 평온함 위에 희로애락을 부려 쓸 줄 알아야

우선, 일이 없을 때 태고의 정적을 느껴 보자. 참으로 느끼는 사람이라면 명동 한복판에서도 마음이 산란하지 않을 수 있다. 이런 사람은 정서가 안정된 사람이다. 정서가 안정된 것도 천층만층이나 이 정도만되어도 수행길이 열린다.

그러나 누군가가 명동 한복판에서 "이리 비켜라! 저리 비켜라!" 하고 밀치고 당기며 자신을 해코지할 때는 비우는 것만이 능사는 아니다. 시비이해에 따라서 바른 판단과 행동을 해야 한다. 그러나 이런 상황에서도 태고의 정적을 느낄 거라며 앉아 있기만 한다면 법박法縛*에 사로잡힌 모습이다.

여기서는 본인이 직접 경계를 일으킨 것은 아니지만 경계에 따라서 대처해야 하므로, 일의 선후로 보아 자리이타自利利他의 도로써 적절하게 자신을 보호해야 한다. 그러나 이때 중요한 것은 이 가운데에서도 마음의 바탕이 평온할 수 있느냐는 것에 있다.

학창 시절에 단과대학별 체육대회가 있었다. 원불교학과가 소속된 단과대학이 2년 연속 우승 문턱에 도달하자 우승을 막으려고 다른 단과대 학생들이 파행 운영을 일삼았다. 원불교학과 학생이 항의를 하니 다른 학과 학생이 웃으면서 이야기하자고 했다. 그 학생은 "이런 상황에서 이런 이야기를 어떻게 웃으면서 하냐?"며 따져 물었다.
따져 묻는 데도 도道가 있다는 느낌이었다. 평온함을 깨지 않으면서 희로애락喜怒哀樂의 감정을 부려 쓰는 모습이 수행자답게 멋스러웠다. 하지만 그런 행동이 만약 내면의 평온함 없이 이루어진 것이라면 그런 사람의 공부길은 기약하기가 힘들다. 수행자에게는 내면의 평온이 언제나 먼저 자리잡혀 있어야 한다.

■ 혼자일 때 평온함을 연습하고 또 해야

이 정도 수준이 되면 신체, 경제, 명예, 권력 등 직접적인 피해를 입는 경계가 아닌 소리나 색상 등의 가볍고 간접적인 경계에서는 태고의 정적을 느낀다. 이는 성현의 빛깔이 물드는 시초다. 하지만 이 정도라도 한두 번 해서 되는 게 아니라 일 없을 때 물들이고 또 들여야 정적의 마음이 견고해진다. 그래야 간접 경계나 직접적인 작은 경계에서 무너지지 않는다.

나아가 경계 있을 때를 생각하여 이미지 수행을 해 놓으면 경계를 당해서도 수월하다. 이때는 경계 속에서 하는 공부도 병행을 해야 한다. 그러나 아직 이 공부를 본격적으로 해야 할 시기는 아니다. 이 시기는 앉아서 태고의 정적을 느끼는 데 충분한 적공을 들일 때다. 하고 또 해서 여러 번 반복하다 보면 견고해져서 수행력이 쌓이면 실지로 번잡하고 소란한 곳에서도 태고의 정적을 느낀다. 뿐만 아니라 수행자로서 얼굴이 달라지고 음성도 달라진다. 그리고 가슴속에서부터 일어나는 기운이 순연하고 평화롭다. 이 단계를 잘 밟아서 공부하면 최소한 스스로가 스스로를 괴롭히지 않을 정도에는 이른다.

■ 쉬는 선

좌선 자세의 원리는 긴장과 이완의 균형이다. 좌선 중에 몸의 물기운과 불기운이 잘 어우러져 균형을 이루면 입에서 맑은 침이 솟아난다. 반대로, 맑은 침이 나올 때의 몸과 마음가짐을 보면 긴장과 이완이 적당할 때를 가늠할 수 있다.

사람마다 성격과 체질이 다르기에 긴장과 이완이 적당한 경우도 다르다. 마찬가지로 좌선의 자세 또한 사람마다 다를 수밖에 없다. 그러나 성격과 체질의 범주를 넘어서 누구나 긴장감을 가질 때가 있다.

하루 종일 일을 하고 난 저녁에는 다소의 차이는 있어도 누구나 피로감이 든다. 몸뿐 아니라 마음도 스트레스로 긴장감이 아우른다. 이렇게 심신이 긴장 상태에 있는 경우에는 뭔가 하려는 자체가 역효과를 가져온다. 아무리 선이 좋은 것이라고 해도 귀찮을 수밖에 없다.

이때는 선을 잘하려고 하기보다는 쉬는 선을 하는 것이 좋다. 심신이 피곤해서 긴장이 80~90%라면 몸의 긴장부터 그만큼 풀어야 한다. 잠을 자도 괜찮을 정도로 어딘가에 기댄다. 몸을 기댈 수 있는 소파라면 더할 나위 없다. 소파에서 등을 뒤로 비스듬히 기대어 눕는다. 그리고 마음에서는 뭔가 하려는 마음을 최대한 줄인다. 호흡에 대한 것과 마음가짐에 대해서도 일체 놓고 단전에서 숨을 느끼는 정도만 갖는다. 심신이 피곤하니 생각 자체가 귀찮아서 망념도 없다. 하지만 단전에서 숨을 느껴야 하는 것이 피곤한 상태에서는 부담이다. 이때 단전에 두 손을 얹으면 단전에서 숨 쉬는 것이 수월하다. 물론 그 전에 좌선을 열심히 해 왔다면 아주 적은 마음가짐으로도 편안하게 할 수 있다.

필자는 서울에 강의가 있는 날이면 지방에서 몇 시간 동안 운전을 해서 올라간다. 강의 시간 이삼십 분 전에 도착하면 되도록 쉬는 선을 한다. 십여 분이면 피곤에 지친 심신이 살아나는 데 충분하다. 이때는 잠에 들어도 괜찮다. 잠이 올 정도라면 그만큼 피곤했다는 뜻이니 그 또한 심신에 합당한 배려다.

서울에서 선과 성리를 공부하는 때는 저녁이다. 이때 공부에 앞서 '쉬는 선'을 한다. 선을 하면 심신의 기운이 살아난다. 심신이 단전에서 쉬었기 때문에 생기가 돈다. 단전은 에너지의 저장고이자 발전기와 같다. 그렇다고 단전으로 호흡을 하면 마술처럼 힘들고 병든 것이 일시에 낫는 것은 아니다. 좋아진다는 정도에서 받아들이고 선에 정성을 더욱 들일수록 영단이 쌓이고 영적으로 큰 힘을 얻는다.

[관심 3]

선정삼매禪定三昧

■ 비움의 의식

예비교역자의 막바지에 그동안 공부해 오며 느끼고 알아 왔던 기틀 스무 가지 정도를 시의 형식으로 정리해서 스승법타원께 찾아갔다. 주로 신통에 관한 부분과 그로부터 알아졌던 소식들이라 염려를 들을지 아니면 앞으로 해야 할 공부길을 받아올지 궁금했다.

한번 쭉 훑어본 후 "수고했다. 그런데 이 가운데 무엇이 가장 중요하지?" "무심적적無心寂寂입니다." "됐다. 그러면 늘 그 마음이 되나?" "아니요. 안 됩니다." "그러면 이제부터 그 공부를 해 봐라!" "네."

그로부터 신기한 자취에 대한 호기심을 접었다. 자신도 모르게 한두 번 나타나기도 했지만 이내 잦아들었다. 그러자 오히려 마음도 기운도 편안해졌다. 그동안은 마치 발끝을 들고 담 너머의 세상을 보는 듯했 었기 때문에 편안하지 않았음을 비로소 알게 되었다.

어른의 말씀대로 한다고 대답했지만 호기심과 현실 너머에 있는 세 상의 정보를 미련 없이 놓을 수 있을지 내심 염려되었다. 또한 빈 마음 을 일상에서 유지할 수 있을지도 사실 막막했다.

이 화두는 교무로 교역에 임해서도 계속 이어졌다. 좌선을 하여 정定 에 들면 빈 마음이 되지만 일상에서 느낌과 생각이 깨어서 움직이는 가운데 빈 마음을 유지하기란 그리 쉽지 않았다.

일상을 3차원이라고 한다면 선정에 들면 4차원 이상의 세상에서 머 물러 있게 되는데, 그 의식을 3차원의 세상에서 유지하기가 어려웠다. 한참을 헤매다가 4차원 이상의 의식에서 3차원으로 나올 때의 의식을 유지하는 쪽에 초점을 두었다. 즉 한생각 일어나기 이전의 마음에 의 식을 일깨웠다. 그러나 일없이 앉아 있거나 서 있으면 그나마 되는데, 관심 있고 마음도 따라가는 곳에서는 관념의 흔적이 자꾸만 보였다.

사물을 보면 이름, 모양, 색깔 등이 동물적 감각이 되어 나타나고, 사 람을 보면 그동안의 이야기와 경험에 따른 정보 그리고 사회적 통념 에 의한 외모를 가지고 판단하는 자신을 느끼며 아직도 멀었다는 생각 에 수없이 고개를 떨구었다.

생각을 바꾸어서 어디에도 마음이 머무르지 않은 채 마음을 내는 연습을 해봤다. 일 속에서 그 마음을 지니는 것 또한 쉽지 않았다. 일에 속고 정보에 속고 관념에 속는 자신을 바라봐야만 했다.

그런 어느 날 사물을 볼 때 이름, 모양, 색깔이 보이지 않고 사물 그대로가 보였다. 사람을 볼 때도 정보나 통념이 아닌 사람 그대로가 보였다. 관념이 사라지니 우주 만물을 보는 일이 예전에 보는 것과는 사뭇 다른 느낌으로 다가왔다. 앉아 있거나 서 있을 때뿐 아니라 일을 하면서도 그대로 존재하며 움직였다.

그러나 아쉽게도 이 공간에서 그 느낌을 서술할 수 없다. 관념을 심어 주게 될까 염려되기 때문이다. 지난 날, 원불교 삼동연수원 선방에 한 부부가 참가했는데 남편은 빈 마음이 되지 못해서 헤매는 반면 아내는 다가오는 표정과 걸음걸이를 보니 빈 마음이 된 것을 느낄 수 있었다. 아니나 다를까. 그 아내가 느낌을 이야기하는데 한마디 한마디가 모두 비움에 의한 것이었다. 그런데 아내는 남편에겐 그 느낌을 말해 주지 않았다. 이유를 물었더니, 남편이 언젠가 빈 마음이 되어 느끼게 될 그 청량감을 빼앗고 싶지 않아서 그렇단다. 아주 바람직한 모습이었다.

그런데 빈 마음으로 한때 바라볼 줄 알았다고 해서 항상 그 마음이 되는 게 아니다. 시간 나는 대로 사람이나 사물 등을 빈 마음으로 바라보기를 해야 하고, 나아가서 일에서도 그 마음으로 깨어 있는 연습을 해야 일상에서 빈 마음이 된다.

빈 마음이 일상의 마음으로 이어져서 감각으로 자리하게 되면 자신의 마음가짐 하나를 놓치지 않는다. 또한 다른 사람의 기운과 한마디의 말 그리고 작은 몸짓에서도 알아차린다.

■ 자성체험에 이르는 방법

자성自性은 마음 내면의 깊은 곳에 자리한 마음의 본바탕으로서 성품과 같은 뜻으로 쓰인다. 마음의 깊이에 따라 뜻 마음 정신 성품이라고 구별하여서 부른다. 이것을 계보로 비유하여 설명하면 마음이 '나'라고 할 때 뜻이란 '아들'과 같다. 그리고 정신은 '아버지'이고 성품은 '할아버지'가 된다.

분별하거나 어딘가에 묶임이 없는 마음의 근본자리를 성품이라고 한다면, 정신은 성품에 바탕을 하되 두렷하고 고요함이 있다. 마음이란 희로애락喜怒哀樂의 감정이 있는 것이고 뜻이란 마음을 결정한 상태를 말한다.

선禪을 하여서 정定에 든다는 것은 성품자리에 머문다는 것을 의미한다. 즉 분별하는 성질이나 어딘가에 마음이 집착되는 것이 없는 절대평온不穩의 자리다.

■ 정에 드는入定 방법

정에 드는 것은 그리 어렵지 않지만 쉽지도 않다. 정에 들려면 기운이 순연하여야 하고 마음에 힘이 있어야 한다. 그러면 단전에 마음을 걸 수 있다. 걸다 보면 단전에서 살게 되고 단전에 젖어 든다. 그리고 하나 되어 노닌다.

처음 단전에 마음을 걸 때는 마음이 단전에 전일하여서 잠시라도 단전을 떠나지 않아야 한다. 그러나 이것이 조금 지나면 단전을 바라보기만 하여도 마음이 떠나지 않을 수 있다. 뿐만 아니라 마음이 편안해진다.

그러다 점점 물속에 몸을 적시듯 마음이 단전에 젖어 들게 된다. 이때가 되면 표면의식과 다른 자성의 세계에 빠져든다. 마음에 흔적이 없으나 이 모든 것을 그대로 알 수 있다. 이것을 좌산은 일도—到가 되었다는 것을 잊은 상태, 즉 일도의 모습이 더 깊어진 무도無到에 이른다고 표현하였다. 즉 일도—到 무도無到 무도無到 일도—到인 경지다. 이 자리는 간혹 한번씩 들어갈 수가 있으나 마음이 순일하게 회복되고 마음의 힘이 쌓여 마음만 먹으면 자성자리에 젖어 들 수 있도록 해야 한다. 그동안 선의 단계 하나하나를 닦아 오르다 보면 한때의 자성체험에서 벗어나 자성자리에서 살 수 있다.

자성자리를 체험하는 사람은 순수하고 집중력이 있는 사람이다. 수행을 하지 않은 상태에서는 사회 경험이 많은 사람보다는 적은 사람에게서 순연한 마음을 찾아보기 쉽다. 이렇다 보니 젊은 사람이 유리한 것도 사실이다. 그러나 젊은 사람이라도 적공을 깊이 하지 않으면 나이 든 사람보다 일직심—直心*이 안 된다. 연륜 있는 사람은 사회적 경험

*일직심—直心 : 마음을 하나에 집중하여 길게 이어 가는 것

이나 적공을 많이 했지만 그만큼 망념妄念도 많은 것이 일반적이다. 입정에 들기까지 더 오래 걸릴 수 있다. 세파에 물든 만큼 비워야 할 것도 그만큼 많기 때문이다. 그러나 사회 연륜과 순연함의 정도를 막론하고 입정에 필요한 것은 관심觀心보다도 집심執心이다. 집심은 마음의 힘이다. 이 힘이 순연하게 일직심이 되면 머지않아 입정 체험을 할 수 있다.

입정이란 단어로 선의 깊은 경지를 말하기는 어렵다. 입정이란 넓은 의미로 선의 궁극에 이른 차리다. 여기에서의 입정 체험은 돈망頓忘의 상태와는 구분이 된다. 입정삼매入定三昧*와도 다른 차원이다. 돈망의 상태는 한순간에 나와 사물 일체가 끊어지고 시간도 끊어졌다면 입정체험은 자성自性의 진체眞體를 보는 것이다.

자성자리는 텅 비어 평온함이 있고 광명이 있어서 우리의 본래 마음의 속성을 낱낱이 알 수가 있다. 이것이 우주의 본래 이치와 하나로 돌아감이다. 하지만 자성이 발현되어 우주의 이치를 꿰뚫고자 한다면 자성의 힘이 필요하다. 이것도 적공의 정도에 따라 많은 차이를 보인다. 그래서 쉽게 자성자리를 얻으면 좋을 것 같아도 겉넘게 되어 진리의 전체와 깊이를 얻어 가는 데 오히려 마장이 될 수도 있다. 자성자리를 쉽게 얻으면 자신의 앞길은 해결해도 큰 깨달음에 이르지 못할 수 있는 만큼 내실을 다지는 데 공력을 들여야 한다.

수행자가 도문道門에 들어와서 수행을 한다거나, 또는 사회에 몸을 담고 생활 속에서 정법수행을 한다면 자성자리 정도는 꿰뚫어 알아야

---

*입정삼매入定三昧 : 일반적으로 입정으로 표현되나, 구분해서 쓸 때는 돈망의 상태보다 한 단계 더 초월하여 깊이 들어가서 머무는 경지.

자신의 천도薦度*는 자기가 마칠 수 있다. 이것이 없이는 수행 생활에 무슨 보람이 있을까 싶다.

수행하는 데에도 일대사─大事**를 해결하고 일체 생령의 앞길을 열어 주려는 사람, 공익사업을 하려는 사람, 홀로 도를 즐기려는 사람이 있는가 하면, 세상에 몸을 담고 가정과 자신의 명복을 빌기 위해 도문을 찾는 사람과, 도문의 뜻에 같이하여 봉공활동으로 복 짓는 재미로 사는 사람이 있다. 또한 비록 몸은 세상에 있지만 큰 도를 얻는 동시에 큰 복을 지으려는 사람도 있다.

몸을 도문에 두었든 세상에 두었든 수도 문중에서 공부할 바에는 진리를 체득하여 일대사를 해결하는 것이 가장 중요하고 큰일이다. 원불교에서는 사업 성적에 따라 '대봉도'大奉道 '대호법'大護法이라는 법훈法勳***을 주지만 그보다는 수행의 정도에 따라 내려지는 종사위宗師位****를 더욱 값있게 여긴다. 자성自性의 혜월慧月이 솟아 자신의 업장을 녹이고 중생을 위해 자신을 다 던지는 사람이 어찌 도를 귀로 들어 기억하고 지식으로 꿰맞춰 아는 사람에 비할 수 있을까? 여기에 이를 정도로 수행을 했으면 선정삼매는 그리 어렵지 않다. 그 이전에도 간헐적으로 경험을 했으리라 생각된다.

---

*천도薦度 : 죽은 사람의 명복을 빌고, 그 영혼이 바람직한 세상으로 가도록 염원하고 인도하는 것. 자신의 천도는 반야지혜로 업을 해소하고 가야 할 길을 가는 것.

**일대사─大事 : 매우 크고 중요한 일. 수행인의 일대사는 인생의 궁극적 고민을 넘어서 진리와 하나 되어 사는 삶.

***법훈法勳 : 교단의 창립과 발전에 많은 공적을 쌓은 사람에게 주는 법의 훈장.

****종사위宗師位 : 출가위 이상의 법위와 종법사를 역임한 사람에게 주는 칭호.

전일하게 선을 하다 보면 자신도 모르게 삼매에 빠져든다. 1시간이 5분 같고 10분이 1분처럼 여겨진다. 그럼에도 불구하고 마음과 몸은 아주 상쾌하다.

　선정삼매는 일상에서 비롯된다. 간단하다. 잡념을 뿌리치고 일심을 기른다는 것이 생각처럼 쉽지 않지만 마음만 전일해지면 잡념 사이로 일심을 기르는 것도 어렵지 않다. 처음에는 자신도 모르는 사이에 한두 번 정定에 들지만 호흡과 마음의 힘이 어느 정도 쌓이면 정에 드는 횟수도 점점 많아져 간다.

　선정삼매는 집심執心에서 관심觀心에 이르기까지 여러 차례 경험할 수 있으나 자칫 무기공無記空에 빠진 것을 선정삼매로 착각하기도 한다. 무기공에 빠져도 선정삼매처럼 시간이 훌쩍 지나가기 때문이다. 다만 선이 끝날 무렵에는 좀 멍한 느낌이 있다.

　무기공은 멍하게 앉아 있는 것인데 습선習禪에 흐르게 되면서도 나타난다. 여기서 습선이란 선을 하는 데 목적을 잃고 그냥 습관적으로 앉아 있는 것을 말한다. 처음에는 마음의 자유를 얻는 한 방법으로써 좌선을 하지만 일상 속에서 반복적인 생활을 하다 보면 자신도 모르게 정해진 시간에 맞추어 습관적으로 선을 하게 된다. 선에 습관이 들 정도가 되면 앉아 있는 것도 어느 정도 이골이 난다. 선에 진전이 없거나 선에 자극받지 못한 채로 일상에 묻혀 지내다 보면 서원誓願마저 돌아볼 수 없이 습선에 빠지는 경우가 있어 조심해야 한다.

　습선이 되면 앉아 있는 연습을 하는 것처럼 된다. 무의미한 생활 리듬에서 지내다 보니 선의 본질적 의미를 잊고 선방을 습관처럼 들락거릴 뿐 생기가 없다. 수행자는 이 습선을 조심해야 한다. 수행자의 무기공은 대부분 습선에서 나온다.

논에는 벼처럼 생긴 '피'가 있다. 피는 논의 잡초다. 논의 피처럼 무기공은 선정삼매와 같이 고요하나 정신은 맑지가 못하다. 선정삼매에 드는 초기에 '이제는 어느 정도 되었구나!' 하고 방심하다가는 무기공과 구분 못해서 아무것도 아니게 된다.

선정삼매에 들 정도가 되면 허공법계에서 먼저 알아보기 시작한다. 주위의 영靈들이 제도받으려고 모인다. 이 가운데 신장神將을 자처하는 영들도 있다. 이때부터 잘해야 한다. 마음의 한편에 힘이 쌓이게 되어 남을 섣불리 미워하게 되면 미움 받는 이에게 재앙이 닥치기 때문이다. 반면 수행을 게을리하면 음계로부터 해코지를 당할 수도 있다. 신장이 함께 노하고 내 마음의 힘이 저 사람에게 미치니 이래저래 수행을 할 수밖에 없는 길에 이미 들어섰다.

수행자가 이쯤 되면 마음에서 미움을 완전히 없애야 한다. 미움이 가신 마음의 경지에서 나오는 심법心法이라야 일을 미워할지언정 사람을 미워하지 않는다. 드디어 대자대비大慈大悲의 마음이 움트기 시작한다.

미워하는 마음을 없애는 것은 그리 어려운 것은 아니다. 애정을 끊는 것에 비하면 한결 수월하다. 내가 일을 미워하는지 사람을 미워하는지를 알려면, 저 사람이 잘못하다가 하나라도 잘할 때 기뻐하고 있는지를 살펴보면 안다.

대체로 부모의 마음을 보면 자녀가 열 번을 잘못하다가도 한번만 잘해도 그렇게 기뻐할 수가 없다. 이 마음이라야 일을 미워할지언정 사람을 미워하지 않게 되었다고 볼 수 있다.

미워하는 마음이 좀처럼 가시지 않으면 미운 사람을 위해 기도를 하고 더 나아가 전 생령生靈과 전 생물生物과 전 인류人類를 위해 기도를 한다. 그러면 주위의 기운이 맑아지고 포근해지며 자신의 마음도 어느덧 기도의 내용처럼 된다.

[관심 4]

자성관조自性觀照

자성自性의 광명이 나타난다. 자성에 들어서 보고 느끼고 존재한다. 사람마다 각자 자기의 기운이 있다. 그러나 자성의 광명은 다르다. 수행을 하다 보면 자기 성품에서 발현된 광명을 보는데 자성삼매와 더불어 이 시기가 찾아온다.

자성의 기운에서 발현된 광명은 맑고 밝으나 눈이 부시지 않다. 그리고 따뜻한 느낌이 있다. 일부에서는 "광명이 없다. 흰색이다. 거무스레하다. 일원상이 보인다." 등의 표현을 한다. 관념으로 보면 이렇게 볼 수도 있겠지만 단전에 머물러 든 자성의 광명은 그렇지 않다. 굳이 말한다면 자성의 광명은 황금색에 가깝고 눈이 부시지 않다. 그러나 몸에 따른 기운의 빛깔과 마음의 정도에 따라 다르게 나타나기도 하나 단전주에 따른 빛은 황금색이다. 자성에서 발현된 빛의 세기도 마음의

246

정도에 따라서 다르게 나타난다.

그러나 일단 이 정도의 빛을 지닐 수만 있어도 선의 문에 제대로 든다. 이 기운을 느낄 정도의 사람은 절대로 남을 속일 수 없다. 또한 대의大義가 아니고는 하지 않는다. 즉 양심을 속이는 일은 하지 않는다. 만약 마음이 감정에 휩쓸려서 욕심으로 살면 이 기운은 사라지고 만다. 또한 마음이 착하나 영성이 맑지 못하면 이 빛이 희미해지고 만다. 간혹 착한 것을 맑은 것과 같다고 여길 수 있으나 착한 것과 맑은 것은 분명 차이가 있다. 착함에는 지혜의 힘이 없지만 맑은 것은 지혜의 힘이 있다. 여기에 심력이 쌓여 성품을 그대로 발현할 수 있으면 이 광명은 엄청나게 뻗어 나간다. 그러나 광명을 볼 수 없을지라도 그 사람의 마음 바탕과 씀씀이를 보면 어느 정도 알 수 있다.

글을 쓰면서도 염려되는 게 '이럴 것이다'는 생각으로 수행을 하다 보면 관념대로 나타나는 것이다. 그래서 더욱 세세한 부분은 언급할 수 없다. 만약 관념에 의한 빛에 속아서 자기가 다 된 줄 알면 자기도 불행해지고 그 가르침을 받은 사람도 불행해진다. 자성의 광명을 자주 본다면 스승께 감정을 받는지 스스로도 마음이 담백하고 순수함이 한결같은지를 보면 대략 알 수 있다.

성품자리의 광명을 지녀 보려고 하면 마음에 그릇됨이 없어야 하고, 일심一心의 힘을 갖춰서 진리의 소식을 꿰뚫을 수 있어야 한다. 선정에 들었다면 그 마음이 될 수밖에 없다. 또한 그 마음이 되어 단련하면 선정에 들어 자성의 광명을 느끼게 된다. 물론 큰 진리를 얻는 사람은 자성의 광명이 그다지 중요치 않다. 어찌 보면 하나의 캄캄한 밤하늘에 반딧불 정도밖에 되지 않는다.

　그렇다면 이 문에 들었다고 다 도인道人이란 말인가? 결론부터 말하자면 그건 아니다. 이것도 천층만층이다. 초심자는 자성자리에 어쩌다 한두 번 드는 정도이나 그 성품자리에서 살아가는 사람은 늘 한결같다. 이 자리를 알았다면 성품을 여의지 않고 살아가고자 반조하고 회복回復하는 데에 적공하는 것만 남았다. 자성을 관조하여 삶에서 깨어 있는 사람이라면 누구나 그 세계에서 진리를 품고 사는 사람이다.

무심선법無心禪法

무심선법에 이르면 수행의 인위적인 노력을 자연스러움으로 느낀다. 도구가 되어준 호흡에서 벗어나되 호흡에 깊이가 있고 단순한 이해가 아닌 대상의 세포와 영혼의 감각으로 이해를 한다. 그러나 닦아온 익숙함을 벗어난 새로운 환경에서도 도심道心이 여일해야 하기에 환경에 안주하지 않고 자신을 세상에 던진다. 이제는 보다 넓은 세상을 품고 천지와 하나가 된다. 심신이 모두 동물적 감각으로 이어져서 모든 것이 저절로 되니 도를 거스르지 않는다.

무심 1. 자연호흡自然呼吸
무심 2. 천지합일天地合一
무심 3. 만행萬行
무심 4. 성태장양聖胎長養, 보림함축保任含蓄

무심선법의 공덕결과

이 단계부터는 평소에도 단전으로 깊은 숨을 쉰다. 단전주를 함으로써 단련된 숨이다. 깊은 숨이 단전의 숨으로 되어 숨 쉬는 게 편안하고 고르다. 이 숨 안에는 맑음과 영롱함이 깃들여 있다.

한편, 천지와 더불어서 하나가 되어 고락을 초월하는 경지를 자주 맛본다極樂受容. 나아가 성품에서 발현되는 지혜의 광명自性慧光이 드러난다.

이 모든 것이 일상생활과 하나가 되어 나타나려면 자신이 살아 온 환경과는 아주 다른 곳에서 단련을 해 봐야 한다. 그동안 경계에 부딪쳐서 한두 번 졌다면 모두 이길 수 있도록 단련하는 것이다. 시험을 보아서 90점을 맞는 사람이 100점으로 끌어올리려면 그동안의 공부보다 몇 배의 노력이 필요한 것처럼 큰 공력이 필요하다. 이런 수행을 하다 보면 자신이 판단하고 일을 하는데 사상四相*에 물들지 않고, 오욕五慾으로부터 편안해야 함을 느낀다. 이것을 완전하게 하는 길이 보림공부다. 밥을 짓는 데 뜸을 들이는 것처럼 부처가 되는 데 마지막으로 익혀 가는 공부다. 이것을 마쳐야 비로소 성현의 문에 든다.

---

*사상四相 : 아상我相'나'라는 생각, 인상人相사람이란 이유로 다른 생물을 함부로 하는 것, 중생상衆生相부끄럽거나 못한다는 생각, 수자상壽者相나이, 지위, 능력 등이 있다는 것으로 남을 깔보는 것.

마음공부의 정도

이때부터는 계문이 없으나 마음이 끌리고 끌리지 않는 심계心戒 마음의 계율로 마음의 내면까지 조복을 받아 마음속에서 이미 시기, 질투가 끊어져야 한다. 그러나 마음을 챙기지 않으면 퇴전할 수 있으니 조심해야 할 때이기도 하다. 이 공부를 잘하면 성품자리를 보아서 일과 이치를 세밀한 데까지 이르러 놓치는 부분이 없다. 도를 실현하는 데에도 마음과 몸이 어디에도 걸림 없이 도에 맞다. 나아가 생사에 해탈을 얻는다.

■ 조심해야 할 것

법상法相을 조심해야 한다. 이때가 되면 내가 최고라는 상을 지니기 쉽다. 즉 자신은 남을 가르치는 사람이라고 여겨 남에게 배우려고 하지 않는다. 공부가 자기 이상인 사람이라도 마찬가지다. 혹 다른 사람이 인정을 했더라도 안으로 깊이 지켜본다.

항마위의 중근 병은 상전급의 중근보다 치료하기가 더 어렵다. 이 중근은 스승을 모시고 가르침을 받아야만 넘을 수 있으니 미리 경계하고 스승의 끈을 놓지 않아야 한다.

성리대전性理大全

성리의 뿌리는 성품이다. 성품에서 발현된 근본지혜는 진리적 감각에 따른 인식에서부터 이루어진다. 근본지혜는 사량으로 얻어지는 것이 아니다. 진리적 감각에 비례하여 얻어진다. 하지만 깊은 수행을 통하는 길이다.

예로부터 수행자들이 근본지혜를 얻고자 한평생 심신 간에 편안함을 뒤로하고 구도求道의 길을 걸어 왔다. 어떤 이는 고행 난행을, 어떤 이는 면벽수도面壁修道를 했다. 불가에서는 구도 행각의 하나로 참선을 한다. 이 모든 것이 근본지혜의 결정체라 할 수 있는 깨달음을 얻기 위함이다.

깨달음은 삼학三學*으로 볼 때 연구硏究의 성질을 갖고 있지만 학문을 해서 될 일이 아니다. 이는 책을 보아서 알기도 어렵고 사량으로도 알 수 없다. 근본지혜를 닦아서 맑히고 밝혀야만 가능하다.

깨달음을 크게 나눠 보면 근본과 전체大, 나타난 현실과 부분小, 그리고 유기적 관계와 변화有無이다. 이 세 가지를 하나하나 구분하여 설명할 수는 있으나 각각이 온전한 의미를 지니지 못한다.

근본이 발현되지 않은 상태에서의 현실은 한갓 욕심의 세계에 지나지 않고, 근본과 현실에 법도가 없이는 업력에 끌려다니는 정도밖에 되지 않는다. 본말本末이 아울러 있는 것을 본本은 놓고 말末에 해당하는 내용만 설명해서는 온전한 의미를 가질 수 없다. 하나하나가 독립적인 의미를 갖는다면, 근본자리를 얻은 후에 나타난 자리를 얻을 수 있냐

---

*삼학三學 : 진리의 속성을 기반으로 한 인격 연마의 세 가지. 정신수양, 사리연구, 작업취사.

고 반문할 수 있다. 만약 근본자리를 완전히 체득한 후에야 나타난 자리를 알 수 있다면 도를 닦는 사람들은 현실 생활을 떠나서 인적이 없는 산에서 수행을 해야 한다. 물론 할 수도 있지만 현실을 떠난 수행은 생활에 필요한 마음을 닦을 수도 없고 영적으로도 풍요롭지 못하다.

"견성見性은 꾸어서라도 해야 한다."는 말이 있다. 이것은 의리선義理禪 즉 도리로 알아지는 견성과, 견성의 경지를 믿음을 통해서 실천하며 알아지는 것을 말한다. 그러나 이로써 완전한 견성이 가능한 것은 아니다. 의리나 믿음으로 알게 되는 견성은 항상 미혹의 그림자가 뒤따른다. 미혹의 그림자는 혜월慧月이 솟아야 비로소 잦아든다.

완벽을 추구하는 사람들은 미혹의 그림자가 있는 것에 흡족하지 못하여 꿔서 하는 견성은 싫다고 한다. 그러면서 믿지도 않고 수행 적공도 하지 않는다면 아무것도 되는 게 없다. 믿음을 수행으로 차근차근 증명해 갈 때 믿음이 깨달음이 되어 믿음에 의한 미혹의 그림자가 비로소 가셔진다.

견성의 단계를 정산은 다섯 가지견성오단見性五段로 보았다.
1. 만법귀일萬法歸一의 실체를 증거하는 것으로 이는 사리연구事理研究 공부이다.
2. 진공眞空의 소식을 아는 것으로 이는 정신수양精神修養 공부이다.
3. 묘유妙有의 진리를 보는 것으로 이는 작업취사作業取事 공부이다.
4. 보림保任 공부를 하는 것으로 이는 합덕合德의 경지이다.
5. 대기대용大機大用으로 일상생활에 활용하는 것으로 이는 만능萬能

을 갖추는 것이다.

이 견성오단은 성불의 단계까지다. 또는 견성見性, 성불城佛*, 제중濟衆**
으로 보는 측면도 있다. 보림을 성불로 보고 대기대용을 제중으로 본
것이다. 성불이 온전하려면 제중의 모습으로 평가한다는 의미다. 개념
의 문제이나 이 모든 것이 아울러야 성리대전이 된다. 불교의 선 도리
로 말하자면 의리선, 여래선, 조사선을 통칭한다.

보통 견성이라고 하면 진공의 소식을 관觀하게 되는 초견성을 말한
다. 이것은 무념無念, 무상無相, 무착無着의 빈 마음만을 주장한 나머지 만
법이 하나로 돌아오는 실체와 묘유를 모를 수 있다. 완전한 견성이라
고 할 수 없다. 성리대전은 진공眞空, 묘유妙有, 조화造化의 모두를 온전하
고 확연하게 알고 실천해 가는 것을 말한다. 이것은 머리로 아는 것이
아니라 가슴으로 알아야 한다. 머리로 아는 것은 말만 조금 바꿔도 헤
맬 수밖에 없다. 불가佛家에서 전해 오는 1천7백 공안이나, 벽암록***의
수많은 화두는 사량으로 아는 것을 깨부수고 성품性稟본래 마음을 발현시
키기 위함이다. 그러나 성리를 깨치고 나면 공안이나 화두의 모든 것
이 말장난에 지나지 않게 된다. 화두나 성리가 한생각을 넘어서지 않
고 확연하게 알게 되고 몸으로 증득해 가는 것이기 때문이다.

---

*성불城佛 : 부처의 인격을 이룬 경지.

**제중濟衆 : 세상 모든 생물의 행복을 위하는 일.

***벽암록碧岩錄 : 중국 송나라 때에 『종용록從容錄』과 함께 선가禪家의 쌍벽서라 불리던 이름난 선서禪書.
임제종 공안집公案集의 하나.

근본지혜를 발현시켜야 참으로 견성이라고 할 수 있다. 근본지혜는 성품의 없는 자리만을 아는 게 아니다. 성품에는 모든 것이 갖추어져 있다. 그러나 근본자리는 찾으려고 해도 찾을 수 없고 잡으려고 해도 잡을 수 없다. 이것이 견성한 사람의 눈에는 보인다. 눈을 궁굴리지 않아도 보이고 눈을 감아도 확연하게 보인다.

일심은 성품을 여의지 않은 마음이다. 달리 표현하면 성품에서 그대로 발현되는 마음이 일심이다. 이 일심을 그대로 발현시키면 은혜롭게 나타난다. 우주의 근원이 발현되어 나타나는 모든 것을 '하나'라 하고 나타난 것만을 '자연' 또는 '자연의 조화'라고 한다.

과거의 견성은 근본자리 하나 가지고 인가하며 주고받았다. 그러나 인지가 열린 세상에서는 근본자리 하나만 해결해서는 아쉬움이 많다. 성리가 대전大全이 되어서 의리선, 여래선, 조사선이 서로 넘나들며 하나로 뭉쳐서 삶으로 활용되는 등 사통오달이 되어야 만족할 수 있다. 마음과 기운 그리고 생활 하나하나가 성리이고 진리의 소식이 될 때 한 매듭을 짓는 미소를 머금게 된다.

[무심 1]

자연호흡법自然呼吸法

그동안 호흡을 연마하여 숨의 깊이나 길이가 충분하고 더운 호흡, 찬 호흡을 조절할 줄 알며, 우주의 기운도 걸러서 마실 줄 아는 등 호흡을 어느 정도 마음에 따라 자유자재自由自在할 수 있게 되었다.

그러나 이것보다도 더 좋은 호흡은 '숨이 참 고르고 편안하다'는 것이다. 이전에 간혹 느끼는 편안함과는 또 다른 정제된 편안함이다. 마음을 챙기지 않아도 호흡이 고르고 편안할 뿐만 아니라 숨을 놓아도 저절로 깊은 호흡이 된다. 이때부터는 간혹 숨에 대한 마음을 놓는 연습을 해 보는 것도 좋다.

호흡을 놓으면 때로는 무호흡無呼吸이 된다. 일반적인 생각에 호흡을 놓아서 무호흡이 되면 죽을 것 같지만 죽지 않는다. 몸이란 살아 있는 한 놓아도 저절로 숨을 쉰다. 그동안 숨 쉬는 훈련이 충분하게 되어 있어서 놓으면 오히려 숨의 묘미를 찾을 수 있다.

숨을 놓고 가만히 바라만 보고 있어도 숨이 고요 속으로 잦아들 듯 빠져든다. 한동안 적막에 머문 뒤 숨의 끝자락에 닿을 즈음 맑은 공기가 들어온다. 그리고 숨이 들어와 머리를 시원하게 하고 침샘에서 솟아나는 청아한 액체가 입안을 촉촉하게 적신다. 이때의 맑은 침은 초심자가 선을 해서 솟아나는 맑은 침과는 또 다르다.

선할 때 나오는 맑은 침을 옥지玉地에서 나는 감로수라고 하는데 이 단계에 이르러야 침이 맑고 맑아 '이것이 감로수구나!' 하는 느낌을 받는다. 이는 적공하는 수행자에게 천상天上이 주는 한 잔의 차茶와 향이고 천상의 평온함이다. 이제부터 천상은 산을 가든지 시내의 벤치에 앉든지 내가 처하여 숨 쉬는 곳에 있다.

이 호흡을 연습하려면 염불의 끝자락을 주시해 보면 좋다. 염불을 일심으로 하여 업장業障을 녹이고 일심의 힘과 더불어 하염없는 마음이 되었을 때 숨이 편안하다. 이때 숨을 놓고 그저 숨만을 바라보면 자연호흡의 맛을 느껴 간다. 초심자는 느낄 수 있는 시간이 짧으나 그동안 호흡을 충분하게 연마한 사람은 처음으로 해도 어느 정도 된다. 숨을 놓고 무호흡에서의 호흡을 알고 호흡을 연습하여 익숙하게 되면 호흡의 묘미를 한껏 느낄 수 있다.

그리고 생사에 대해서도 어느 정도 감이 잡힌다. 자신의 기력氣力이 쇠하여 '이제는 숨을 놓아도 되겠구나.' 하고 놓으면 잠을 자듯 스르르 갈 수 있다는 감각이 있어서 자신감이 선다. 이것은 생각이 아니라 피부로 느끼게 된다. 그런데 초심자로서 이 호흡을 한다는 것은 별 효과가 없다. 오히려 '자기호흡 찾기'를 하는 게 더 낫다.

■ 온몸이 단전丹田이 되어야 한다

자연호흡에 이르면 온몸이 단전이 된다. 단전기운이 온몸에 차오른다.

집을 지으려고 할 때 새 집을 짓기보다는 잘못 지어진 집을 부수고 다시 짓는 것이 더 어렵다고 한다. 그것도 크고 튼튼하게 잘못 지어 놓으면 새 집을 짓는 데 그만큼 더 어렵다. 선도 이와 같다.

정법을 바탕으로 선을 정성스럽게 닦아 온몸이 단전이 되는 상태에 이르면 온몸에 기운이 담뿍하게 어리는 것을 느낀다. 이 기운은 밀도는 있지만 무겁지가 않고 따뜻하고 맑다. 그리고 빛이 난다. 서두르지 않고 그동안의 수행법에 따라 차근차근 공부하면 저절로 된다. 다시 한번 강조할 것은 단전주의 방법이어야 바르고 빠르게 체득할 수가 있다는 것이다. 마음을 사사로이 두어서는 좋은 기운을 갖지 못하며 기운이 탁하고 산만하여 공부에 진전이 없다.

기운을 함부로 돌려서도 안 되고 신통을 바라는 마음으로 선을 해서도 안 된다. 혹자는 몸의 기운을 단전 주위로 돌리거나 단전기운을 단전에서부터 척추를 타고 돌리는 수행을 하는데, 기운이 묵직하여 몸의 기운 조절은 가능하나 맑고 밝지가 못하다. 최고 선법의 경지에서 바라보면 꼭 아이들 장난 같다. 조잡한 느낌마저 든다. 마음과 기운이 맑게 차오르면 기운은 자연스럽게 알아서 돌아가기 마련이다.

반대로 막힌 기운은 뚫어야만 하는지 망설이게 된다. 결론부터 짓자면 그럴 필요가 없다. 기운이 맑고 밝으면 막힌 기운이 저절로 녹아서 뚫린다. 기운이 막힌 곳을 기운으로 밀어서 뚫으면 뚫은 흔적이 있게 되고 또 얼마 못 가서 막힐 수 있지만, 녹여서 뚫으면 흔적이 없기에 다시 막힐 확률은 그만큼 적다.

기운이 막히는 것 대부분은 마음과 생활 습관에서 비롯된다. 특히 스트레스에 의한 경우가 많다. 일반적으로 스트레스가 있게 되면 참아서 쌓아 두거나 짜증을 내어서 푼다. 그러나 자연호흡의 경지에 이를 정도면 스트레스를 성리性理로 녹여서 없앤다. 그러기에 기운이 막히는 것을 근본적으로 차단한다. 그렇다고 막히는 기운이 안으로 전혀 없는 것은 아니다. 상대와 일의 성질에 따라 거센 경계가 찾아올 때는 몸 안에서부터 기운이 막히기도 한다. 하지만 홀로 시간을 조금만 가지면 이내 녹여서 없앨 수 있다.

[무심 2]

천지합일天地合一

성리연마를 하면서 근본지혜를 발현시키지 못하면 진리를 증득하지 못한다. 근본지혜는 성품性禀에서 발현된다. 그러나 마음을 모아서 닦지 않으면 맑아지거나 밝아지지 않아서 진리를 꿰뚫어 볼 수 없다.

성품을 발현시키기 위해서는 전일한 마음으로 자성自性자리를 꿰뚫어야 하고 더 나아가 천지와 더불어서 하나가 되어야 한다. 이럴 때 성리대전이 되어 미혹의 그림자를 거두게 되는 것은 물론이고, 자신과 하나가 되어 생각과 말이 자성을 떠나지 않는다.

■ 천지와 더불어 하나가 되는 것

한마음이 녹아서 한마음이랄 것 없는 경지에 들었다가 없다는 것마저 녹아난다. 이는 모든 것을 총섭하고 있어서 수행자에게는 근본지혜로 나타난다. 이 속에 우주가 들어 있다.

이는 자성체험과 달리 천지와 더불어 하나가 되는 경지다. 내가 돌이 되어 서 있고 물이 되어 흐르며 천지와 더불어 하나가 되어 천지의 기운을 타고 노닌다.

소태산은 봉래 정사에서 제자들에게 글을 전하며 "이 뜻을 알면 곧 도를 깨닫는 사람이다."라고 했다.

"변산구곡로邊山九曲路에 석립청수성石立聽水聲이로다.
무무역무무無無亦無無요 비비역비비非非亦非非로다.*"

대산은 이에 대해 "변산구곡로에 돌이 서서 물소리를 듣더라. 이는 다 성불해서 유유자적한 심경을 말한 것이고 또 없고 없고 또한 없고 없다. 눈을 감고 가만히 세상을 둘러보면 세상에 쌓아 놓은 것도 없는 것이다. 또 아니고 아니고 아니고 아니다. 옳다 그르다, 아니다 맞다, 네가 낫다, 내가 잘 산다, 시시비비로 보는데 그것이 아니다. 우리는 일마다 원수가 있고 미운 사람 좋은 사람 있는데 바위는 물에 서서 물소리만 듣고 있다. 여러분이 여기에 토를 떼고 이 맛을 보아야 한다. 소태산께서 변산에 가서서 이 맛을 못 보셨다면 중생 제도를 위해 원불교를 창립하지 않으셨을 것이다."**라고 하였다.

이는 천지합일天地合一의 심경을 읊은 것이다. 천지합일이 되지 않으면 그 심정을 이해하기가 어렵다. 수행자가 이를 성리性理와 의두疑頭

---

* 『대종경』 성리품 11장.
** 『대산종사 법문집 3집』 제3편 수행 34장.

로 삼아 해석을 하나 쉽사리 해석할 일이 아니다. 물론 해석을 하는 것은 일반 사람들로 하여금 천지합일의 심경에 가깝도록 하기 위함인데 대부분 유추 해석을 더해 가다 보면 본질과 멀어질 수 있다. 관조로 알아야 한다. 대산도 눈치만 채게 했지 그 이상을 해석하지는 않았다. 나머지는 수증修證*해서 알아 가라고 한 의미이다.

천지합일은 집심執心만 가지고는 안 된다. 기운이 녹아나야 한다. 우선 사람이나 동물 등 미워하는 것이 없어야 하고, 시기하거나 질투하는 마음도 없어야 사람들에게 말을 해도 법에 적실하게 이야기가 나온다.
미워하는 마음을 녹이는 것은 어느 정도의 수행자면 된다. 이것보다 어려운 것이 좋아하는 마음을 녹이는 것이다. 물건을 탐하는 정도는 넘어선 것이라 문제가 되지 않으나 이성으로 좋아하고 정情으로 좋아하여 끌리는 것을 조심해야 한다. 끈끈한 정은 별개가 아니나 이성으로 좋아하여 끌리는 것을 제어하기란 쉽지 않다. 끌려서 마음을 잃어버리면 그동안 쌓은 정력이 수포로 돌아갈 수 있다.

마음 같아서는 아직 결혼하지 않은 수행자라면 이 단계를 넘어서서 결혼하면 어떨까 싶다. 만약 이 단계 이전에 결혼했다면 천지합일의 경지에 이르는 데에는 몇 배의 공력이 더 든다. 이미 결혼을 했다면 결혼 후 어느 정도 기간이 흐른 후 적공積功을 하면 좋을 것 같다.
천지합일을 하려면 마음이 녹아나고 선을 할 때 호흡이 부드럽고 미

---

*수증修證 : 어느 정도 알게 된 진리를 수행을 통하여 더욱 확실하고 세밀하게 알게 되는 것.

세하며 편안해야 한다. 그리고 앉아 있는 자체가 좋아야 하는데 이때부터는 공기 좋고 기운이 좋은 산수山水가 있는 곳에서 선을 하면 좋다. 그렇다고 일을 놓고 찾아나설 필요는 없지만 기회가 닿으면 길을 가다가 바위 위나 냇가에서 쉬면서 선하면 천지합일에 이르는 게 빠르다.

■ 그 경지에 이르지 않고는 그 사람을 모른다

천지합일의 경지에 이를 정도의 수행력이라면 자연호흡을 하게 되고 기운을 부려 쓸 줄 안다. 더 나아가 천지의 도수를 간혹 보게 된다. 이때 진리의 법칙이 인간의 법칙과 다름을 알게 되어 신기하게 여긴 마음으로 여기저기 이야기하고 싶어 어쩔 줄 모른다. 때로는 못 참고 한두 마디 이야기를 하면 뭇 사람들이 신기하게 여기거나 요원하게 듣는다. 그러나 삶의 깊은 이야기를 섣불리 발설하면 인간 세상이 어지러워진다. 인간 세상의 인심의 정도가 아직 진리의 요체에 이르지 못했기 때문이다. 이때부터는 알고도 말을 못하게 된다.

영통靈通을 한 대타원大陀圓이의인화 교도은 당시 종법사정산를 찾아서 이런저런 이야기를 도란도란 재미있게 했다. 그 이야기들은 일반 세상살이의 이야기가 아니라 마음속에 담겨 있는 진리의 세계를 한 올 두 올 꺼낸 것이다.

성리性理나 의두요목疑頭要目도 이때부터는 말장난에 불과하다. 성품 자리를 보았고 성품이 발현되는 것도 보았기에 이때부터는 세상 말을 논리에 맞게 잘 풀어서 감화感化를 주었느냐 못 주었느냐 하는 기술적인 문제만 남는다. 일부에서는 그것이 무슨 소용이 있냐며 함구하는 경우도 있다. 성리의 본질을 추구하는 것은 좋으나 성리를 꿰뚫고자 하는 마음까지 폄훼할 것은 없다. 성리에 깨어 있는 그 자체만으로도 수행에 까닭을 갖고 사는 사람이다. 성리를 구하지 않는 이에겐 성리 란 한갓 요원한 이야기에 지나지 않는다.

[무심 3]

만행萬行

수행자가 관념을 넘어 경계 속에서 직접 가슴으로 느껴 가며 공부하 는 것이 바로 이 만행이다. 이는 수행자에게 있어서 꼭 필요하다. 원불 교 수행자들은 경계 속에서 공부하기에 특별한 경계를 만들어서 공부 할 필요는 없겠지만 수행자가 주어진 공간 속에서 공부하다 보면 자기 의 틀에 익숙해져서 '이제는 공부가 다 되었거니' 하는 마음이 생기기 쉽다.

어느 정도 수행을 했기에 주위에서 따르다 보니 자기가 높은 줄 알고 자만에 빠지기도 한다. 주위에서 대우해 주는 것을 받다 보면 자기 멋 대로 하려는 습관도 생긴다. 이렇게 받기만 하고 자행자지를 하다 보 면 어느덧 생활에는 자력이 없어져서 끝내는 혼자 하는 것을 주저하 며 주위 사람에게 기댄다. 특히 이 단계에 이르러서는 '내가 법이 있거니' 하는 상相이 생길 때이므로 참으로 조심해야 한다.

이럴 때에는 과감하게 자기의 틀을 벗어나서 공부하는 기회를 만들어야 국한局限이 트인다. 이를테면, 자기 신분을 숨기고 부엌일을 하거나 사람들이 꺼리는 오지에 가서 기아와 질병으로 고통 받는 사람을 돌보는 일을 해도 좋다. 때로는 창녀촌에 가서 그들의 애환을 덜어 줄 수 있는 일과 그들의 노후를 돌볼 수 있는 일을 해도 괜찮다. 공부가 익어 갈수록 낮은 데로 임할 수 있는 기회를 갖는다. 이것은 높은 직위와 권세를 누려 본 사람에게 더욱 필요하고 대중으로부터 신망을 받아 온 사람일수록 더욱 해 봐야 할 일이다.

만행의 기간으로는 2~3년 정도면 될 수 있지만 가감할 수 있다. 그동안 정성스럽게 살아왔다면 자신에게 어떤 부분의 공부가 익었고 어떤 부분이 부족했는지 알 수 있다. 그러면 충분하다.

겪고 나면 아상我相이 많았는지 인상人相이 많았는지 아니면 수자상壽者相과 법상法相이 많았는지 아는데, 대체로 수자상과 법상이 많다. 비법상非法相이야 이후의 일이므로 법을 채 갖추기도 전에 비법상을 흉내 내다가는 아무것도 못 할 수 있으니 조심할 일이다. 물론 근기에 따라서는 이것도 해낼 수가 있지만 자신의 공부를 면밀하게 관찰해야 한다.

식욕食慾과 색욕色慾과 수면욕睡眠慾을 조복받았는지, 또는 재물욕財物慾과 명예욕名譽慾을 조복받았는지를 알아서 관념이 아닌 자기의 마음 깊은 곳에서부터 완전히 조복받는 기회로 삼으면 된다. 더 나아가 생사의 해탈에까지 이르러야 하겠다.

여기에 이를 정도의 수행력을 갖추었다면 세상의 어느 곳에서 무슨 일을 하든 수행자로 만행을 하다가 온다. 적어도 개인의 안일과 향락을 위해서 시간을 허비하고 오지는 않는다. 혹 염려스러운 일이 있을지라도 자기영성에 도움되게 하지 영성을 파괴하지 않는다.

만행을 하고 돌아올 때는 몸이 초췌할지 몰라도 내면에 상相이 아닌 법道이 가득한 모습일 것이다. 사상四相이 떨어지고 오욕五欲을 조복받은 수행자의 모습. 이것은 수행자에게 없어서는 안 될 뿌리이자 수행자로서의 양심을 위한 필수 과정이다. 이로부터 진정한 수행자의 모습이 배어 나온다. 이러한 수행자야말로 안으로 솟아나는 영성靈性과 자비의 모습을 지닐 뿐 아니라 만나는 사람들에게 은혜로운 마음과 말 그리고 손길을 건넨다.

[무심 4]

보림함축保任含蓄

소태산은 모든 사람에게 진리의 법을 전하여 문리를 얻도록 하였다. 선禪으로 진리를 꿰뚫어 체득했다 해도 보림保任하여 함축含蓄하지 않으면 설익은 마음과 말, 행동이 나오기 마련이다.

수행을 어느 정도 하면 진리와 일에 문리가 트여 한생각을 넘지 않고 확연히 드러난다. 그러나 마음과 말과 행동이 하나로 녹아나지 못하면 설익은 밥과 같다. 성품자리를 보는 것보다도 보림공부가 더 어려울 수 있다.

보림은 마치 임신한 엄마가 아기를 뱃속에서 기르는 것처럼 수행을 하는 것이다. 성품을 여의지 않음이 성聖이다. 이 성스러움을 안으로 품어야 하는데 이것이 태胎다. 그러나 하루 이틀 품어서 되는 게 아니다. 때로는 10개월 정도, 더 나아가 몇 년을 품어 키워야 하는 이것이 장양長養이다. 그리하여 성聖을 품어서 낳아야 비로소 성인聖人이 된다.

위대함은 만들어지지 않는다. 품어서 태어나야만 한다. 예술가의 작품도 만드는 수준을 넘어서 낳아야 혼이 있는 작품이 되듯이 성인도 만들어지는 것이 아니라 품어서 낳아야 그야말로 성聖이 될 수 있다. 이러한 성태장양聖胎長養은 경계가 없는 곳과 경계가 있는 곳에서 병행을 할 때 원만히 이루어진다.

■ 경계가 없는 곳에서의 보림

대산은 성태장양을 공복 시에 1년, 10년, 20년, 100년을 하라고 일렀다. 특히 저녁 식사 두 시간 이후부터 밤기운을 보존하는 존야기存夜氣를 가지라고 했다. 대산은 밤이면 항상 전등을 켜지 말고 존야기를 해서 마음의 촉수를 켜야 한다며 초저녁에도 늘 불을 끄고 지냈다고 한다. 그 이유는 밖으로 비추던 외등을 꺼 버리고 안의 등內燈을 밝히기 위해서였다 .

나무는 밤과 낮 가운데 밤에 주로 자라고 아이의 육체도 낮보다는 밤에 자란다고 한다. 사람의 마음도 큰 경계가 없이 충분한 법문과 훈련이 있어야 클 수 있다. 그러나 혼자 크기는 대단히 어렵다. 스승의 손길을 받아야 쑥쑥 큰다.

교단 초창기 어른들이 특별히 부러울 것은 없으나 성태장양聖胎長養할 때 옆에서 키워 주는 주세主世 대각도인大覺道人이 있었다는 사실이 부럽다. 정산은 스승의 사랑을 그렇게도 많이 받았으니 말이다.

소태산은 제자를 친히 찾아갔고, 교단 초기 영산에서 방언공사를 할 때, 수제자인 정산을 토굴에서 적공하게 한 것은 일제하에 일본 경찰의 눈을 피한 측면도 있지만 그보다 더 큰 뜻은 보림함축保任含蓄을 하도록 한 측면도 있다. 다른 제자와는 달리 토굴에서 보림하여 함축하도록 함이 속마음이었다고 본다. 정산은 이때 성태장양을 마쳤다. 소태산도 제자가 그만한 그릇이니 토굴에 넣어 둘 수 있었다.

정산은 스승이 애정으로 자신을 키워 주는 것을 흠뻑 느껴 스스로를 온통 내맡겼고, 스승은 정산을 진리의 조각도로 깎고 다듬어 부처라는 작품으로 만들어 갔다.

스승이 제자에게 자리나 권력이 아닌 진리를 주었고, 그 진리를 통해 부처로 키워 주는 프로젝트를 가동하는데 어떤 제자가 목숨을 두려워하겠는가 싶다. 육신의 목숨보다 더한 영혼을 스승께 바쳤는데 결국은 진리의 모습이 되어 회상의 맥을 이었다. 지금 원불교 교단도 후진에게 살아 있는 법을 주며 키워야 한다. 이것이 바로 초기 교단의 혼이 살아 있는 모습이다.

대산도 김제에서 폐병을 앓으며 정양할 때 보림함축하며 성태를 장양하였다. 이처럼 큰 성자 치고 보림 기간을 거치지 않은 경우가 없다.

한결같이 경계가 없는 환경에서 보림함축을 하여 부처를 이뤘다.

■ 경계가 있는 곳에서의 보림

밖으로부터 시련이 없는 곳에서는 도의 골격을 세우고 키울 수 있어
도 굳게 다질 수는 없다. 자칫 보기 좋은 납도끼처럼 되기 쉽다. 성태장
양을 해서 불심佛心 또는 성심聖心이 어느 정도 형태를 이루었으면, 밖으
로부터 다가오는 온갖 어려운 경계에 무너지지 않을 정도로 견고하게
다듬어 가야 한다.

여기서 말하는 경계는 역경이다. 일이나 인간관계에 의한 경계일 수
있고, 육근에 의한 내적 경계일 수도 있다. 만약 불심佛心이 무너질 듯
한 큰 경계라면 잠시 피했다가 힘이 생기면 그때 다시 맞서야 한다. 어
느 경계에서도 불심을 여의지 않으면 된다. 이런 과정을 거친 후에 일
도 늘려 가야 일에 사로잡힌 삶을 살지 않는다.

현대 사람들의 대부분은 마음이 급해서 '일부터 성취해 놓고 보자'며
불심은 저만치 내팽개치고 일에 매달리는 경우가 있다. 욕심의 굴레
안에서 욕심인지도 모르고 온 힘을 다해 뛰면 끝이 보일 것 같으나 다
람쥐 쳇바퀴 같은 욕심의 굴레는 끝없이 돌고 돌 뿐이다. 주검에 이르
면 욕심의 굴레가 멈출 것 같지만 죽어서 다시 태어나도 그 욕심의 굴
레는 계속 이어진다. 벗어날 수 없는 멍에와 같다.

성태장양을 해야 비로소 욕심의 굴레가 멈추어 잦아든다. 성태를 장
양할 정도의 공부라면 이미 마음에 담긴 번뇌를 어느 정도 조복받은
상태다. 순경順境이나 공경空境 그리고 역경逆境에서의 공부도 어느 정

도 끝냈다. 대체는 마쳤는데 일부분에서의 미흡함이 있고 세밀한 부분에서 아직 흡족할 정도가 못 된다.

그러나 보고 듣고 말하고 행동하는 경계와 경계마다 그 마음이 조복받은 상태로 나타나기도 하고, 또는 조복을 받지 못한 설익은 모습으로 나타나기도 한다. 이는 아직 마음에 성태가 어리지 않았기 때문이다. 성태가 어리고 자라나야 모든 생각과 말과 행동에서 성현의 면모가 보인다. 성태가 자라나서 성현이 되어야 모든 행동이 절도에 맞는다.

■ 성태장양을 하는 방법

어머니가 아기를 임신하여 심신을 존절히 하듯 성태장양도 이처럼 한다. 주위에서도 잘할 수 있도록 도와주어야 하는데 그것은 개인뿐 아니라 세상의 경사이기 때문이다.

출가出家를 하여 전문 수행자의 길을 걷는 사람이 성태장양을 하기 위하여 휴무를 원할 때는 1년이든 2년이든 교단에서는 허락을 해 줘야 한다. 코앞의 큰일이 있다 해도 이것보다 급하고 중요한 일이 없다. 만약 수행 단체가 내부적으로 시끄럽다고 하면 이것이 안 되었기 때문이다. 사리私利 사욕私慾이 도를 넘어서고 법을 넘어서서 지배하려는 모든 것도 마찬가지다. 도 앞에서는 자신을 비울 수가 있어야 하는데 성태가 장양되지 않으면 중생심이 도심道心을 지배한다. 중생심은 인간미라는 허울로 감추고 세력을 구축하는 데에만 혈안이 되어 나타난다. 성현의 마음이 인간미가 없는 것은 아니다. 성현, 더 나아가 여래는 가장 인간다운 모습이다.

이런 법문이 있다. 아생법사我生法死, 법사아사法死我死, 아사법생我死法生, 법생아생法生我生 '내가 살면 법이 죽고, 법이 죽으니 나도 죽는다. 내가 죽으면 법이 살고, 법이 살면 나도 산다.'는 뜻이다.

이 뜻을 알기도 어렵지만 실천하기는 더 어렵다. 대부분 재색명리를 자기 목숨처럼 여겨 그 무엇과도 바꾸려 하지 않는다. 도道를 평생 동안 편안하게 살 만큼의 재물과 바꾸자면 재물을 따르지 않을 사람이 얼마나 될까? 도를 내 혼을 쏙 빼갈 만큼의 미색과 바꾸자면 미색을 따르지 않을 사람이 또한 얼마나 될까? 도를 대통령이나 종법사宗正 또는 대학 총장이라는 자리와 바꾸자면 자리를 따르지 않을 사람이 얼마나 있을까? 말이 쉽지 도를 따르기는 결코 쉽지 않다.

성철 스님이 교단의 종정 추천을 받고서 자리를 사양했다가 마지못해 맡은 모습은 도와 하나가 되지 않고는 있기 힘들다. 원불교 교단에도 예전부터 이런 모습이 많았는데 최근, 월산김일상 교무은 교단의 최고 의결기구인 수위단회의 수위단원 자리를 후진을 위해 놓았다. 이 모습 또한 쉽지 않은 결단이었다. 인간 세상은 아직 수행보다도 일과 자리 그리고 명예를 위한 성취에 가치를 부여하는 사회적 분위기다. 이런 사회적 관념 속에 살아가며 영적 가치관에 의한 신념을 따르는 것은 성자의 혼이 깃들지 않고는 어렵다.

일하고자 하는 사람이 많은 이때에는 내가 아니면 안 된다는 생각을 벗어 버리고 일할 사람에게 양보하는 모습이 아름답다. 인간이 보일 수 있는 가장 고귀하고 아름다운 모습이다. 이 같은 수행자가 많은 곳은 평온하고 행복하다.

성태장양을 하려면,

1) 일보다는 마음의 법이 우선하여야 한다. 특히 수행자는 마음이 주체가 되어 일을 하는 것이지 일의 능률을 위하여 마음을 독하게 먹으면 안 된다.

2) 도가 아닌 것은 존절히 한다. 도가 아닌 것은 듣지도 말고, 말하지도 말고, 생각하지도 말고, 관여하지도 않는다.

3) 법식을 속 깊게 하여야 한다. 선지자들의 법문을 깊이 새기며 가슴에서부터 젖어 들어가 하나가 되어야 한다.

4) 다른 때보다 좌선과 무시선을 많이 하여 일체의 모든 것이 텅 비어 있음을 알고 증득證得해 가야 한다.

5) 시간이 허락되면 경치 좋고 기운이 어리는 산과 들을 따라 가벼운 여행을 다닌다. 싱그러운 마음을 지니고 스승과 동지들과 벗하여 법담을 나누며 도道의 운심運心을 키우기 위해서다.

6) 성태聖胎가 자리를 잡아 어느 정도 힘이 생기면 이때부터는 작은 경계에 조금씩 맡겨 보아 마음의 힘을 키워 간다.

보림保任 공부를 마쳐야 이후부터 여래부처님의 눈이 되고, 여래의 귀가 되고, 여래의 코가 되고, 여래의 입이 되고, 여래의 몸이 되고, 여래의 마음이 된다.

즉 「일원상 법어」의 법문과 같이 육근 동작이 항상 진리와 하나가 되어서 마음을 진리에 표준하여도 모자람이 없을 뿐 아니라, 지극히 공변되어서 개인의 안일을 추구하기보다는 전 생령과 인류를 위해서 살아간다.

만약 보림공부를 마치지 못하면 법문에 의지하여 한때는 부처님의 흉내를 낼 수 있지만 지속적이거나 깊이 있는 마음이 되지 못한다.

동정 간에 보림保任공부를 하는데 여리박빙如履薄氷, 신기독愼其獨, 수심정기守心正氣, 사무사思無邪, 무불경毋不敬, 불방심不放心, 부동심不動心, 일심불란一心不亂, 면면밀밀綿綿密密, 평상심平常心, 화이불류和而不流, 동정삼매動靜三昧 같이 한다.* 라고 정전대의에 명시되어 있다.

여리박빙如履薄氷이란 얇은 얼음판 위를 지나가는 것처럼 모든 일에 매우 조심하고 신중히 하는 것이다. 임신한 엄마가 태교를 할 때 몸가짐 마음가짐을 조심한다. 마치 얇은 얼음을 밟듯이 조심스럽게 생활한다. 얇은 얼음을 밟을 때는 한 발 한 발에 마음이 떠나지 않는다. 임신한 엄마도 매 순간 아이를 잊지 않는다. 수행자는 성태가 서게 되면 그 성聖을 매사에 잊지 않아야 한다.

물론 얇은 얼음 밟듯이 공부와 일을 한다고 하여서 가슴 졸이며 수행한다는 뜻이 아니다. 도란 처음에는 고르고 힘차게 길들여 가야 하나 그 바탕 위에서 세밀하게 살펴 간다. 세밀하게 살핀다는 것은 어느 경지에 올랐을 때 하는 수행이다. 초심자가 너무 소심하면 대도를 얻기가 어렵다. 마찬가지로 공부가 익으면 도의 세밀한 부분도 놓치지 않

* 『정전대의』 p22 대산 김대거 저. 1977.

는다. 세밀한 부분을 다 갖추어도 그로 인하여 자기를 억압하거나 불편해하지 않고, 자연스럽게 마음 움직이고 일을 처리해 가자는 방향에서의 여리박빙이다.

신기독愼其獨이란 홀로 있을 때 마음과 몸가짐을 조심하라는 것이다. 항상 혼자가 아닌 사람이 있다. 바로 진리를 모시는 사람이다. 이 사람은 천 길 땅속의 동굴이라도 진리가 함께하기에 혼자가 아니다. 진리를 모시고 사는 수행자는 누가 보지 않는 곳일지라도 말과 행동을 존절히 한다. 이런 사람은 내외가 한결같다. 이렇게 길들여 가야 도에 힘이 있다.

수심정기守心正氣란 우주의 지고한 기운을 머금고 안으로 지켜서 보존하는 것이다. 우주의 지고한 기운이란 무극, 법신불, 하나님이라 부를 수 있는 절대 극명의 순연한 기운을 안으로 보존하는 것을 일컫는다. 수행자가 수심정기를 하면 마음을 잊지 않고 안으로 지켜 망념 등에 물들지 않는다. 그러면 그 기운이 점차 하늘과 하나가 되어서 합일의 경지에 이른다.

바른 기운의 마음을 보존하라는 뜻이다. 요사한 기운을 버리고 도에 가까운 기운을 길러 감이다. 귀신 등의 기운에 기대어 요행을 바라거나 재색명리 등 욕심에 집착한 기운은 요사스럽기 그지없다. 바른 기운이란 마음이 순수하고 평온한 가운데 느껴지는 우주의 지고한 기운이다.

사무사思無邪란 마음속에 떳떳하지 못한 생각을 하지 않는 것이다.

떳떳하지 못한 생각을 머금고 있으면 주위의 눈치를 보는 등 기운이 안정되지 못하고 불안하다. 수행자라 하여도 적공을 하지 않으면 삿된 생각이 일어날 수 있다. 다만 삿된 생각이 스치거든 이내 돌이켜서 마음을 바르게 갖는 것이 중요하다. 이렇게 하다 보면 자연스럽게 항상 바른 생각을 갖게 된다. 맑아서 어디에도 물들지 않는 마음을 가지려면 자성을 회복하여 그 마음을 지녀야 한다. 이런 사람이 곧 하늘 사람이다.

무불경毋不敬은 공경하지 않음이 없다는 뜻이다. 일체가 진리 아님이 없고 위력을 지니지 않음이 없다는 것을 알 때 공경하지 않을 수가 없다. 지고한 진리는 없는 곳이 없고 미치지 않는 곳이 없다. 지고한 진리를 법신불, 무극, 도, 자연, 하나님 등으로 부르는데 이 진리는 어느 곳 어느 때나 항상 우리 곁에 있다. 보편적으로 보면 내가 없어도 우리 곁에 고루 퍼져 있다. 그래서 원불교에 "처처불상處處佛像이니 사사불공事事佛供을 하라."는 말이 있다. 곳곳이 부처이니 일마다 불공을 하라는 뜻이다. 이것을 알면 모든 사물과 일을 공경하게 된다.

사사事事 물물物物에는 각기 특성이 있다. 물은 물의 특성이 있고 불은 불의 특성이 있다. 사람은 동물보다 개개인에 따라 더욱 도드라진 특성을 보인다. 어떤 사람은 감각적이라 예술성이 풍부하고, 어떤 사람은 학구적이라 책 읽기 좋아하고 사물에 대해 깊이 연구를 한다. 예술가 부처님에게는 세상을 아름답게 할 수 있는 장을 마련하여 창작성을 발휘할 수 있게 도와주는 것이 불공이고, 학자 부처님에게는 연구를 잘할 수 있도록 환경을 제공해 주는 것이 불공이다. 물론 인간으로서 행복해

하는 보편적인 조건 위에서 이루어지는 특성을 일컫는다.

특성에 따른 불공을 한다고 하더라도 그 근본은 공경이다. 사물에 있어서는 공경이란 말이 소중하게 여기는 것이라고 하면 좀 더 적절할 듯싶다. 수행자는 항상 사람과 생명을 공경하고 물건을 소중하게 여기는 마음을 가지라는 뜻이다.

불방심不放心이란 도에 깃든 마음을 놓지 않고 살피어 보존하라는 뜻이다. 성품에서 발현된 맑은 심성을 욕심에 흔들리지 말고 세상 속에서 살면서 잊어버리지도 말라는 의미가 담겼다. 이 마음을 보존하여 지키고 기르면 마음이 평온한 가운데 근본지혜가 발현되어서 바른 행동이 나타날 수 있다.

부동심不動心은 정신수양을 하여서 마음에 온갖 어려움이 닥쳐와도 도道의 마음을 저버리지 않는 상태를 말한다. 인간의 보통 심성으로는 욕심과 착심着心 그리고 잡다한 생각이 많아서 진리를 깨칠 수 없고 자기의 본래면목을 바로 볼 수도 없으며 평화로운 마음이 될 수 없다. 마음을 닦고 닦아야 안으로 마음을 청정하게 하고 허공처럼 지킬 수 있으며 밖으로 온갖 일을 대하여도 도심道心이 흔들리지 않는다.

맑은 물 위에 기러기가 그림자를 드리웠다가 지나가면 그림자는 흔적이 없이 사라지고, 바람이 거세게 불어와도 태산교악泰山喬嶽은 조금도 흔들리지 않는다. 이처럼 마음이 움직여도動 움직인다는 집착함이 없고 마음이 머무른다 하여도 머무른다靜는 것에 집착함이 없는 것이 부동심이다. 부동심이 되면 색色 경계에서도 색에 끌리지 않고 명예나 재물에도 흔들리지 않아 철 기둥의 중심鐵柱中心과 돌로 된 외벽石壁外面처럼 굳건한 수양력을 갖추게 된다.

일심불란—心不亂이란 성품의 맑고 고요한 마음이 어떠한 경계를 당하여 조금도 흔들리거나 물들지 않음을 말한다. 좌선을 할 때는 마음이 평온한 가운데 정신이 상쾌하고, 염불을 할 때는 마음이 흐트러지지 아니하며, 일을 당해서는 그 일에만 마음을 집중하여 다른 일에는 정신을 빼앗기지 않는 것을 이른다. 그 일은 한 가지만을 일컫는 것이 아니라 일에 따른 일 전체를 포함하는 개념이다.

면면밀밀綿綿密密이란 누에고치의 실이 끊어질 듯 끊어질 듯 하면서도 끊어지지 않고 이어 가는 것이다. 수행자가 언제 어디서나 성품을 잊지 않고 수행하는 것과 법통 법맥을 이어 가는 것을 의미한다.

교단의 역사가 오래될수록 전통이 세워져서 정신과 제도가 틀을 이루어 가나 그 본질을 놓으면 내용을 놓고 껍질을 취하게 된다. 그 시대 그 상황에 맞게 내놓은 소태산의 법을 현재와 미래를 간과하고 그대로 고집하는 것은 발전이 아닌 퇴보의 길이다. 모든 법에는 변해야 할 것과 변하지 말아야 할 것이 있다.

진리와 소태산 본의를 파악해서 법답게 이끌어 가야 한다. 소태산 법신을 보고, 자성을 회복한 법안으로 봐야 한편에 치우치지 않는다.

평상심平常心이란 "도道를 깨치고 보니 일상의 모든 일이 도더라. 그런데 세상 사는 사람들의 모습을 보니 도를 아는 것 같다."는 말이 있다. 도란 세상을 떠나서 있는 것이 아니고 특별한 것도 아니다. 배고프면 밥 먹고 졸리면 잠자고 화장실에 가고 싶으면 가고 일이 있을 때 일을 하는 것이다. 평소의 마음과 일상의 모습으로 살아가되 도에 맞는 것을 일컫는다.

평상심은 차별심과 사량계교심이 없이 평등하고 떳떳하게 꾸준히 하는 마음이다. 이는 진리와 더불어서 함께하는 마음으로 평平은 고귀하고 천박함, 지위의 높고 낮음, 물질과 나라는 일체의 차별이 끊어진 것이고, 상常은 어디에도 물들거나 흔들림이 없이 항상 한결같은 마음으로 대하는 것을 말한다. 이 길이 바르고 큰 도이고 이처럼 마음을 쓰는 이가 부처이다.

화이불류和而不流란 수행인이 세상 사람들과 두루 융합하되 함께 섞여 물들지는 않는 것을 말한다. 반대로 유이불화流而不和란 말이 있다. 깨닫지 못한 사람이나 속 좁은 사람들의 마음을 표현하는 말로써 서로 섞이어 물들면서도 두루 융화하지 못하는 것을 일컫는다.

요즘 수행자는 사회를 떠나지 않기에 별별 사람을 다 만난다. 함께 어울려 지내도 그 도심이 세속에 물들지 않아야 한다. 더 나아가 참 수행자는 세상 사람들과 함께 어울려 지내며 도로써 그들 자신도 모르게 그들을 변화시켜 간다.

동정삼매動靜三昧란 움직이든지 움직이지 않든지 그 일 그 일에 한마음이 되는 것을 말한다. 선을 할 때는 선정禪定에 잠기고 책을 볼 때에는 책에 심취하여 책과 하나가 되고 음악을 들을 때는 음악과 하나가 되고 일을 할 때에는 일과 하나가 된다.

즉, 동動하고 정靜하는 가운데에서도 선의 심경을 떠나지 않는다. 다시 말하면 일상삼매一相三昧, 일행삼매一行三昧가 되는 것으로 일상삼매는 정할 때의 삼매, 일행삼매는 동할 때의 삼매이다. 그리고 선정삼매는 선을 통해서 얻은 흔들리지 않는 마음을 말한다.

이렇듯 보림함축은 진리의 내면화 과정이자 수행의 큰 틀에서의 매듭이기도 하다. 여기에서는 수행의 큰 틀에서 바라본 보림함축이다. 하지만 여기에 이르기까지는 삶 속에서 진리에 의한 습관을 평떼기 하듯 내면화하고, 어느 정도 내면화가 되면 매듭을 지어야 할 때가 있다. 이렇듯 내면화와 매듭을 수없이 반복하며 자신이 진리화되어 가다가, 부분적으로 조금 모자란다거나 전체적으로 아쉬움을 느낄 때도 온다. 아울러 자신을 진리의 가마솥에 푹 쪄 내면 뭔가 될 것 같은 마음이 북받쳐 오르는 것을 감각적으로 알게 된다. 이때 큰 틀에서의 보림함축이 필요하다.

능심선법能心禪法

마음에 힘이 없으면 여래에 오르지 못한다. 여기는 해탈의 경지를 넘어서 마음을 자유자재할 수 있어야 하기 때문이다. 이 마음은 허공법계에 사무쳐서 천지와 함께하고 그 위력을 나타낼 수 있다.

능심공부는 경지를 구분 짓기가 어렵다. 최고 수행자로서의 덕목이기에 단계란 것이 어울리지 않는다. 그렇지만 수행 과정상 필요하기에 단계로서 다루기로 한다.

도광산채, 대기대용을 한데 묶은 경지와 그 이상을 묶으면 어느 정도 구분된다. 하지만 각각 내용으로 들어가면 구분이 아닌 덕목에 해당한다. 특히 능심 3부터 동정일여는 '심정', 대자대비는 '심법', 자유자재는 '경지'이기 때문이다. 그래서 배열 순서를 발현의 경로에 따랐다.

능심 1. 도광산채稻光鏟彩

능심 2. 대기대용大機大用

능심 3. 동정일여動靜一如

능심 4. 대자대비大慈大悲

능심 5. 자유자재自由自在

능심선법의 공덕결과

극하면 변하는 법. 최고의 경지에 이르면 극함에 이르기 전에 덜어낼 줄 안다. 마치 명검이 무늬와 광채를 숨기듯 자기를 숨긴다. 자기를 숨겨 사생四生과 한 몸이 되어서 지낸다. 이 정도가 되면 동정이 한결같다. 그 정성스러움이 어리석은 듯 보일 수 있다. 일반 사람들에게는 이 사람이 도인처럼 보이지 않을 수 있다. 하지만 진리계에서는 다 알고 지켜 줄 뿐 아니라 그 마음과 하나가 된다.

그러나 이들의 행동을 보면 어리석은 듯해도 법도에 어긋남이 없다. 하늘의 이치를 보아 인간의 법도를 열어 가니 도 있는 눈으로 보면 인격과 삶에 예술의 극치를 보인다. 알게 모르게 그 시대의 정신적 중심을 이룬다.

특히 그 마음의 바탕에는 항상 대자대비가 있다. 모든 생령을 다 실어 주어도 남음이 있고 다 감싸 주어도 남음이 있는 마음이다. 그러나 육근을 사용하여 실행하는 데에 있어서는 어디에도 치우침이 없다. 텅 빈 마음을 바탕 삼고 공도를 본위로 처리하기 때문이다. 즉 원만구족하고 지공무사한 마음으로 육근을 사용한다.

이뿐 아니다. 자신의 삶과 죽음을 자유로 하는 것은 물론이고 전 생령이 그 품에서 오고 간다. 그리고 그 생사가 모두 진급의 길 위에 놓여 있다. 이것은 일반적인 생각으로는 이해하기 힘든 부분이다.

[능심 1]

도광산채韜光鏟彩

명검名劒은 그 빛깔을 숨기는 법이다. 빛깔을 숨기려는 마음을 내기도 어렵지만 숨기려면 다 알아야 하고 마음에 힘이 있어야 한다. 법이 익으면 그 빛깔을 숨기기에 일반 사람으로서는 그 사람을 알아보기 어렵다. 그 위에 도달한 사람이라야 그 사람을 볼 수 있다.

숨어서 힘을 기르는 것은 아무나 할 수 있는 게 아니다. 힘이 없으면 조금 하다가 그냥 세상에 휩쓸려 사라지게 된다. 항마까지는 일을 하면서 능력이 생겨난다. 그러나 출가위* 이상은 숨어서도 힘을 기르고 능력을 기른다. 천상天上의 법계에 머무를 수 있는 힘이 있어야 가

---

*출가위 : 승급 조항을 일일이 실행하고 예비 출가위에 승급하여, 대소유무의 이치를 따라 인간의 시비이해를 건설하며, 현재 모든 종교의 교리를 정통하며, 원근친소와 자타의 국한을 벗어나서 일체 생령을 위하여 천신만고와 함지사지를 당하여도 여한이 없는 사람의 위.

능한 것인데 출가위는 천상의 살림과 직통한 수행자다.

위에서 때가 아니면 숨는다고 했는데 때가 아닌 시기에는 준비를 해야 하고, 본인이 주법主法이 아니면 주법에게 법을 밀어준다. 이 정도가되면 이미 천명天命을 알고도 남는다. 따라서 누가 이 시대의 주법임을안다. 능력이 있다고 주법이 되는 게 아니다. 천명이 함께해야 주법이될 수 있다. 이런 도인은 욕심이 떨어졌기에 설사 자신의 능력이 주법을 능가해도 주법에게 힘을 실어 준다. 마지못해서 밀어주는 것과는다르다. 자신의 능력을 최대한 발휘하여 떠받친다. 그 시대의 주법이라도 이런 도인을 함부로 하지 않으며 오히려 주법이 스승으로 삼는다.

이는 사私가 떨어졌을 뿐 아니라 시방삼계十方三界를 다 내 집안 삼기때문에 가능하다. 소태산과 하나가 되는 수행자이니만큼 모두가 하나다. 석가모니불이 다자탑에서 가섭과 분반좌分半座 했듯 소태산과 분반좌 한다. 서산대사西山大師 당대에 그 다음으로 가는 법사가 사명대사였다. 그런데 서산대사는 정법안장을 편양 언기선사에게 넘겼다. 그리고사명대사는 편양 언기선사에게 법을 밀어주었다. 사명대사가 법가지法可止*를 한 것이다. 시방삼계를 내 집 삼은 도인이다. 이들은 다 천상天上의 법계에 머물렀던 존재다.
또 하나의 유명한 이야기가 있다. 원효대사 당시에 대안대사가 있었다. 법으로는 대안대사가 더 높았다. 그러나 주법은 원효대사였다. 대

---

*법가지法可止 : 법을 세우기 위해서 자신의 욕심을 놓는 것 즉 주법主法의 책임을 가진 사람이 자기보다
법력이 못하다 할지라도 스스로의 법력을 낮추어 주법을 받드는 것

안대사는 법을 숨기고 원효대사에게 법을 댔다.

원불교 교단에서도 유명한 이야기가 있다. 원불교 4대 종법사로 취임한 좌산은 취임 설법에서 "여러 어른들이 다 숨고 제가 숨지 못해서 종법사가 되었습니다."라고 했다. 교단 안에는 선배 어른들이 즐비하였다. 그럼에도 불구하고 좌산이 종법사에 즉위하자 그 어른들이 일제히 오체투지五體投地*의 큰절로써 받들었다.

간사 때 스승이 "네가 종법사가 되면 나는 오체투지를 올리며 모실 것이다."라고 하였다. 스승이 간사인 나에게 그런 말씀을 한 것은 내가 종법사에 오를 그릇이라는 뜻이 아니라, 아직 때 묻지 않았을 때 마음속에 법통의 대의를 새겨 주기 위해서다.

그런데 이 최고의 수행자가 숨으려는 마음과 숨을 법력이 부족했기 때문일까? 그렇지가 않다. 시대마다 그 시대를 감당해야 할 법주가 있다. 이것도 덕德이다. 법주가 되는 것이 복을 쌓는 데 좋으나 개인의 법력을 키우는 데에는 아쉬운 면이 있다. 그래서 큰 어른들은 웬만하면 법주를 놓고 수양력을 쌓아 영생을 자유롭게 오고 간다.

이 경지에 이른 어른들은 삼계三界와 교단 전체의 발달사를 본다. 즉 음계영혼 세계와 양계현실 세계를 다 보고서 그때 그 일을 판단하여 오고 간다. 좌산은 덕德으로써 이 일을 맡았고 교단의 법 높으신 어른들은 그 뜻에 법가지를 하였다.

---

*오체투지五體投地 : 머리와 사지가 땅에 닿는 지극한 공경의 예.

이처럼 덕으로써 맡고 법가지를 하는 단체는 요즈음엔 눈을 씻고 찾아보아도 찾기가 힘들다. 정법회상이 아니면 하기 어려운 일이다. 이 회상에 도광산채하는 도인들이 많다는 뜻이기도 하다. 어느 단체이건 이렇게 법답게 하기란 어렵다. 도를 수십 년간 닦아도 법통이 이루어지지 않으면 욕심에 끌려서 자기가 아니면 안 된다고 한다. 법이 살아 있고 진리가 살아 있는 곳이 일원회상—圓會上*이다.

[능심 2]

대기대용大機大用

하늘의 법**과 인간의 법은 다르다. 하늘의 법대로 인간의 법을 짜면 인간 세상이 아수라장이 된다. 유치원생에게 날카로운 칼을 주면 잘못하여 자기와 남에게 피해를 입히기 쉬운 것처럼 난리가 난다. 그러나 일반 사람들도 철이 들고 자기의 몸을 자기 마음대로 움직일 수 있을 정도가 되면 의사는 날카로운 칼을 수술에 활용할 수 있고 학생은 연필을 깎는 데 사용할 수도 있다.

도가에서 철이 들었다는 것은 일반 세상에서 철들었다는 것과는 다르다. 견성을 해야만 철들었다고 한다. 하늘 법을 받아들일 정도로 사

---

*일원회상—圓會上 : 일원법신불, 하나님. 자연의 진리가 상식이자 삶의 모습으로 보이는 세상.

**하늘의 법 : 진리와 천상영혼들의 본질적인 의미.

람들의 인지가 열려야 하늘 법을 세상에 풀 수 있다.

때로는 인간 사회에서 물의를 일으킨 사람을 두고 죽일 놈이라고 하여도 하늘 이치를 아는 사람은 빙그레 웃는 경우가 있다. 반대로 현실에서 대우받고 으스대고 살고 있으나 지옥 갈 일만 하는 것을 보면 안타까워한다.

그러면 지옥 갈 일만 골라서 하는 모든 사람을 대자대비大慈大悲의 마음으로 미리 구해 줘야 하는 것이 아닌가 하고 생각할 수 있겠지만 그럴 수 없다. 지옥에 가지 않을 정도의 법은 이미 세상에 짜여 있다. 다만 사회적 관습에 따른 자기 주견이나 악습을 버리지 못해서 죄를 짓고 살아갈 뿐이다. 가르쳐 주어도 받아들일 바탕이 되어 있지 않아서 소용이 없다. 깨친 자의 마음으로는 그저 안타까울 따름이다.

하늘 법은 어떤 법이기에 이토록 거들먹거리나 싶을 수 있다. 대체로는 이미 밝혀져 있으나 모를 뿐이다. 다만 견성을 하여서 성리대전性理大全을 궁굴리고 사는 사람은 안다. 이처럼 성리의 대의를 꿰뚫어 온전하게 알고자 함은 마음의 근본자리를 아는 것뿐 아니라 나타나서 활용되는 것까지 다 알기 위함이다. 궁금하면 견성을 하면 된다. 견성을 하여서 알고 나면 또한 입을 닫게 되는 전철을 밟는다. 그럼에도 불구하고 하늘 소리를 하고 다니면 미친 사람 취급받기 십상이다.

견성한 사람의 소리는 같은 이야기라도 하늘 소리가 묻어난다. 그러나 하늘의 소리를 하지 않고 다녀도 마음이 열린 사람은 다 알아본다.

견성만 하고서 즉시 법을 짤 수는 없다. 견성을 하면 도를 따라 살아가는 데에는 어느 정도의 편안함이 있으나 도를 즐기지는 못한다. 도를 진정으로 즐기는 사람이라야 법을 떡 주무르듯 할 수 있다. 이렇게 되려면 삼세三世를 관통할 수 있어야 한다. 영통靈通*과 도통道通**의 경지를 넘어 법통法通***을 얻고 법의 눈法眼이 생기면 비로소 가능해진다.

법통은 도통이 익으면 될 수 있다. 도 즐기기를 계속하다가 능能이 나면 창조력이 생긴다. 이때는 하늘의 소식을 인간 세상에 알맞게 건설할 수 있다. 하늘 소식의 이치인 대소유무大小有無를 보아 인간의 시비이해是非利害를 건설한다. 대소유무를 의리로 해석해서 아는 것으로는 힘들다. 마음 깊은 곳에서 싹터 삶으로 배어 나오는 대소유무라야 가능하다. 그러나 이것도 가능한 정도를 말하는 것이지 할 수 있다는 뜻이 아니다. 그 당대에 맞는 법은 펼 수 있겠지만 만대를 밝히는 진리의 등불이 될 수는 없다.

누만 대에 남을 만한 법을 짤 수 있으려면 하늘 소식의 이치대소유무가 인간의 삼세를 관통해도 법에 털끝만큼도 틀림이 없어야 한다. 그런 후에 비로소 세상의 모든 사람들이 제도의 은혜를 입을 만큼 밝은 등불이 될 수 있다.

대기대용은 그 시대에 맞게 법을 짤 수 있는 경지다. 인지가 열려 가

---

*영통靈通 : 신령스럽게 우주의 진리를 통달하는 것.

**도통道通 : 사물의 오묘 불가사의한 이치를 깨달아서 통하는 것.

***법통法通 : 마음공부가 최상 구경에 도달하여 천조의 대소유무의 이치를 보아다가 인간의 시비이해의 일을 밝혀서 중생이 본받을 만한 대경대법을 제정할 수 있는 힘을 얻는 것.

는 정도에서 조금 앞선 것으로 내놓아도 일반 사람들은 시비를 할 수밖에 없다. 조금만 앞서도 난리다. 그래 봤자 몇 십 년이면 편만해질 정도라 인지가 열린 사람부터 알아본다. 이런 경지에 든 도인은 해야 할 일을 할 뿐이지 시비를 들을까 두려워하지 않는다. 오직 할 뿐이다.

평생 수행했다는 사람들이 내놓은 법을 보면 수준이 각각 다르다. 있는 법을 짜깁기로 내놓고 앵무새처럼 이야기하는 정도이거나 생문자를 써 놓는데 내용은 결국 말만 바꿔 그럴싸하게 포장한 경우, 멋스럽기는 한데 그 수준과 완성도에서 부족한 경우, 인지의 정도에 따라 법의 틀을 짜고 새 법을 내놓는 경우 등으로 말이다. 그러나 일반적인 견해로는 법을 분간하기도 어렵다.

그래도 짜깁기라도 하는 사람은 솔직한 사람이다. 하지만 주법이 되려면 대기대용이 되어야 한다. 그래야 창조적인 법을 낼 수 있다. 일반적인 견지에서는 알기 어렵지만 수행을 20년 이상 정성스럽게 한 사람은 어렴풋이나마 안다.

대기대용을 하는 사람의 말은 우선 시원하다. 다른 사람이 이야기하지 않은 내용인데 교학의 모호한 부분을 새롭지만 명쾌하게 밝힌다. 색다르려고 하는 게 아니라 진리적으로 보아 그때 해야 할 것을 할 뿐인데 그렇게 비쳐진다. 그리고 수행하는 모습을 보면 정성스럽고 일상의 언행이 솔직담백하며 대의가 있다. 대기대용의 경지를 지닌 사람의 언행은 그 시대 사람들의 메마른 마음을 청량감 있게 적셔 주는 법의 샘물이다.

동정일여動靜一如

■ 동動하여도 분별에 착着이 없다

바다에 풍랑이 일어도 바닷속 깊은 곳은 고요하듯이, 일이 치연痴鸞*
히 작용하여도 마음 깊은 곳에서는 고요하다. 선정에 이르러 삼매三昧
의 담연淡然함이 일상에서도 그러하다. 이미 마음 깊은 곳에서 사랑과
미움과 시비이해가 다 녹아났다. 마음에 흔적이 없다. 연못 위에 기러
기가 그림자를 드리웠다가 지나가면 없어지듯, 이 경지의 마음에는 그
림자의 흔적마저 없다. 죽음에 이르러도 심연의 마음은 요동이 없고
담연하게 대처하게 된다.

1990년 안팎의 일이다. 바닷가에서 기도를 올리면 고기들이 천도를
받으려고 몰려오곤 할 정도로 도력이 아주 높은 남자 교무님이 있었
다. 이 교무님과 함께 겨울 이른 새벽에 서해 바닷가 변산반도에 있는
하섬에 들어갔다. 눈이 펑펑 내려 먼 바닷가는 아주 캄캄했다. 마침 바
다가 갈라지는 때라 걸어가기로 했다. 그때 한 처녀와 그 여동생이 함
께 하섬에 가게 되었다. 가다가 물이 채 빠지지 않은 곳에 이르자 처녀
와 여동생은 물을 건널 수 없었다. 그 교무님만 고무장화를 신고 있었

---

*치연痴鸞 : 어이없고 미덥지 못한 것에 매달리는 것은 치이고, 나고 죽음이 한도 끝도 없는 것은 연이다.

기에 교무님이 그 처녀와 동생을 업어서 건네주었다. 그때 교무님의 얼굴은 어린아이와 같이 천진하기만 했다. 마음속에 여자라는 생각의 그림자는 추호라도 찾을 수 없었다. 만약 그 교무님이 여자라고 주저하고 있었다면 계율을 잘 지키는 교무님은 될 수 있어도 여자라는 상을 벗어버리지 못한 졸렬한 도인이 되었을 것이다.

그날은 그 처녀의 생일이었다. 저녁에 교무님과 한방에 모여서 초코파이에 작은 초를 꽂고 노래와 시교무님의 자작시를 낭독해 주었다. 작은 불빛과 아름다운 시가 울려 퍼지는 공간 그리고 밖에 펼쳐진 하얀 눈은 그 후로도 다시는 찾을 수 없는 소중한 느낌으로 남아 있다. 함께했던 사람들의 마음과 마음들이 어울린 아주 짧은 만남이었지만 아름다운 시간이었다. 그때 그 자리에 있었던 교무님은 평생 결혼을 하지 않은 채 원로 교무님이 되어 성리性理 설법을 하고 있다. 외롭지 않은 도인이다. 사람들 마음속에 청초하고 고결한 인품으로 자리하고 있는 어른이 우리 수도 문중의 선진先進이라니 행복하다.

그러나 이러한 심법心法은 하루 이틀 공부하고 흉내 내서 되는 게 아니다. 우선 기운이 녹아나고 마음이 녹아나야 한다. 그리고 일상에서 자기 마음을 들여다볼 줄 알아야 되는 심법이다.

기운이 녹아나고 마음이 녹아나려면 깊은 선정에서 마음 깊은 곳의 한恨이 녹아나고 무명종습無明種習*이 녹아나서 마음의 밑살이 툭 빠져야 한다. 마치 장독 밑이 빠지면 걸릴 것 없이 일시에 쑥 내려가듯이 마

---

*무명종습無明種習 : 지혜가 어두워서 생긴 습관의 종자.

음속에 어떤 걸림도 없다. 또한 어떤 진리에도 걸림 없으나 한생각을 넘지도 않는다. 특히 삼세를 관통할 수 있는 여래의 눈을 가지고 있는 때이다.

　마음속에서 무명종습이 녹아나고 기운이 녹아나는 것을 알려면 일상을 겪어 보면 안다. 진묵대사는 자신의 공부 정도를 알기 위해 시장에 자주 다녔다. 물건에 마음이 빼앗기는지 그렇지 않은지를 보았고 사람들과 만나면서 마음에 편착偏着이 생기는지를 관찰하였다. 마음을 빼앗기지 않고 주어진 일과를 다하고 나면 "아! 오늘은 장을 잘 보았다."고 했다.

　수행을 깊이 하여 선정삼매의 마음을 지니는 것이 무엇보다 중요하다. 하지만 일상에서 그 마음을 지키고 쓸 수 있는 심법이 더 크다. 이런 말을 들으면 일반 사람들은 "그럼, 일상에서 마음을 길들이면 되지 무슨 선정이 필요하겠냐."라고 반문할 수 있다. 한두 번은 마음을 챙겨서 될 수 있어도 기초 없이는 그 마음이 이내 사그라지고 만다. 흉내 내서 할 수 있는 것은 고작 한두 번이다. 마음 깊은 곳에서 우러난 것이 아니기에 일시적일 수밖에 없다.

　동정일여는 깊은 수양으로 선정을 닦아 마음의 근원에서부터 무명종습이 녹아나고 근본지혜로부터 심화心和, 기화氣和, 인화人和가 발현되어야 한다. 이것은 인위적으로 만들어지지 않기에 낳으려는 정성과 고통이 필요하다. 심연에서 우러나오는 것을 그대로 발현시켜야 되는 일이다.

만들어서 화和하는 마음은 경계를 당했을 때 참을 수는 있어도 마음
속에서 치열하게 작용하는 것을 멈출 수는 없다. 또한 경계를 당하여
익숙해짐으로써 참고 견뎌 내는 기질이 단련될 수 있어도 마음에서 녹
여 내지는 못한다. 하고자 애쓴 마음은 마음속에 섭섭함을 남겨 당장
미소를 지을 수 있어도 두고 보자는 마음을 지울 수 없는 한계가 있다.

이보다는 한 단계 위가 법으로 녹이는 것이다. 법을 대조하여 참았
기에 시간이 지날수록 마음의 흔적은 사라진다. 다음에 또다시 이런
경계가 오면 그때는 잘 넘긴다. 법을 빌려서 마음을 사용하기 때문이
다. 보살의 경지에 이르렀다고는 하나 마음에서 아예 녹아나 흔적이
없는 것보다는 못하다.

법을 빌리는 것이 수상문정혜隨相門定慧*라면, 선정禪定에 들어서 닦여
진 깊은 마음과 발현된 근본지혜를 자성문정혜自性門定慧**라고 한다. 생
각이 자성을 여의지 않는 정도로 자성문정혜라고 하는 경향이 있는데
그렇지 않다. 마음 깊은 곳에서 녹아난 지혜라야 자성문정혜라고 할
수 있다.

진묵대사가 자성에 의한 정혜가 잘 익었는지를 시장에 가서 들여다

---

*수상문정혜隨相門定慧 : 보조국사의 『수심결』에 나오는 말이다. 수상문정혜와 자성문정혜를 말하고 있는
데, 하근기가 닦는 방법을 수상문정혜라 한다. 자성에 비추어 천만 갈래로 흩어진 마음을 하나로 모으고, 바
른 법을 택하여 텅 빈 자리를 보아서 혼침과 산란한 마음을 잘 조화하고 청정무위의 경지로 들어가는 것.

**자성문정혜自性門定慧 : 일시에 깨치는 길頓悟門로써 상근기가 닦는 정혜라고 한다. 경계를 대하여 정定
하되 정한 상相이 없는 것이 자성정自性定. 지혜의 광명을 발하되 혜의 상이 없는 것이 자성혜自性慧이다.

본 것은 마음이 발현될 때의 기운을 보기 위해서다. 기운이 마음보다 있는 그대로의 모습이기 때문이다. 마음 깊은 곳에서 발현된 심화, 기화, 인화는 초목이 먼저 알고 동물이 먼저 안다. 초목과 동물은 말보다는 기운을 주고받기에 사람보다 더 예민하다.

만덕산의 미륵사에서 정양하는 대산을 제자들이 찾아가기 위해 만덕산에 올라가 산마루에서 내려다 보니 스승님 주위에서 들짐승들이 놀고 새들이 어깨에 앉아서 놀다가 제자 일행이 다가오는 인기척을 느끼면 그제서 달아났다고 한다. 대산의 기운이 화기和氣로워서 들짐승과 새들이 먼저 알고 온 것이다. 심화, 기화, 인화가 된 수행자는 초목들도 알고 반긴다. 그 기운 따라 초목은 튼실하면서도 생장이 빠르다.

이런 수행자가 있는 곳은 주위에 영성이 미치게 되어서 주변 사람들뿐 아니라 영혼들도 편안해진다. 만약 귀신이 붙은 사람이거나 귀신을 모시고 신점神占을 치는 사람들도 이런 수행자가 가면 좋아한다. 막 날뛰던 영혼들도 편안하게 귀의하여 함께 하고 싶어 한다. 물론 신장들 중에는 착한 영혼도 있고 못된 영혼도 있다. 착하니까 좋아하지 못된 영혼은 도망가자고 한다.

■ 정靜하여도 분별이 절도에 맞는다

생활하면서 마음이 세상일에 물들거나 한곳에 기울어지지 않는 것이 어렵지만 그보다도 일이 없을 때 심신을 법답게 지니기가 더 어렵다.

대산은 일 없을 때에 마음을 존절히 하고 스스로가 해야 할 일과 때를 알기도 어렵지만, 때를 기다리며 앞날을 준비하기란 아무나 하는 게 아니라고 했다.

'정하여도 분별*이 절도**에 맞는다'는 것이 중요하고 어렵다지만 할 수 있는 것도 사람이다. 수행을 그동안 정성스럽게 해 왔다면 이 마음을 지니려고 할 때 지녔다 풀어지기를 수차례 반복한다. 그래도 그 마음을 놓지 않고 하다 보면 언젠가는 되게 되어 있다.

그러나 보통 사람들은 하루만 한가해도 방심하고 헛짓을 하여 스스로 흔들어 버린다. 그런데 소태산은 5년 동안 갖은 곤란을 다 겪으면서 내핍耐乏한 생활을 하였으나 마음을 방심하지 않고 정하여도 분별이 절도에 맞았다. 이 점은 주세불이나 부처님이나 여래가 아니면 하기 어려운 일이다.

성인이 되어 법을 짜는 것은 그렇게 어려운 일이 아니다. 출가위만 되어도 새 법을 짤 수 있다. 그러나 정하여도 분별이 절도에 맞기란 어렵다. 삼천대천세계三千大千世界를 다 알고 벌여 놓아도 자기 마음이 변함이 없고 도道에 벗어나지 않아야 이 마음이 나온다. 또한 개인이나 가족의 영예榮譽를 떠나 오직 무량세계 무량겁을 통하여 일체 생령을 위하는 마음에서 나온다.

수행의 첫걸음은 큰 서원이다. 서원은 처음 공부할 때의 마음에서 그치는 게 아니라 수행을 더해 가며 깨어 있다는 얘기다. 여래는 서원이 없는 게 아니라 서원이 온통 자기가 되었기 때문에 자기의 내면에 숨어 있을 뿐이다.

---

*분별分別 : 하늘의 이치와 인간의 일을 생각하고 식별해 가는 것.

**절도節度 : 1) 일이나 행동을 법도 있게 하는 것. 2) 지나침이나 모자람이 없는 것. 중용.

어린이가 자라나서 어른이 되고 중생이 진급하여 여래가 되는데 여래의 싹은 서원이다. 정하여도 분별이 절도에 맞는다는 것을 마음속에 품고 삶 속에서 조금씩 챙기면 어느덧 된다. 간사 시절에 김 전산은 교리 독선생을 해 주며 "이 순간 성품을 여의지 않는 마음이 되거나 그로써 일을 하면 이 순간 너는 부처다. 오늘 하루 이 마음으로 살면 너는 오늘 하루 부처다. 그렇게 부처의 마음과 생활을 늘려 가면 온전한 부처가 된다. 그래, 너는 부처가 될 수 있겠어?"라고 했다. "네!"라고 대답하고 가슴이 마구 뛰었다. 이후로 관념과 욕심이 있어도 그렇게 되고 싶은 마음은 떠나지 않았다. 교수의 길이 열릴 때도 이 마음이 필자를 수행자로 남게 했다. 하루는 어머니가 학문을 해 보는 게 어떠냐고 권해서 "부처가 되는 게 좋아요. 교수가 되는 게 좋아요?"라고 여쭈니 "부처 되는 게 좋지." "그럼 다시는 그렇게 이야기하지 마세요." 이후로 말을 꺼낸 적이 없었다. 학문하면서도 수행을 깊이 할 수 있었을 텐데 한계이니 어쩔 수 없다.

하지만 당시에는 해야 할 과제가 있었다. 행선과 무시선으로 '나의 수행길'을 마음과 몸에 새겨야 했기 때문이다. 수행을 어느 정도 하면 수행길에서 무엇을 해야 할지 눈치챈다. 그러나 스스로가 그때그때 수행의 매듭을 짓기 위해서는 토를 떼어야만 할 때가 있다. 그렇지 못하면 대소사간大小事間에 큰일을 못 한다.

동動할 때에 착着 없이 행하는 것은 웬만하면 될 수도 있고 또 능히 할 수도 있으나 정하여도 분별이 절도에 맞게 하기가 더 어렵다. 이 마음이 되려면 일체 생령을 세세생생 제도하려는 서원이 살아나야 한다.

어떠한 경계에서도 서원만이라도 꺾이지 않고 살아나서 지속되면, 어느덧 아무 일 없을 때 큰일을 준비해 놓게 된다. 이 마음을 놓지 않는 것이 상근기다. 성인聖人도 서원과 정성으로 이루어졌기 때문이다.

성인들은 준비해 두었다가 해야 할 일이면 하고, 때가 아니면 일생뿐 아니라 몇 생이고 준비만 한다. 누가 알아주고 몰라주는 것에 관계치 않는다. 최대의 불우不遇에서도 최대의 행복을 만들어 내는 사람이다. 남이 이루어 주는 것이 아니라 자기가 만들어 간다.

장수에 있는 황방촌 사당에 어린아이들이 피라미 몇 마리를 잡아서 강태공을 조롱하는 그림이 있다. 강태공은 물고기는 못 낚았어도 문왕文王, 무왕武王, 선왕宣王 삼대의 왕을 낚았다. 석가모니도 왕궁가를 낚지 않았으므로 삼천 년 동안 일체 생령을 낚았다. 그럼에도 중생들은 부처님이 하시는 일을 모르니 조롱하게 된다. 모르기 때문이다. 소태산은 변산에서의 5년 동안 전 생령의 영혼을 건지고 또 영생을 선물했다.

성인은 부귀영화를 싫어하지 않으나 끌리지도 않는다. 다만 해야 할 일을 게으름 없이 준비할 따름이다. 큰일을 하려면 천지가 먼저 딱 끊어 버린다. 그때에 방심하지 않고 준비하기란 쉬운 일이 아니다. 보통 사람은 방심하거나 될 대로 되라며 포기해 버린다.

소태산은 "융희 황제는 전생에 나환자였는데 그때 좌절하거나 방심하지 않고 절에 가서 수양을 하였기에 다음 생에 황제가 되었다."라고 하며 "천지가 다 버려도 자신이 안 버리면 천지도 어찌할 수 없는 것이니 아플 때나 버려질 때에 교재를 준비하라. 정하여도 분별이 절도에 맞아야 큰소리칠 수 있다. 토를 떼어야 한다. 여래는 누가 주는 것이 아니다. 자기가 차지해야지 주어서 얻어지는 것이 아니기 때문이다."라고 하였다.

동정일여는 동하고 정하는 사이에 항상 성품이 드러난 것을 말한다. 단순한 성품의 발현이 아니라 동정 간에 절도에 맞다. 그러나 의도적으로 절도에 맞으려고 하지 않는다. 해야 할 일이라 할 뿐인데 절도에 맞은 것이다. 절도에 맞으니 나타나는 것은 은혜다. 함이 없는 절도에서 발현되는 은혜라야 흔적도 없고 한량도 없다.

[능심 4]

대자대비大慈大悲

여래부처 마음의 대표적인 것이 대자대비大慈大悲이다. 대자대비는 중생을 사랑하는 마음으로 중생이 잘하면 기뻐하고, 어리석은 중생들이 무명無明 번뇌의 고통 속에서 오히려 죄짓느라 바쁘게 사는 모습을 보면 안타까워하고 슬퍼하는 마음을 일컫는다.

대자대비는 심화心和, 기화氣和, 인화人和를 넘어선 마음이다. 이 마음은 하늘과 땅처럼 만생을 다 덜어 주고 실어 준다. 여래 곁에만 가도 여래의 기운이 다가와서 숙겁宿劫*의 업장**으로 찌든 마음이 자기도 모르게 녹아난다.

땅이 만물을 다 실어 주고도 남음이 있고 하늘이 만물을 다 덮어 주고도 남음이 있듯이 여래의 마음은 천지와 같은 마음이라 모든 생령生靈을 자신의 품 안에 안아 준다. 마치 어린아이가 어머니 품속에 있으면 편안하듯이 뭇 대중이 여래 곁에만 있어도 불안했던 마음이 사라진다. 여래는 모든 생령에게 사랑을 다 주고도 바라는 마음이 없다. 하염없는 마음이기에 편안하다.

일반인들이 여래 앞에 가려면 불전헌공이나 시봉금을 챙겨야 한다고 생각하는데 그냥 가도 괜찮다. 자녀가 어머니를 찾을 때 무엇을 가지고 가야만 하는가. 이것은 어머니의 마음이 아니다. 여래는 대중의 어머니다. 그래서 여래 곁이 포근하고 편안하다.

대산은 '여래의 호념'이라 하고 다시 '뜨거운 정의'라고 했다. 이는 언제나 알뜰히 아껴 주고, 살펴 주고, 북돋아 주고, 용서하여 주고, 이끌어 주는 마음이다.

여래의 마음을 알려면 천지의 도를 알면 쉽다. 천지의 도가 곧 여래의 마음이기 때문이다. 이 천지팔도를 인격의 표준으로 삼아서 공부하

---

*숙겁宿劫 : 오랜 세월. 아득한 과거로부터 무한한 미래까지의 영원한 세월.

**업장業障 : 전생에 악업을 지은 죄로 인하여 받게 되는 온갖 장애 곧 마장魔障을 말한다.

면 결국에는 천지와 같은 인격을 얻는다. 살림살이도 천지와 합산한 인물이라야 넓고 크고 넉넉하고 활발스럽다.* 소태산은 천지의 도를 여덟 가지로 보았다.

1. 지극히 밝은 도
2. 지극히 정성精誠한 도
3. 지극히 공정公正한 도
4. 순리자연順理自然한 도
5. 광대무량廣大無量한 도
6. 영원불멸永遠不滅한 도
7. 길흉吉凶 없는 도
8. 응용무념應用無念한 도

■ 지극히 밝은 도

인간은 욕심과 관념 그리고 잘못된 습관에 끌려서 어두운데, 천지는 무념에 근원하여 있는 그대로 비추어서 나타낸다. 인간은 자기 자신도 모르지만 천지는 근원과 나타남과 변화하는 모든 것의 주체가 되어 우주를 알고 움직인다. 이 천지 전체이자 앎의 주체를 진리라고 하며 이 진리는 태양의 밝은 빛보다도 밝다. 태양 빛은 깊은 동굴 안까지는 비출 수 없지만 진리는 동굴 속 작은 벌레가 기어다니는 것까지도 느껴

---

* 『대종경선외록』 영도보국장 3 내용 중에서.

서 안다. 또 봄날, 칠흑같이 어두운 밤에 사람들 모르게 땅에 씨앗을 심는다 해도 며칠 후에는 싹이 솟아나게 한다. 그뿐 아니라 사람들의 마음가짐과 행동 하나까지 진리는 다 알고 지은 대로 거두게 한다.

천지의 밝은 주체는 진리이다. 이 진리는 하늘에 있어 대소유무의 원리로 움직이게 하고 인간에 있어 시비이해로 건설케 한다. 천지의 밝은 모습을 온통 나의 것으로 하려면 천조의 대소유무大小有無를 보아다가 인간의 시비이해是非利害로 부려 쓰면 은혜가 나타난다.

중생은 살아서는 복락이 충만하고 죽어서는 천상에 가고 싶어 한다. 하지만 하는 일을 보면 욕심 속에서 고통을 받고, 죄를 지어서 지옥 갈 일만 골라서 하는 경우가 많다. 그런데도 여래佛처님는 그런 중생들을 하늘 마음이 되어 다 덮어 주고 땅 마음이 되어 다 실어서 여래가 되라고 한다.

천지의 밝은 도인 진리를 자신의 인격으로 삼아서, 진리를 연마하고 삶 속에서 공부하다 보면 천지의 밝은 도처럼 지혜를 얻게 된다. 여래도 이 천지의 밝은 도로써 지혜를 삼았다.

■ 지극히 정성한 도

천지는 한순간이라도 그대로 멈춰 있지 않다. 태양이 피곤하다며 다음 날 뜨지 않거나 지구가 어지럽다고 멈춰 서는 법이 없다. 부처님의 마음과 행동도 이처럼 한결같다. 대산은 몸이 불편하여도 잠자리에서 일어나 식사를 하고 산책하는 시간마저 진리의 마음이 한결같았다. 그래서 부처님을, 진리를 따라와서 진리를 따라간다는 뜻의 여거여래如去如來의 준말인 여래라고 하나, 원불교에서는 진리의 마음이 오고 감에 한결같다는 의미로 여래라고 한다.

여래의 마음 씀씀이는 들쭉날쭉하지 않고 그 일 그 일에 평온하면서도 대자대비의 마음으로 한결같다. 하기 싫은 마음이 일어나도 대의를 저버리는 법이 없고 좋아하는 마음에서도 넘치는 법이 없다. 또한 쉬고 싶은 마음이 있어도 나태하지 않는다. 목석이거나 체면치레를 하기 위한 게 아니라 진리를 바탕으로 살아왔기에 수고롭지 않고 자연스럽다.

독수리가 바람을 타고 비상을 한다면 여래는 경계를 타고 마음의 나래를 펴고 노닌다. 바람에도 순풍과 역풍 그리고 바람이 잦은 경우가 있듯이 사람에게도 순경順境과 역경逆境, 공경空境이 있다. 이것이 때로는 안에서 일어나는 심리현상일 수 있고 밖으로부터 주어지는 어려운 경계일 수 있다. 그러나 여래는 그 경계 속에서도 진리를 품은 마음 씀씀이가 한결같고 자유롭다. 마음의 연금술사이며 예술가로서 역경에서도 존귀할 뿐 아니라 아름답기까지 하다.

여래는 중생이 잘못했다고 버리는 법이 없다. 낯을 들기 어려울 정도의 일을 범하여 지레짐작으로 멀리 도망쳤을지라도 사랑으로 항상 그 자리에서 기다린다. 다시 찾아뵙는 날, "네가 나를 배신하다니."라는 말과 기운을 추호라도 찾을 수 없다면 그 분은 자신의 영생사永生事를 맡겨도 될 만한 여래의 심법을 지닌 사람이다. 죄를 뉘우치기 바라는 마음으로 한때 외면했어도 여래는 그를 늘 품어서 키운다. 마치 부모는 자식이 가출했다가 돌아오면 혼낼지언정 자식이 돌아왔다는 것 하나만으로도 기뻐하듯이 여래의 마음도 이와 다르지 않다.

여래의 사랑은 부모가 자녀를 사랑하는 만큼 깊고 항상 그 자리에서 가없는 마음으로 모든 중생六途四生을 감싸 안고도 남는다. 여래의 마음은 담박하고 대가 없이 주기에 원망의 그림자가 없을 뿐 아니라 지치지도 않는다.

여래의 마음과 행동은 한결같다. 이것을 일컬어 정성이라고 한다. 대산은 여래는 정성 성誠 자로 이루어졌다고 했다.

■ 지극히 공정한 도

천지기운을 머금은 배추씨는 심는 사람의 성질이 착하든 나쁘든 상관없이 때가 되면 난다. 또한 얼굴이 예쁘든지 못생겼든지 사람의 생김새와도 아무 상관이 없다. 배추 농사는 심는 사람이 순리에 따라 성심성의껏 지었느냐에 따라 성패가 다를 뿐이다.

천지는 유무식, 남녀노소와 염정미추染淨美醜에 따라 더 주거나 덜 주지 않는다. 천지는 그러한 분별을 하지 않는다. 하는 일에 따라 공정할 뿐이다. 또한 일을 잘한다고 더 예뻐하고 못한다고 미워하지도 않는다. 그냥 열심히 하니 그에 따른 대가를 줄 뿐이다. 즉 일에 따라 성과가 다를 뿐 사람을 미워하거나 좋아하지 않는다.

천지의 공정한 인격을 지닌 여래도 일에 따라 조언을 할지언정 유무식 남녀노소와 염정미추에 따라 차별하지 않는다. 착한 사람은 물론 나쁜 사람까지도 다 사랑한다.

대부분의 부모가 자기 열 손가락을 깨물어서 아프지 않은 손가락이 없는 것처럼 여래는 모든 사람과 동물 그리고 식물까지도 소중하게 여긴다. 물론 애정이 더 가는 사람은 있다. 마음이 쓰이는 자식이 있다는 뜻이다. 때로는 부모님 말을 잘 듣는 아이에게 기울 수도 있지만 좀 모자라서 애처롭고 가여운 아이에게 마음이 더 쓰이기도 한다.

그러나 분명한 것은 자식 모두를 내 몸처럼 여겨서 무엇을 주어도 아깝지 않을 정도로 사랑한다. 부모의 무조건적인 사랑은 자기 자녀에게 국한 되지만 여래는 삼라만상森羅萬像의 모든 중생에게 고루 미친다.

이 공정함은 가정·사회·국가에서 중추적인 역할을 맡은 사람이 그 역할의 자격이 있는가의 여부를 판단하는 덕목이기도 하다. 교사가 학생을 대할 때 공정하지 않으면 교사의 자격이 없다. 학생도 그 교사를 마음 깊은 곳에서 스승으로 인정하지 않는다.

공정함은 지도자의 덕목이다. 여래가 여래다운 것은 천지가 만물에 공정한 것처럼 우주만물을 고루 소중하게 여기기 때문이다.

■ 순리자연한 도

계절은 봄이 왔다가 재미없다고 졸지에 가을로 치닫지 않고, 생물이 생장을 거꾸로 가고 싶다고 하여서 열매를 맺다 말고 새싹으로 되돌아갈 수 없다. 이것은 천지가 순리자연하기 때문이다.

이러한 순리자연한 도가 있기에 많은 생물들이 천지를 의지해서 살아간다. 만약 겨울이 왔다가 가을로 되돌아가면 농부가 농사일을 할 수 없다. 감자를 재배하려고 겨울에 준비를 해서 봄에 씨감자를 심으려고 하는데 갑자기 가을이 되어 나오던 새싹이 이내 시들어 버리면 어떻게 농사를 짓겠는가. 그러면 황당하기 그지없는 노릇이 될 것이다.

사람 일도 마찬가지다. 인간이 늙지 않고 오래 산다면 좋을 것 같지만 온 세상이 노인으로 가득하면 경제도 문제이지만 삶도 지겨워지기 마련이다. 적당히 살다 가고 또 다시 새 몸을 받아 새롭게 사는 것이 좋다. 우주는 성주괴공으로 변화하고 인간은 생로병사로 왕래하고 계절은 춘하추동으로 변화한다. 이런 순리자연한 도를 알면 오래 사는 것에 그리 욕심을 부리지 않는다. 게다가 모든 것은 극極하면 변하고 다하면 시생始生하며 지으면 받는 이치를 알게 된다. 어려움에서도 좌절하지 않고, 준비해야 일을 준비하며, 좋은 일에서도 넘치지 않는다. 이 이치를 알면 여유롭다.

흔히 변덕이 죽 끓듯 한다는 말이 있는데 변덕은 욕심으로부터 생긴다. 변덕을 조절하지 못하면 자신은 물론이고 주위 사람도 힘들다. 그러나 순리자연한 도를 알아서 살아가는 사람은 순리에 따를 뿐 지나친 욕심을 부리지 않는다. 또한 마음도 순리자연하게 쓰지 마음 내키는 대로 하지 않는다. 마음 씀씀이가 순리자연하다면 여래의 심법을 지닌 사람이다.

■ 광대무량한 도

우주는 너무도 크고 넓어서 끝이 없다. 여래의 마음도 이와 같다.「휴휴암 좌선문*」에 "대포무외大包無外하고 세입무내細入無內하다."는 말이 있다. 크기로는 바깥이 없는 데까지 포함하고 세밀하기로는 안 없는 데까지 들어간다는 뜻이다. 여래의 사랑도 이처럼 가없이 넓어서 우주 만물을 다 포용하고, 세밀하기로는 어떠한 미생물까지도 미치지 않는 곳이 없다.

여래는 마치 부모가 자식을 사랑하여 조건 없이 주고도 아쉬워하는 것처럼 사랑을 한다. 부모의 사랑은 낳은 자식에 국한되지만 여래가 사랑하는 대상은 이 세상 모든 생령과 생물이다.

사람은 보이는 것 중에 마음이 끌리는 것을 사랑하지만 여래는 보이지 않는 영혼들과 땅속 생물에 이르기까지 모든 것을 소중하게 여기며 사랑한다. 사람은 눈에 보이는 사람을 사랑하지만 여래는 보이지 않는 영혼까지도 위하며 이끌어 준다. 그래서 여래가 사랑하는 대상은 국한이 없고 한량이 없다.

---

*휴휴암 좌선문 : 중국 원나라 말 덕이화상이 짓고 고려 때 나옹화상이 한국에 들여옴. 내용은 동정 간 정혜쌍수. 원불교 『불조요경』에 수록.

여래의 사랑은 하늘이 만물을 덮고 땅이 만물을 실어 주듯 하고, 해야 할 일과 책임의 범위에서 흠뻑 위한다. 마음으로는 우주를 감싸 안듯 세상에 드리우고, 하는 일은 천지의 일을 대신하기도 하지만 시대의 인심에 따라 진리의 소식으로 인지를 틔워 준다. 그 지혜를 받아서 때로는 부모와 동포 그리고 법률을 통해서 세상에 구체적인 모습으로 드리운다.

사람이 사랑을 느낄 수 있는 것은 곁에 있는 존재들의 마음과 손길이지만 그 사랑은 여래의 마음 씀씀이로 다듬어지고 이어지고 있다. 사람들은 여래의 사랑이 너무 크고 깊어서 모르지만, 진리에 철들어 알고 보면 지금도 내 숨결에는 여래의 사랑이 함께함을 안다. 여래는 누가 몰라 줘도 섭섭해하지 않는다. 존재가 사랑이고 그저 할 뿐이기 때문이다.

■ 영원불멸한 도

우주는 생함도 없고 멸함도 없다. 있는 그대로 항상 존재하나 어느 순간이라도 머물러 있지 않다. 블랙홀이니 화이트홀이니 하는 것도 한 부분에 속하는 변화이지 우주 전체가 그렇지는 않다. 한 곳에서는 별이 없어지고 한 곳에서는 별이 생겨나서 우주의 별이 그만큼 존재한다. 마치 우리의 머리카락을 보면 한 곳에서는 자라나고 한 곳에서는 뽑혀지나 머리는 대체로 그 수를 보존하고 있는 것처럼 우주가 그렇다. 우주는 그대로이나 그 가운데에서 수천수만 가지의 별들과 생물이 변화를 거듭한다. 인간의 몸을 이루는 세포들도 마찬가지다. 이것이 곧 우주가 생명을 보전하는 힘이기도 하다.

여래의 마음도 이러하다. 마음의 근원에서는 생겨남도 멸함도 없지만 씀씀이에서는 여러 가지의 마음이 일어났다가 사라진다. 그러나 여래의 마음 바탕에는 대중을 위하는 마음이 한결같다. 여래의 사랑이 변하거나 식는 것을 걱정하지 않는 이유는 그가 진리를 품은 인격이기 때문이다.

생멸 없는 것은 우주만이 아니다. 영혼들도 생멸이 없다. 영혼들도 우주와 더불어 존재한다. 일부 사람들이 자살을 하면 영혼도 없어지는 줄 아는데 그렇지 않다. 영혼은 생멸이 없는 가운데 몸을 입었다 벗었다 할 뿐이다. 그런데 문제는 함부로 자살을 하면 삶에 대한 연이 끊어져 다시는 사람 몸을 받지 못하고 외로운 영혼으로 떠돌 수 있기에 신중히 해야 한다.

영혼이 생멸 없는 줄을 알면 존재에 대한 자각이 서게 되고 존재의 자각은 영혼의 세계와 인간의 세계를 이해하는 방향으로 발전하여 현실이 주는 의미를 알게 한다. 때문에 지금 이 순간을 서두르지 않고 하나하나의 삶에서 영적인 의미로 엮어 간다. 내일 목숨이 다할지라도 삶 속에서 도를 놓지 않는 이유가 여기에 있다.

■ 길흉이 없는 도

천지는 스스로 해야 할 일을 할 뿐이지 좋고 나쁨이 없다. 바람 불고 구름을 하늘에 드리우다가 눈과 비를 내리거나 이슬과 서리로 대지를 적실 뿐이다. 그 모든 것이 자연의 조화와 균형에 따라서 그렇게 될 뿐이다. 그런데 사람들이 필요에 따라 비가 오면 좋다고 하고 어느 때는 너무 많이 와서 걱정을 한다.

태풍은 사람들에게 직접적으로 많은 재앙을 주기 때문에 내가 속한 곳은 피해서 가기를 바란다. 그런데 당장 재앙을 면하면 좋겠지만 태풍은 대기의 순환에 직접적인 영향을 미쳐 생물들이 살아가는 데 꼭 필요한 역할을 한다. 없어서는 안 되기에 부는 것이다. 대지의 수분 등이 생물들에 미치는 영향을 보면 꼭 없어서는 안 될 만큼 필요하기 때문에 분다. 이 이치를 아는 사람은 태풍을 두려워하거나 원망하지 않고 준비를 잘해서 이겨 내는 데 정성을 들인다.

마음에 길흉이 없는 사람은 진리에 의한 마음을 쓸 따름이지 누구를 미워하거나 애착을 두지 않는다. 진리에 의한 마음이라 성품에서부터 그대로 발현하고 일에 있어 순리를 따를 뿐이다. 이 마음의 씀씀이는 그 순간 혹 섭섭함을 불러올지 몰라도 결국에는 은혜롭다.

해야 할 일을 하다 보면 때로는 힘들 수 있지만 그에 따른 모든 것은 자신의 영성이 자라나고 주변을 은혜롭게 하는 데 필요한 부분이라 개의치 않는다. 진리에 의한 도道는 결국에 창조적인 무궁한 묘미가 있다.

■ 응용무념한 도

천지는 원래 도의 개념이 없다. 그냥 스스로 그러할 뿐인데, 사람의 관점에서 천지를 보니 천지에도 도가 있고 '도'로써 천지가 천지의 역할을 한다. 수많은 생령과 생물들은 이 천지에 의지하여 생명을 보존하며 천지의 질서를 따라 움직인다.

　도의 관점에서 천지를 인간의 언어로 살펴보니 지극히 밝고, 정성스럽고 공정하며, 순리자연하고, 광대무량하고, 길흉이 없는 모든 것이 응용무념을 바탕으로 이루어졌다. 천지의 상황에 따라 나타나는 천지가 무념의 도로써 운행을 하기에 천지가 천지다운 큰 역할과 살림을 하고 있다. 그러나 천지는 자유영혼이 없어서 그저 인식할 따름이다. 이것을 자유영혼과 구분하여 식識이라 표현한다. 이 천지, 즉 우주를 이해하고 우주를 돕는 것은 자유영혼들이다. 우주에서 숨결을 느끼게 하는 오묘한 존재다. 그들을 지고한 영혼이라고도 부르는데 인간의 세상에도 자주 드나든다.

　지고한 영혼을 원불교에서는 '여래'라고 부른다. 천지가 무념을 바탕으로 해서 우주의 살림을 하듯이 여래도 천지의 도를 인격으로 삼는다. 그 마음의 바탕 역시 무념이다. 여래의 마음가짐과 행동거지 하나하나를 보면 함에 있어서 저항이 없고 마음 밑바탕에는 어떠한 흔적도 없다. 온 정성으로 천년만년 이어갈 것처럼 일을 하지만 마음 바탕에 어떠한 의도나 흔적이 자리하지 않는다. 밑살 빠진 독처럼 텅 비어 하염없다.

　금강경에 '응무소주이생기심'應無所住而生其心이란 대목이 있다. 경계에 응하여 어디에도 머무르지 않고 그 마음을 내라는 뜻이다. 지난 일

에 마음이 끌리지 말고 현실에 얽매이지도 말며 또한 앞일을 걱정할
것도 없이 지금 이 순간 자기 심연의 영혼이 깨어 있음으로 대상에 어
울림을 가지라고 한다.

[능심 5]

자유자재自由自在

부처님은 대자대비로 살아 있는 일체 생명과 영혼이 고통의 바다에
서 허덕일 때, 피안의 길로 인도하여 극락을 수용케 한다. 지옥에 있는
것을 극락으로 데려가는 방식이 아니다. 인연의 손길을 건네어 일깨워
서 자신의 근본지혜를 바탕으로 자신을 제도함으로써 이루게 한다.
그런데 중생의 특성도 가지각색인지라 그 특성에 따라 인도하는 방
편도 다르다. 방법을 달리해도 진리의 대의에 어긋나지 않고 움직이거
나 고요하게 머물 때에도 기울어짐이 없이 은혜로 나타난다.

항마와 출가까지는 중생을 살리는 데 주력하지만 여래는 중생을 죽
여서 살리기도 한다. 영웅이 되어 만생령을 누르기도 하고 성인이 되
어 만생령을 살리기도 하여 살활자재殺活自在하는 능력을 갖추고 제도
한다.*

---

*『대산종사 법문집』 3집.

이 자리는 지존至尊이다. 석가모니 부처가 천상천하天上天下 유아독존唯我獨尊한 자리이고, 예수가 독생자獨生子인 자리이고, 소태산 여래가 상독로常獨露한 자리다.

진리에 해탈한 경지를 넘어서서 자유自由한 자리다. 이 자리는 살렸다가 죽일 수도 있고 죽였다가도 다시 살릴 수도 있다. 그러나 그 모두를 진급시킬 수 있는 방향에서 취한다. 즉 자비의 바탕 위에서 자유자재한다. 그렇다고 어떠한 틀과 순서가 있는 게 아니다. 밖에서 볼 때 자유자재의 행위 아래에는 자비가 밑바탕을 이루고 있다. 물론 자비라는 것도 그 마음에는 없다. 오히려 함이 없는無爲 자비라고 할 수 있다. 그러기에 대자대비가 된다.

이 여래의 자리는 기운이 부드럽고도 강하다. 기운의 빛이 없는 것 같아도 아주 밝다. 어눌한 듯하면서도 다 안다. 기운은 구천九天에 머물기도 하고 천지 기운을 돌리기도 한다.

천지에는 거대한 기운의 흐름이 있다. 이 기운의 흐름에 따라서 세상도 바뀐다. 이것을 천지도수天地度數라고도 하는데 이 기운을 돌리려면 주세主世성자가 되어야 가능하다. 선천시대가 석가모니로부터 바뀌었다면 후천 기운은 소태산으로부터 완전히 바뀌었다. 또한 그 빛은 온 세상의 등불이 되기도 하고 어디 하나 머무르지 않는 곳이 없다. 천지의 한 시대를 이끌려면 그에 따른 광명이 있다. 선천시대와 달리 후천시대는 음계의 기운과 광명으로는 안 된다. 음계의 기운이 세상에 맞닿아서 현실로 나타나는 기운이어야 하는데 이것을 이룬 이가 소태산이다.

원불교의 법을 보면 안다. 음계의 법이 아니라 현실과 음계의 진리가 하나의 법으로 나타났고, 모든 종교와 사상에 담긴 진리를 회통會通*시켰다. 그러면서도 진리의 요체를 간결하고 선명하게 드러냈다. 그리고 진리 앞에서는 자신도 옆으로 비켜섰다. 원불교 교당에 가면 진리의 상징인 일원상동그라미을 중앙에 모시고 옆에 떨어진 벽면에 소태산 영정을 배치했다. 한 단면이다.

후천의 판도를 새로 짰다. 법이 요원遙遠하지도 않고, 신통神通 잡기雜氣에 흐르지도 않으나 그 모든 것을 버리지는 않았다. 오히려 진리의 품속에 두어서 그 역할과 능력을 인증함으로써 진리의 대의大意에 견주어 보잘것없이 작은 것임을 자각하여 알게 했다.

이것도 전부는 아니다. 진리를 바탕으로 인심의 정도에 따라서 필요한 새 법이 짜여질 수 있는 여지까지 열어 놓았다. 주세성자가 아니면 할 수 없다.

여래라도 다 같은 여래가 아니다. 주세성자는 모든 성자들 가운데 더 큰 역량을 갖췄다. 소태산 비명에 정산은 '집군성이集群聖而 대성大成'이라고 했다. 즉 여러 성인을 모아 크게 이루었다는 뜻인데, 이것은 곧 모든 성인 가운데 가장 큰 성인이라는 것도 의미한다. 이것을 교단의 자화자찬하는 서술이라고 볼 수도 있으나 후천의 시대를 아는 바른 수행자라면 인증하고도 남는다.

---

*회통會通 : 화회소통和會疏通의 준말. 언뜻 보기에 서로 모순되고 어긋나는 것 같은 여러 주장을 모아 한 뜻으로 돌아가게 하는 것

이를 알 정도가 되려면 종교와 교법의 울을 벗어나서 법체를 볼 줄 알아야 한다. 즉 참다운 수도를 해야 가능하다. 원불교 수행자도 원불교의 틀에 매이면 흉내는 낼 수 있어도 바로 보지 못한다.

정산은 종법사 시절에 소태산의 법신을 볼 수 있었다. 주세성자가 아니라도 여래는 모두 같은 심법心法을 지녔기 때문이다. 여래는 그 강함을 부드러움으로 지키고, 밝은 빛을 어둠으로 지키고, 앎을 어눌함으로 지킬 줄 안다.

지눌知訥이란 대사가 있었다. 알 지知에 어눌한 눌訥이란 이름이다. 어눌할 줄 안다는 뜻인데, 이는 다 알고서 어눌함으로 그 앎을 지킬 줄 안다는 뜻이다.

지존의 자리는 언제나 위태한 법이다. 달도 차면 기울어지듯 위태하다. 「대인군자大人君子 진퇴進退의 도道*」에 보면 마지막 경지에는 "상구上九는 항룡亢龍이니 유회有悔리라."는 대목이 있다. 항룡은 하늘에 오른 용이라 하여 지극히 높은 자리를 뜻하고 이 자리는 후회함이 따르는 위태한 자리란 뜻이다. 그러니 극한 자리는 변함이 많은 위태한 자리이니만큼, 군자의 도에 넘치지 말아야 후회함이 없을 것이라는 뜻이다. 이 지존의 자리를 모자란듯이 지킨다.

옛날에는 방에 숯불 화로가 있었다. 숯불을 오래 간직하려면 재 속에

---

*대인군자大人君子 진퇴進退의 도道 : 주역에 수록된, 성인들이 거취하는 자세.

묻어 둔다. 여래는 자신을 모자란 듯이 묻어 둘 줄 안다. 지혜를 묻어
두어서 꺼지지 않게 하고 복을 나눌 줄 안다. 그리고 지혜가 어두우면
밝힐 줄 알고 복이 모자라면 쌓을 줄 안다. 지혜를 써야 할 때는 세상의
기운을 돌려 놓고 복을 쓸 때는 아낌없이 흔적 없게 준다. 품속에 모두
안아 주고 감싸 덮어 주며 영성을 키워 주나 마음에 흔적이 없을 뿐 아
니라 하염없다.

　그러기에 모든 생령들이 이 지존인 여래에 기대며 경배하는 것이다.
수억의 대중이 기대도 무너지지 않고 수억이 다가가도 다 안아 준다. 그
리고 덮어 주고도 품이 남는다. 이러니 기댈 만하고 경배받을 만하다.

　경배의 극치는 닮고자 하는 마음과 수행이다. 함께하는 마음에서의
경배라면 여래의 기운을 받아 가며 영성靈性이 날로 안정을 얻고 풍요
로워진다.

　모든 인간과 영혼이 갈구하는 궁극적인 것은 자유다. 자유는 속에
아주 많은 것을 내포하고 있는 매력 덩어리다. 선의 궁극적인 목적도
이 자유를 얻고자 하는 것이다. 따라서 선은 자유를 얻는 수행적인 도
구에 불과하다. 하지만 수천 년 동안 자유를 얻는 아주 간결하고도 심
오한 도구로 사랑을 받아 왔다. 선이 심오하다 보니 어느덧 일확천금
을 갈구하는 듯한 도박의 수준으로 변한 면도 있다. 이제는 삶 속에서
마음과 벗하며 깨어난 삶을 즐겨 가는 동반자로서의 선이 되어야 한
다. 자유를 사랑하기보다 수행을 사랑하면 삶이 행복하다. 그리고 자
유는 조금씩 저절로 다가온다.

맺는 글

　25년 전, 그때에 선법을 정리하지 않으면 초심자의 심정으로 돌아가서 새롭게 정립하기 어려울 것 같았다. 그래서 틈틈이 적어 놓은 글을 정리하여 출판하려고 하니 내용과 전달에 만전을 기하지 못한 아쉬움이 있다.

　하지만 수행을 하고 싶은 사람들에게 길라잡이가 될 수 있도록 자신에게 물어보면서 썼다. 그 물음은 자신이 수행의 문지방을 넘어 막 들어섰을 때 이런 책이 있었으면 수행을 해 가는 데 좀 더 효율적으로 깊이를 더해 갈 수 있겠냐는 것이다. 부끄러움이 없을 만큼은 된다.

다음 생에 오게 되면 이 글을 읽어 가며 차근차근 수행해 가려고 한다. 마찬가지로 이 글을 읽는 사람은 읽는 데에 그치지 않고 하나씩 실천해 가는 데 충분한 시간을 두고 했으면 좋겠다. 그 과정의 깊이와 느낌을 체험하는 만큼 다음 단계를 숙지하는 데 그만큼 편안하고 재미있다. 그리고 수행 중에 예전에 했던 과정을 되돌아 한번씩 해 보면 기초를 이해하게 되지만 '어느덧 이만큼 와 있구나!' 하는 마음도 들어 더욱 열심히 하는 계기가 될 것이라 여긴다.

하루는 한 수행자가 "자기호흡을 전에 배워서 했는데 다시 해 보니 그때 몰랐던 느낌이 듭니다." 하며 항상 제자리로 돌아온다고 말한다. 그래서 "제자리가 아닙니다. 수행을 하여 어느 경지에 이르면 그 경지에서 다시 하는 것입니다. 초심자의 자기호흡과 심화 과정에 있는 수행자의 자기호흡은 질적인 차이가 있습니다. 심화 과정의 자기호흡이 훨씬 좋지요. 뿐만 아니라 초심자의 자기호흡은 밟아 올라가야 하는 과정이지만 심화 과정의 자기호흡은 수행의 기초 체력을 기르는 쪽에서 하는 것입니다."라고 했다. 호흡만 그런 것이 아니라 수행의 모든 것이 마찬가지다. 삼학정신수양, 사리연구, 작업취사 수행도 그렇다.

하나하나 해 가며 알아지는 것이 글로 이해하는 것보다 비교할 수 없을 만큼 밀도가 높다. 이 글이 영적으로 성장하는 데 길잡이가 되길 바라는 마음이다. 덧붙여 바란다면 혼자 하기보다는 여러 사람이 함께하며 체험과 경험을 나누었으면 한다. 이렇게 하는 것이 동반 상승효과도 있고 원만한 수행을 이루기 때문이다.

그러나 글이란 아무리 세밀하게 썼다 하더라도 수행길에서는 부족할 수밖에 없는 것도 어쩔 수 없는 사실이다. 수행길을 글로 묘사하다 보면 내용과 감각에 어느 정도 손실이 발생할 수밖에 없다. 지도자를 만나 배우는 것이 더 효과적이고 온전한 인격을 이루어갈 수 있다. 게다가 깊이와 폭을 넓혀가는 데에도 그만한 것이 없다.

붓글씨를 배우는 사람이 체본만으로 배우는 데에는 한계가 있다. 체본을 써 주는 사람의 감각과 손길을 느껴 갈 때 체본에서 주지 못하는 숨결을 느낄 수 있다. 붓글씨뿐 아니라 예술이나 수행도 마찬가지다.

다른 한편으로 보면, 수행길은 너무 자세해서도 안 되는 것이 사실이다. 월간『원광』에 선에 관한 내용을 연재한 지 3년에 다다를 때였다. 법타원은 "그동안 연재한 너의 글을 토씨 하나 거르지 않고 다 보았다. 소태산께서 내놓으신 법에 하나도 틀림이 없다. 그대로 써도 괜찮다. 그러나 너무 상세하게 쓰지 마라. 나머지는 찾아올 때 지도해 줘라."고 하여 그 해를 채우고 접었다. 책에서 오는 한계가 있기 때문이다. 책의 내용으로 다 할 수 있다고 생각하면 정작 필요한 지도자의 마음과 감각의 손길을 받지 못한다. 자의적인 편리함에 기댄 나머지 편함이 생겨 예기치 않은 부작용으로 아니함만 못 할 수도 있다.

원불교에서 수행을 정성스럽게 해 온 사람이라면 어느 정도 이해가 될 수 있지만 미세한 부분은 자유로운 문답인 회화를 통해서 가늠 잡아 가야 한다.

마지막으로 단전주선의 성취는 의두·성리를 토대로 진리인식과 교리공부를 병행해야 온전해질 수 있다는 사실을 다시 한번 강조하고 싶다.

지은이 길 도 훈 吉道薰

강원도 화천에서 출생하여 산과 강을 벗 삼아 어린 시절과 청소년기의 대부분을 지내고 삶의 본질을 알기 위해서 원불교에 출가하여 교무로서 수행자의 생활을 하고 있다. 여러 교당인천, 철원 개척, 순천, 안암, 화정, 압구정을 거쳐 현재는 경북 성주에 있는 원불교 삼동연수원 원장으로 재직하며 수행과 가르침에 임하고 있다.

원불교 대학원생과 대학생에게 각각 「선과 성리」와 「정전 학습」을 다년간 지도했고, 월간 「원광」에 좌선법을 3년간, 월간 「교화」에 무시선법을 1년간 연재했다. 그리고 원음방송국에서 '선과 성리'와 '질의 문답'의 내용으로 방송을 10년간 해 왔다. 현재는 「원불교 신문」에 「정전강의」를 연재하고 있으며, 선방 지도와 '선과 성리' 공부 모임3곳을 지도하고 있다.

단전주선

ⓒ 길도훈 2014

초판발행	2014년 3월 28일
초판 2쇄	2017년 8월 8일
저　　자	길도훈
펴 낸 이	김성배
펴 낸 곳	도서출판 씨아이알
책임편집	박영지
디 자 인	강세희, 윤미경
제작책임	이헌상
등록번호	제2-3285호
등 록 일	2001년 3월 19일
주　　소	(04626) 서울특별시 중구 필동로8길 43(예장동 1-151)
전화번호	02-2275-8603(대표)
팩스번호	팩스번호02-2275-8604
홈페이지	www.circom.co.kr
I S B N	979-11-5610-040-9 93290
정　　가	15,000원